谢俊贵　主编

社会创新研究

第 2 辑

Research on
Social
Innovation

社会科学文献出版社
SOCIAL SCIENCES ACADEMIC PRESS (CHINA)

主办单位

广州市人文社会科学重点研究基地广州市社会工作研究中心
广州大学公共管理学院社会学系
广州大学社会创新研究中心
广州市广大社会工作服务中心
广州大学"广东省社会工作专业人才培育基地"

《社会创新研究》学术顾问委员会

疫情防控社会工作的广州行动

谢俊贵

2020 年初，一场来势汹汹的新冠肺炎疫情搅乱了人们的春节计划，影响了社会的生产生活秩序，并对人民群众的生命安全与身体健康构成了严重威胁。面对疫情的扩散态势，在习近平总书记的坚强领导下，党中央、国务院英明果断地做出疫情防控的科学决策，各地在国务院联防联控机制指导下采取了系统、科学、积极、有效的疫情防控措施，举国上下齐心协力，打好了一场疫情防控的人民战争、总体战、阻击战，为我国控制来势汹汹的新冠肺炎重大疫情、保障人民生命安全和身体健康、有序推进复工复产复学，做出不可磨灭的重大贡献，为世界各国抗击新冠肺炎疫情提供了有益的借鉴意义，得到了广大人民群众的称赞。

重大疫情防控问题既是一个医学科学问题，也是一个社会科学问题。重大疫情既需要医学防控，也需要社会防控。医学防控靠的是医疗技术和医护服务，社会防控靠的是社会行动与社会服务，这两者缺一不可。在这场疫情防控的人民战争、总体战、阻击战中，在党中央、国务院的正确领导下，不仅医护服务的重要作用得到充分的发挥，而且社会服务的重要功能得到充分的体现。社会各界与医护人员紧密配合，发挥医学防控与社会防控的显著协同功能。其中，社会工作界集体出征，成为我国重大疫情防控的一个重要协同主体，在重大疫情防控中发挥了重要的作用。

习近平总书记在统筹推进新冠肺炎疫情防控和经济社会发展工作部署会议上明确指出："要发挥社会工作的专业优势，支持广大社工、义工和志愿者开展心理疏导、情绪支持、保障支持等服务。"这一重要指示，是对社会工作积极参与疫情防控的充分肯定，也为社会工作在统筹推进疫情防控和经济社会发展中发挥作用指明了方向、提出了要求。① 广州是改革开放以来我国内地

---

① 李迎生：《发挥社会工作在疫情防控中的专业优势》，《光明日报》2020 年 3 月 6 日。

社会工作发展较早且较好的城市。在本次疫情防控工作中，广州市社会工作界认真学习、深刻领会习近平总书记指示精神，积极响应党和政府的号召，扎扎实实地开展疫情防控的社会工作，为疫情防控提供了卓有成效的社会服务。

一是推行疫情防控的线上暖心服务。2020 年 1 月 26 日，全市 201 个社工站紧急开通 226 条"广州社工红棉守护行动"热线，开展"每日一问候"活动，3400 多名社工充分发挥专业优势，贴心当好心理防护咨询师、困境帮扶快递员、慈善链接联络员、专业自助赋能师，为市民织密线上心理防护网，"多线帮扶，有序有力"。① 该热线在 30 天内提供接线服务 6846 人次，为孤寡独居长者、低保低收者、困境儿童、残障人士等提供服务 6.7 万人次；提供心理咨询服务 9 万人次，心理疏导服务 2 万人次，累计线上服务超 17.7 万人次。② 截至 2020 年 6 月 25 日，该热线累计投入接线服务社工 25360 人次，服务市民 96 万人次。③

二是参与联防联控的线下应急服务。线上服务是根据疫情特点而首倡的社会服务，但广州社工的线下服务并未因疫情而停滞，而是得到积极、稳妥的推进。在疫情防控的头 30 天里，广州社工采取"社工 + 志愿者"的工作模式，在严格做好个人防护的前提下，积极参与全市镇（街）、村（居）的线下社区疫情排查、社区生活服务等应急服务活动。他们在社区入口疫情防控监测点进行健康检查登记、向居民宣传疫情防护知识、对聚集开展文体娱乐活动的居民进行劝离等，累计参与排查约 27 万人次。同时，服务社区留观隔离人员 3226 人次，提供上门送药、送口罩、送菜等紧急应援 4021 次（8081人次）。④

三是助力疫情防控的资源链接服务。突如其来的疫情使人措手不及，一些居民尤其是困难群体的防疫物资准备不足，一些社区抗疫防疫经费或一时难以到位，或存在某些缺口。鉴于此，广州市慈善总会发出《为抗击新冠肺炎出一份力》倡议书。广州社工积极响应倡议，充分发挥社会工作链接资源

① 彭凯健：《多线联动　有序有力——广东省广州市社会工作力量参与抗"疫"服务印象》，《中国社会工作》2020 年第 16 期。
② 苏赞、廖培金：《疫情下，广州社工助力打赢心理防疫战》，《广州日报》2020 年 2 月 24 日。
③ 广州市社会工作行业党委、广州市社会工作协会：《疫情下的广州社工抗疫纪实》，广州市社会工作协会，2020。
④ 苏赞、廖培金：《疫情下，广州社工助力打赢心理防疫战》，《广州日报》2020 年 2 月 24 日。

的优势，通过广泛的社会动员，募集大量的抗疫物资和经费。截至 2020 年 2 月 24 日，由广州社工整合链接的爱心物资达 8149 件，折合人民币 9.8794 万元，募集善款 6.26 万元；至 2020 年 6 月 15 日，由广州社工整合链接的爱心物资达 30744 件，折合人民币 87.8007 万元，募集善款达 28.641 万元。①

四是响应疫情防控的外部援助服务。广州是一个超大城市，疫情防控任务艰巨。然而，正如广州的整个疫情防控不仅仅盯着本市一样，疫情防控社会工作的广州行动，也并不局限于服务本地市民。在湖北武汉疫情防控的关键时期，广州社工心系武汉、心系湖北，积极开展了超越市域甚至省域的疫情防控社会工作服务，多家社会工作机构组建了社工支援湖北服务团，积极参与武汉方舱医院深宵危机干预应急队、武汉社工专业援助群、安馨计划——新冠肺炎疫情紧急援助、鄂州市居家抗疫在线居民服务等心理咨询、心理疏导线上服务等外援活动。② 同时，积极服务于因疫情而滞留于广州的外地受困人员。

五是配合复工复产的企业疫控服务。在疫情防控形势得到好转后，我国采取了疫情防控和复工复产双推进的抗疫策略。为了助力实现疫情防控和复工复产两不误的目标，广州社工做了大量配合企业复工复产的工作。服务内容主要有：第一，致电辖区企业和个体户，传达上级有关复工复产中的疫情防控工作精神；第二，参与社区联防联控工作，协助社区企业及居民有序地复工复产；第三，走访企业、个体户，了解复工复产及运营情况，开展信息收集和资源对接服务；第四，关注复工复产人员的情绪，在提升企业生产效率、激发职工工作动力方面开展服务；第五，关注失业人员，为其提供就业信息服务。

六是开设关爱医护的社工专题服务。广州社工积极贯彻习近平总书记关于"关心关怀奋战在一线医务人员"的重要指示精神和《国务院应对新型冠状病毒肺炎疫情联防联控机制关于全力做好一线医务人员及其家属保障工作的通知》精神。2020 年 2 月 13 日，广州市社会工作协会和广州市志愿者协会联合发出《您安心救扶，我尽心守护》倡议书，动员社工服务机构、志愿服务组织为奋战在疫情防控一线的医务人员及家属提供专题服务，服务内容涉

---

① 广州市社会工作行业党委、广州市社会工作协会：《疫情下的广州社工抗疫纪实》，广州市社会工作协会，2020。
② 彭凯健：《多线联动　有序有力——广东省广州市社会工作力量参与抗"疫"服务印象》，《中国社会工作》2020 年第 16 期。

及心理服务、对口帮扶、人文关怀、紧急援助等。截至 2020 年 3 月 1 日，全市共有 11 个社工站提供了线上心理辅导、电话探访、线下上门探访、送爱心午餐、送姜茶等服务，累计服务 1696 人次。[①]

疫情防控社会工作的广州行动定然是有组织、有指导、有规范的行动。疫情防控社会工作的广州行动是广州社工积极贯彻落实党中央、国务院、广东省委省政府、广州市委市政府关于新冠肺炎疫情防控工作的指示精神，在广州市民政局的悉心指导下，由广州市社会工作行业党委、广州市社会工作协会组织发起的社工服务行动。2020 年 1 月 26 日，广州市社会工作行业党委、广州市社会工作协会发出《关于全行业援助抗击新型肺炎疫灾，实施"广州社工红棉守护行动"的倡议书》，1 月 27 日又发出《关于会员实施"广州社工红棉守护热线"服务的指引通知》，[②] 使这次疫情防控的社工行动组织性强、指导有力、运行规范有序。

疫情防控社会工作的广州行动确实是积极的、扎实的、有成效的行动。全市社工机构纷纷响应倡议，并按照"服务指引"扎实开展服务，取得良好成效。正如广州市民政局有关负责人在《疫情下的广州社工抗疫纪实》发布会上所言，新冠肺炎疫情发生以来，广州各社工机构、社工站和广大社工积极响应党中央号召，主动投入疫情防控工作之中，充分发挥社工专业优势，通过"线上 + 线下"的方式织密织牢困难群众安全保障网，累计线上服务 98 万人次，线下服务 200 万人次，解决各类紧急和困境问题逾 10 万个，在缓解群众心理压力、提供应急服务、链接爱心资源、促进社会稳定等方面发挥了积极作用。[③]

疫情防控社会工作的广州行动同样是讲理论、讲科学、有谋略的行动。近年来，广州社会工作不仅在实践上大步前进，而且在理论上超前发展。在发展初期，广州提出社会工作社区化观点，在社工人才队伍建设中采纳了将人才队伍建设和社区服务推进结合起来的建议，为疫情防控社会工作构建了有效的服务体系。在推进阶段，广州提出并实施社会工作拓展的"社工 +"

---

① 广州市社会工作行业党委、广州市社会工作协会：《疫情下的广州社工抗疫纪实》，广州市社会工作协会，2020。
② 广州市社会工作行业党委、广州市社会工作协会：《疫情下的广州社工抗疫纪实》，广州市社会工作协会，2020。
③ 黄艳、廖培金：《〈疫情下的广州社工抗疫纪实〉正式发布》，《信息时报》2020 年 6 月 28 日。

模式,① 为疫情防控锻炼了招之即来、来之能战、战之能胜的社工人才。在本次抗疫中,广州构建了重大疫情的社会防控理论和疫控社会学体系,② 探讨了人性化、精准化服务机制构建问题,③ 为疫情防控社会工作的广州行动提供了科学理论支持。

疫情防控社会工作的广州行动更将是常态化、持续化、有创新的行动。随着我国抗疫斗争取得重大战略成果,疫情防控转入常态化阶段。疫控专家认为,常态化不等于平常化,决不能放松警惕。因此,疫情防控社会工作的广州行动仍处于常态化、持续化的推进过程,广州社工需保持高度的警惕性,为疫情防控全面胜利做好社工服务。同时,广州社工界也达成一个共识,即不可否认疫情防控社会工作的广州行动存在某些应急性色彩,接下来要通过社会工作实务界和理论界的进一步协同合作,深入开展疫情社会防控和疫情防控社会工作的经验总结和理论研究,更好地推进疫情防控社会工作的创新发展。

---

① 谢俊贵:《社会工作拓展视域的"社工 +"论析》,《广东社会科学》2018 年第 1 期。
② 谢俊贵:《重大疫情社会防控:机理、功能与适用情境》,《社会科学研究》2020 年第 4 期;谢俊贵:《疫控社会学:学科构建的现实基础与发展前瞻》,《社会科学辑刊》2021 年第 1 期。
③ 程潮、谢建社:《抗疫时期构建人性化、精准化的外来工服务机制的思考》,《中国社会科学报》2020 年 3 月 17 日。

抗疫社会工作专业作用发挥的
理论与实践

郭景萍*

摘　要　实践性是社会工作专业最重要的特征之一。社会工作抗疫实践再次印证了社会工作专业的独特作用。实践性的社会工作理论有广义与狭义之区别，有助人与维护之差异。抗疫社会工作实践在一定程度上回应了理论的期待，但是我们更看重社会工作实践"处境化、建构化"的意义。通过对广州社会工作抗疫实践"横向角度（三条路径）与纵向角度（三个环节）"的呈现，本文阐述社会工作是如何通过发挥社会工作专业优势，积极参与建构疫情时期的社会秩序的。在这次疫情阻击战中，社会工作表现出专业情怀与专业理性相结合、任务目标与过程目标相结合、服务重点人群与服务一般人群相结合、个人援助与社会维稳相结合、本土化与结构化相结合五大专业特点。

关键词　抗疫　社会工作专业　实践性

突袭而至的新冠肺炎疫情是世界性的传播速度最快、感染范围最广、防控难度最大的一次重大突发公共卫生事件，也是一场社会危机事件。经过艰苦努力，目前全国疫情防控呈现总体平稳、稳中向好的态势，逐渐进入常态化。在这场疫情防控战斗中，社会工作发挥了重要的作用，亟须我们从理论和实践方面做出总结和反思。面对突如其来的新冠肺炎疫情，社会工作行业的反应是很敏锐的，除了医护人员、心理治疗咨询人员，社会工作领域的反应最迅速。中国社工教育协会马上出台了专业且详尽的指导意见（《关于社会工作参与新型冠状病毒感染肺炎防控工作实务指引》），各地也制定了各类社工疫情服务指南。广州社工在市民政局的指导下，在市社会工作行业党委、市社会工作协会的积极倡导和带领下，迅速行动起来，取消休假，投入防疫

---

*　郭景萍，广东财经大学人文与传播学院社会学教授，主要研究方向为情感社会学、消费社会学。

工作中。在抗击疫情过程中，广州社工为居民提供困境帮扶、心理咨询、慈善链接、自助赋能等多方面专业暖心服务，体现了社会工作的专业优势，彰显了社工的专业精神、专业素质、专业方法。本文立足于一定的理论基础并着重结合广州社工的抗疫实践，探讨在防疫工作中如何发挥社工专业作用这个主题。

一 理论视角：社会工作专业的实践定位

新冠肺炎疫情的突袭而至致使中国社会处于集体的不安全状态中，不安全的表现类型主要有以下几方面。其一，生命的不安全。病毒侵扰人体，人民的身体健康受到威胁，每个人都可能受到病毒的侵蚀，人的生命受到威胁。其二，心理的不安全。疫情给人带来极大恐慌，这种状况正如曼海姆所描述的，"当个人逐步认识到他的不安全不仅是个人的，而且为其同类的大众所共有时，……大恐慌便达到高峰"。[①] 其三，生活的不安全。疫情打乱了人们正常的生活节奏，给人们生活带来诸多不方便和不确定因素。

人存在于社会模式之中，涂尔干认为这是一种"社会事实"。当社会学家这样理解的时候，社会模式具有功能主义的特点，即社会对人的作用是积极有效的。每个人只要服从、适应社会结构，积极完成从自然人向社会人的转化，便可以安度人生，社会运行也会安稳顺畅。然而，社会模式功能的合理化往往被社会变迁中的突发事件所打破，社会生活中一些难以预料的非控制性因素有可能给社会和人类带来严重功能失调的影响。突袭而至的新冠肺炎疫情给人类社会带来了严重危机，在一定程度上破坏了稳定的社会模式。挽救社会危机又亟须建立新的稳定社会模式，曼海姆指出："社会的瓦解与个人行为的紊乱，以及甚至某些层次的人类精神的紊乱之间必定存在更为深层的相互关系，以及反之亦然，一个社会越是被强固地组织起来，行为形式以及相应的精神态度似乎便越是得到强固的整合。"[②] 当社会处于疫情危机中时，社会需要被组织起来，以应对危机与化解危机。曼海姆为我们研究社会工作组织介入新冠肺炎疫情危机从而发挥社会整合的作用提供了指引。

---

① 〔德〕卡尔·曼海姆：《重建时代的人与社会：现代社会结构的研究》，张旅平译，生活·读书·新知三联书店，2002，第107、117页。

② 〔德〕卡尔·曼海姆：《重建时代的人与社会：现代社会结构的研究》，张旅平译，生活·读书·新知三联书店，2002，第107页。

社会是分层管理的，管理的主体从政府到社区基层组织，呈现多元状态。社会工作组织机构属于社会基层组织，是社会的重要管理单位。疫情防控是一项十分特殊的社会管理工作，社会工作组织参与其中，在积极配合政府防控工作的过程中，力图通过发挥社会工作专业作用来维持社会稳定，阻断疫情对受困人群的侵蚀。那么，社会工作作为一种专业的职业活动，其工作方法、服务对象、工作内容为什么与疫情防控工作有较高的契合度呢？在防控疫情中发挥重要作用的依据是什么呢？我们不妨从学理上进行一些探讨。

从社会工作的定位来看，社会工作最重要的特质是实践取向。夏学銮认为社会工作实践的特性是贯穿于整个社会工作过程中的，他指出社会工作有三个基本性质：实践、专业和制度。社会工作的实践性无论是作为技术方法的专业维度，还是作为社会福利的制度维度，都具有实践的取向；以行动为取向的社会工作实践方法多种多样，需要社会工作者具有多种实践能力。[1] 与夏学銮对社会工作实践属性的宽泛界定不同，朱志强将道德实践与政治实践视为社会工作的两种根本属性。在他看来，社会工作既是一种方法技术，也是一种道德实践和政治实践。相对于方法技术层面的特质，他更强调价值介入的道德实践和政治实践特征。这主要基于两个理由：其一，社会工作作为专业的特别之处，是其价值定位讲求人权，肯定人的尊严和价值，讲求社会公义，社会工作专业介入的同时，亦落实了此等价值；其二，介入的各种理论蕴含了对人和社会、知识本质等的假设，这些假设与价值判断是分不开的，社会工作的介入本质上就是道德介入，[2] 也是一种政治实践。朱志强认同"专业的也是政治的"底线，认为不应当将社会工作与政治分开，社会工作者必须利用他的影响力、组织及动员能力，为所服务的对象争取资源的公平分配、争取改善服务或政策的改变，解决社会问题。[3] 如果说朱志强看重的是如何实现一种明显带有道德取向和政治意义的社会工作目标，关注社会道德政治的宏观层面以及从外部赋权的社会工作实践的价值介入，那么王思斌转向关注以

---

[1] 何国良、王思斌主编《华人社会社会工作本质的初探》，香港：八方文化企业公司，2000，第47~61页。

[2] 何国良、王思斌主编《华人社会社会工作本质的初探》，香港：八方文化企业公司，2000，第17~23页。

[3] 何国良、王思斌主编《华人社会社会工作本质的初探》，香港：八方文化企业公司，2000，第104页。

"助人"为切入点的实践社会工作,认为"助人是社会工作最本质的特征"。①
王思斌从利他主义的角度探讨社会工作的目的或功能,指出"社会工作是一种
利他主义的实践",② 是一个与价值相关的助人及其服务过程,这是"帮助—受
助"的社会互动,"助人自助既是社会工作的过程也应该是结果",③ 其功能发
挥的结果取决于互动双方的评判,尤其是受助者的满意程度或对所获服务的
评价,④ 而且"社会工作者是最强调目标价值的(即通过社会工作,受助者
的困境得到多少改善)",⑤ 在不忽视社会工作的过程价值的情况下,努力追
求助人效果(包括效率)。⑥ 社会工作行动兼容了(韦伯式的)目的理性和价
值理性,如强调有效地运用资源,运用服务技术及方法,以提供更好的服务,
这与目的理性有相同之处;另外,社会工作强调"设身处地""感同身受"地
对待服务对象,甚至"卷入"其中强调对受助者的关心,这与价值理性是相通
的。在王思斌看来,社会工作实践是专业理性与专业情怀的统一,其专业作用
的定位聚焦于服务对象本身,帮助服务对象摆脱困境、增强自身能力是根本。

　　上述的观点表明,社会工作的作用不仅表现在对个人及其人群的援助方
面(助人自助取向),也表现在社会变革或社会维系方面(道德政治取向)。
从社会工作实践介入的层次来看,有宏观的社会层面与微观的个人层面。从
社会层面来看,社会工作实践指向社会维稳或社会变革;从个人层面来看,
社会工作实践强调对个人困难及问题的解决。正如社会学存在社会与个人关
系的唯名论与唯实论的争议一样,学者对社会工作的定位也存在助人(以个
人为重)与维护(以社会为重)二元取向的分歧。阮曾媛琪总结和分析了社
会工作本质的"两极分化"历史及其辩论的演变过程。⑦ 谢立中提出社会工

---

① 何国良、王思斌主编《华人社会社会工作本质的初探》,香港:八方文化企业公司,2000,第
　　177、186 页。
② 何国良、王思斌主编《华人社会社会工作本质的初探》,香港:八方文化企业公司,2000,第
　　14 页。
③ 何国良、王思斌主编《华人社会社会工作本质的初探》,香港:八方文化企业公司,2000,第
　　6 页。
④ 何国良、王思斌主编《华人社会社会工作本质的初探》,香港:八方文化企业公司,2000,第
　　9 页。
⑤ 何国良、王思斌主编《华人社会社会工作本质的初探》,香港:八方文化企业公司,2000,第
　　7 页。
⑥ 何国良、王思斌主编《华人社会社会工作本质的初探》,香港:八方文化企业公司,2000,第
　　8 页。
⑦ 何国良、王思斌主编《华人社会社会工作本质的初探》,香港:八方文化企业公司,2000,第
　　114 ~ 136 页。

作的本质到底是"助人"还是"维护"的基本问题，认为社会工作应以助人为终极目的。助人与维护这两个目标并非总是一致的，即使维护或改变社会秩序或结构，也应当以帮助人们解决生活中遇到的困难或问题、促进人的发展为目标。[①]

明确社会工作本质及其专业功能作用，实质上也就确定了社会工作在这次抗疫中的社会位置。综观上述对社会工作评价的各种观点，尽管存在不同的视角，但是都明确了社会工作的实践特征和根本职责，即从解决问题、解救困难到危机干预，均是社会工作的行动实践范围；从助人自助到社会问题的解决及其社会秩序的维护，均是社会工作实践直接或间接的目标。当然，社会工作的理论探讨是就一般的社会工作实践在理想化状态中的考量，作为在特殊时间和空间发生并受多种因素影响的疫情社会工作实践，在何种程度上、何种状态上呈现了社会工作理论所期待的图景呢？

二 实践呈现：抗疫社会工作的专业作用

"社会工作的本质是处境化的"，"更有意义的行动是积极参与建构当时社会的社会工作本质，使社会工作在当时社会中发挥最积极的影响"。[②] 疫情发生的紧迫性和严峻性，使社会工作者迅速地适应疫情防控形势，发挥自身的专业优势，积极投入抗疫战斗中。我们拟结合广州社会工作的抗疫实践，来呈现社会工作在抗疫中的作为及其取得的主要成效。[③]

我们可以从两个角度（三条路径、三个环节）来阐述疫情防控实践中广州社工是如何发挥社会工作专业优势的。一个是横向角度，至少存在"三条路径"展现社会工作的专业优势。第一条走的是线上的路径，这是一条"覆盖面广、服务便捷"的路径。据不完全统计，截至2020年8月27日，广州市71家社会工作服务机构利用社工站、专项项目服务点等开通了235条"广州社工红棉守护行动"热线，累计投入接线服务社工40025人次，累计服务

---

① 何国良、王思斌主编《华人社会社会工作本质的初探》，香港：八方文化企业公司，2000，第80~87页。

② 何国良、王思斌主编《华人社会社会工作本质的初探》，香港：八方文化企业公司，2000，第114~136页。

③ 《广州社工抗疫动态大数据》（广州社工，8月27日），广州市社会工作协会，http://www.gzsg.org。

市民 1129326 人次。第二条走的是线下的路径，主要是通过基层社区来发挥疫情防控中的社工专业优势，这是一条"走向一线、服务深入"的路径。社工下沉社区，并推动防控的资源力量下沉到社区。主要有两大力量：一是慈善力量，二是志愿者力量。截至 2020 年 8 月 27 日，广州社工整合链接爱心物资 31816 件，折合人民币 94.5377 万元，募集善款 28.7052 万元。广州市洪桥街社工站积极发挥机构优势，疫情防控期间链接相关资源，为洪桥辖区困难群众提供 510 斤新鲜蔬菜及 85 只清远鸡，及时缓解了群众面临的生活困难。广州社工站普遍将培育防疫志愿者队伍作为目前的重点服务内容，以"社工 + 志愿者"为工作模式，协助社区建立联防联控、群防群控这一关键防线。第三条路径是通过项目化的服务发挥专业作用，这是一条"精准对接、直击重点"的路径。广州社工应对疫情中出现的特殊需求策划开展专项服务项目，提升社区抗击疫情能力，出现了不少典型的服务项目。例如：广州阳光天使社会工作服务中心联合相关慈善组织发起策划了"天使暖心包"服务项目，广州市明镜社工服务中心策划了"关爱困境儿童疫情期学习支援项目"，广州市荔湾区恒福社会工作服务社华林街社工服务站策划实施了"爱心农场"项目，广州市穗星社会工作服务中心策划实施了"药温暖行动"项目等。这些项目对困境群体帮扶起到雪中送炭的作用。项目化路径区别于线上和线下路径，笔者称之为"专线"的路径。项目服务的优势表现在：目标明确、服务聚焦、多种专业手法并用、全方位地解决问题以及能有效满足服务对象需求。项目的优势也是社工发挥专业能力的优势所在。

纵向的角度是从抗疫过程来看的，主要包括三个环节，即预防、治疗和康复，社工在这三个环节中都能发挥专业作用。疫情防控是一场"社会治疗"的系统工程，社工能够在医学和社会之间架起一座桥梁，进而建立疫情防控的社会支持系统。

考察一个社会的文明程度可以看两个方面，即公民的基本权利是否能实现、社会对弱势群体的态度，对于这两项社会文明建设，社工都能起到重要作用。公民最基本的权利是生命权和健康权，这次疫情的突袭而至就是对这两项基本公民权利的极大损害，而对于弱势人群来说无异于雪上加霜。抗疫过程的三个环节中，中间的"治疗"环节主要靠医护人员。当然社工在治疗环节也能发挥作用，如社工在医院可以对医护人员和患者做一些心理辅导和情绪支持工作，以缓解各方的身心压力；可以在医疗过程中做医患关系的协调服务工作；可以为治疗希望渺茫的患者提供关怀服务等。由于新冠病毒的传染性过强，在此次疫情中较少有社工服务介入医院的情况。但显而易见的是，在预防和康复这前后两个环节中，社工则大有用武之地。

社工在疫情"预防"环节中的作用包括两个方面。其一，对所有服务对象主要做健康教育、健康管理的工作。我国提出"大健康建设"，群众健康将从医疗转向以预防为主，不断增强民众的自我健康管理意识，使民众从社会、心理、环境、营养、运动等多个角度得到全面的健康维护和保障服务。广州正处于创文创卫的城市建设中，为适应这种建设需求，不少社工站设计和实施了环境卫生治理项目，开展了居民健康文明生活服务。如广州夏港街社工站在疫情趋于稳定后，实施了"学健康，乐生活"社区健康教育特色项目，通过整合社区中的健康资源、宣传健康政策和开展社区义诊，并通过绘本课堂、游园活动和社区支持等干预措施开展防疫健康系列服务，促进服务对象增强健康意识，增加健康知识，养成健康行为习惯。从某种意义上说，上述服务事项属于一种社会健康管理工作。在这次疫情中，社工主要为社区居民提供防疫知识咨询及指引服务。截至 2020 年 8 月 27 日，广州社工通过线上平台为市民主要提供防疫知识咨询 231588 次，还开设了线上防疫健康教育工作坊和开展小组工作。另外，协助社区开展穗康健康信息核实和登记以及进行测量体温的工作也属于疫情中的健康管理服务。截至 2020 年 8 月 27 日，社工配合镇（街）、村（居）开展线下防控排查 2049132 人次，服务社区留观隔离人员 10847 人次。其二，对弱势人群，则要想方设法缩小资源（包括医疗资源）获得的社会差距，使他们在疫情防控期间能够有基本的生活资源保障，有便捷的就医渠道。社工的任务是解决由于资源不公平分配而引起的社会问题，比如医疗资源缺乏、看病难的问题。目前，社工站结合疫情防护工作需求也关注到了这些问题。例如，广州市六榕街东风社工站实施了"医养无忧·弱老社区照顾"重点项目，拓展了以医养结合为特点的养老服务内涵；广州市石碁镇社工站的"1KM 的桥梁"医疗支援项目，能够借助医疗志愿服务的专业力量，为辖区边远农村中的困难人群开展义诊服务，建立健康档案，这是一种健康扶贫的社会工作；广州市石楼镇社工站实施了以当地风湿病预防和管理为主题的"搭把手·共筑健康围墙"特色项目，服务的内容包括健康知识普及、风湿病讲座、义诊服务、保健操学习、病患情绪支持。这些项目突出显示了社工对弱势人群健康教育和健康管理的作用。在这次疫情中，社工为弱势人群提供了一些非常时期的健康管理服务，例如及时为困境人群送去防疫医护用品，为社区有医药需求的孤寡、独居长者解决在非常时期难以就医、不能购买药物的问题，并主要将社会资源重点用于开展社区困境群体的防疫援助、救助服务。截至 2020 年 8 月 27 日，累计为困境孤寡长者、患病长者提供上门送药、送口罩、送菜等紧急救援 11301 次，服务 21745 人次；跟踪服务的困境人群共计 240261 人次，其中跟踪服务的独居孤寡长者共计 79864 人次、低保低收家庭成员 50310 人次、困境残障人士 84295 人次、困境儿童及家庭 25792 人次；服务医护人员及其家属 2001 人次，服务社区留观隔离人员 10847 人次，很好地发挥了社会工作对困境人群（包括疫情防控期间涌现的特殊人群）的疫情防护作用。总体上看，社会工作在疫情防护性工作和民众健康管理中的作用越来越重要。

社工在疫情"康复"环节中也发挥了作用。康复包括身体康复、心理康复和社会康复。这次疫情带来了很多后遗症，如病毒感染者或隔离者回归社区及家庭的问题、由于亲人逝去的哀伤压抑症状、由于疫情引起的大众心理恐慌问题都需要开展社会工作。截至 2020 年 8 月 27 日，广州社工通过线上平台为市民提供心理辅导 37278 次。广州市桥南街社工站在疫情防控期间电话访问服务辖区内自境外返回而集中或居家隔离人员 70 余人，并通过服务满足其日常生活、心理健康的需求。

关于社会层面上的康复，2020 年 4 月 17 日召开的中央政治局会议首次提出"六保"——保居民就业、保基本民生、保基层运转、保市场主体、保粮食能源安全、保产业链供应链稳定。疫情后的社会康复工作，体现了风险意识和忧患意识。广州社工积极响应党中央的号召，通过多种措施推进"六保"尤其是前"三保"的工作。在保居民就业方面，在疫情趋于逐渐稳定的情况下，社工积极开展复工复产的社会工作服务，重点抓就业服务。石壁街社工站通过调查了解到，石壁辖区原先的工厂外迁，原先在工厂上班的一部分居民失业；另外由于新冠肺炎疫情，经济受到影响，部分小型企业和工作坊倒闭，一部分在职人员下岗。为此，石壁街社工站实施了"牵手共创"社区就业支持特色项目，顺应新形势下失业人员的新需要，整合社区资源，通过培训活动提高个人技能，增加对社区就业资讯的了解，力图在辖区内建立一套较为完善和系统的社区失业人员再就业帮扶机制。在保基本民生方面，广州各个社工站认真落实广州市民政局 2020 年 5 月印发的《关于做好特殊困难群体兜底保障社工服务的方案》，对困难群体的需求评估、服务频率、服务方式等设定分级分类标准，为特殊困难群体提供精细化服务，进一步织密织牢困难群体兜底保障安全网。据统计，全市社工站平均每月服务六类特殊困难群体（低保低收入对象、特困人员、留守老年人、独居孤寡老人、困境儿童、贫困重度残疾人）超5.4万人，月均服务近12万人次。[①] 在保基层运转方面，社会工作的基层阵地就在社区。目前，广州社工站重点开展社区的基层社会治理工作，主要事项有：其一，开展社区公共服务，如协助镇（街）、村（居）处理物业管理、旧楼加装电梯、垃圾分类等社区公共问题；其二，开展社区营造服务，如充分挖掘、培育和活化社区的历史文化资源、自然资源、古建筑等社区公共服务载体，搭建社区互助、帮困的公共服务体系和平台；其三，开展社区慈善服务，如对接社区困难群体需求，开展"社区微心愿服务"，依法设立社区慈善捐赠站点，培育社区基金，开展社区慈善募捐活动；其四，开展社区社会组织和社区志愿者培育服务，如倡导社区志愿服务文化，组织落实"社工＋志愿者"战略，促进社区志愿服务发展。社工站通过实施重点项目或特色项目，聚焦上述服务内容，社工在促使基层正常运转（社区活化与社区发展）方面发挥了积极作用。下一步则需要根据新的局势，结合这次疫情调整社工服务方案，提高社工的专业素养，促使社工在社会康复中做出更大的贡献。

三 总结与反思

在这次疫情阻击战中，社会工作实践表现出来的专业特点主要有以下几点。

（一）专业情怀与专业理性相结合[②]

一方面，社工为基层工作者，在很多情况下置身于疫情防控工作的一线，面临一定的风险，甚至在某些时候裸露在"病毒中"，但是社工具有"偏向虎山行"的无畏精神，利他主义的专业情怀在危难时刻得到彰显。另一方面，社工自觉按照所在地区或社区的疫情防范工作安排，按部就班地履行自身的职责，从社工机构到社工服务站，制定了疫情工作计划与严密的防护保护措施，进行了服务需求分析，确定了服务内容、服务策略等，体现出社会工作

[①]《广州市发挥社会工作专业优势 助力常态化疫情防控工作》，社工中国，http://trade.swchina.org/trends/2020/0916/37161.shtml。

[②] 王思斌：《面对重大疫情社会工作者的专业情怀和专业理性》，北京大学中国社会工作研究中心，搜狐网，https://www.sohu.com/a/374528407_120056444。

专业理性的工作作风。

（二）任务目标与过程目标相结合

罗夫曼提出社区工作的任务目标和过程目标。① 任务目标解决一些特定的社会问题，包括完成一个具体的任务。过程目标是为了实现总体目标而进行的工作，也是更深层次的目标：赋予普通民众以权利，增强他们解决问题的能力和信心，同时培养居民对社区的归属感，减少人际关系的疏离感，通过社区居民对社区工作的积极参与，促进社区整合和社会秩序的建立。在抗疫初期，社工突出的是任务目标，采取的是危机干预方式，即"应急为先"：一方面是"生活应急"，帮助被疫情困扰的人群，筹集应急生活物资、进行防护物资发放、提供医疗救助服务；另一方面是"心理应急"，通过红棉守护热线，开展心理疏导和情绪安定服务。在疫情稳定后，根据不同人群的需求，开展爱心便民类、文娱类、关怀支持类等社区社会活动，提升居民社区参与的积极性，增强个人效能感，并通过各种主题性、专项性、通用性的社工服务活动，使居民尽快地回到正常的生活轨道上，包括复工复产复学等。社工通过运用一定的专业方法及管理措施，能够改善人际关系并稳定社会秩序。

（三）服务重点人群与服务一般人群相结合

社工遵循完全平等（公平机会）与差别平等（更困难者优先）原则。在优先满足已经纳入社会工作重点对象的兜底人群生活援助、心理援助等需求的基础上，社会工作还要兼顾因疫情而陷入困境的多类对象，如帮助在院病人、疑似患者及其家属、流浪乞讨人员、一线救护的医护人员、来穗复工的武汉籍人员等。社会工作的特殊主义与普遍主义的合理结合，"服务倾斜，又适度覆盖"，是这次抗疫社会工作的策略。

（四）个人援助与社会维稳相结合

疫情发生后，社工遵循了"生命为上、健康为本"的人道主义基本理念，开展特殊困难群体帮扶服务。社工整合资源，为困难群体提供防疫宣传、防疫物资派发、情绪疏导、代购、聊天、取药、送餐等多项服务，可以说是有

---

① 甘炳光、梁祖彬等：《社区社会工作理论与实践》，香港中文大学出版社，1998，第13～14页。

求必应，为困难人群筑起一道安全保障线，受到服务对象的感谢和肯定。另外要看到，疫情的突袭而至对稳定的社会秩序造成了冲击，社工还承担着社会"维稳"的任务。对社会秩序的维护通常有两种社会控制机制：社会教育机制与社会监督机制。社工对社会控制机制进行了实践智慧的策略性调整。社会教育机制主要通过开展红棉守护热线宣传、开展社区"扫楼"宣传、发放宣传手册、普及防疫知识等多种方式，增强社区居民的防控意识，使他们掌握疫情防控的知识和方法。社工还主动承担社会政策解读宣传工作，向社会成员灌输疫情防控期间应该树立的社会价值观念和道德规范，倡导社区居民扮演好自身的疫情防控角色。社会教育机制对于维护正常的社会秩序起到"内在控制"的作用。在社会监督机制的运用方面，社工积极执行和落实政府的防范措施，在疫情防控期间到疫情防控卡点值班，为居民提供测温、健康状况排查、返穗登记指引等多项服务；通过红棉热线收集社区舆论，及时跟进社区紧急情况，有必要时上报相关部门；积极传达社会正面信息，预防谣言的传播及阻止破坏行为的出现；对社会提倡行为进行奖励，例如开展关爱一线防疫工作人员的活动，为医护人员和家属提供专门服务。对于那些缺乏公共责任感、不遵守疫情防范公共规则的人实行劝导，对于违背者则相应提出批评或移交相关部门处理。社会监督机制对于维护正常的社会秩序起到"外在控制"的作用。

（五）本土化与结构化相结合

社工对个人及人群采取王思斌所倡导的"本土化处境化"的策略。[①] 一方面，社工根据疫情发生的区域、民众接收信息的习惯、健康生活的文化经验、人际关系的封闭感受等疫情防控时期出现的情境化表现，开展有针对性的疫情服务工作。另一方面，社工在了解服务对象的需求及处境的情况下，运用结构导向的分析视角来解决问题。这场疫情危机的产生不仅仅包括个人的原因，也与不明原因的病毒因素、缺乏防护的社会环境以及整个社会有密切的联系，所以社会工作者不能纯粹要个人适应环境，而是要促进环境改变和为民众提供防护的制度与政策。此外，政府和社区都有责任提供资源，协助处理和解决问题。据此，疫情防控期间社会工作的重点是组织志愿者力量、

---

① 何国良、王思斌主编《华人社会社会工作本质的初探》，香港：八方文化企业公司，2000，第177、186 页。

链接多种资源，并充分运用好社会政策，来做好抗疫工作。

疫情的突袭而至，为社工专业作用的发挥提供了巨大的空间，社会工作的抗疫实践也取得了有目共睹的成效，但是也暴露出一些短板和问题。面对这次疫情，社工的专业定位和角色发挥的界限还有不清晰的地方，社工的危机干预能力和应急管理能力是不足的，社工运用的心理咨询技巧和健康管理方法是缺乏训练的。如此等等，都使社工在这次抗疫中显得力不从心。尽管社会工作不是万能的，但作为一种职业，如果要在国家突发事件应急管理体系中独当一面，必须有过硬的专业本领。危难之中显身手，社工任重而道远。

Theory and Practice of the Professional Role of Anti-epidemic Social Work

Guo Jingping

Abstract：Practicability is one of the most important characteristics of the social work major. The anti-epidemic practice of social work once again confirms the unique role of the social work major. Practical social work theories have broad sense and narrow sense, and have the difference between helping others and maintain social order. The anti-epidemic social work practice has responded to theoretical expectations to a certain extent, but we pay more attention to the "contextualized and constructive" meaning of social work practice. Through the presentation of the "horizontal perspective (three paths) and vertical perspective (three links)" of the anti-epidemic practice of social work in Guangzhou, it explains how social work actively participates in the construction of social order during the epidemic period by taking advantage of it's profession. In the fight against the epidemic, social work demonstrated five speciality characteristics such as the combination of professional feelings and professional rationality, the combination of mission goals and process goals, the combination of serving key populations with serving the general populations, the combination of personal assistance and social stability, the combination of localization and structure.

Keywords：Anti-epidemic；Social Work Profession；Practicality

疫情防控中构建医患命运
共同体的理论与实践

王　楠　韩继伟　张爱玲*

摘　要　医患关系本质上体现的是人与人之间的一种特殊的社会利益关系。构建医患命运共同体是解决医患矛盾若干问题的破题之举。对医患命运共同体的构建，不仅为学者提供了学理框架，而且是培育和践行社会主义核心价值观的题中应有之义，这一思想更是深源于中国优秀传统文化。在中国新冠肺炎疫情防控的关键时期，全国人民上下齐心共克时艰，这为医患命运共同体的构建提供了客观条件。医患命运共同体的构建，对中国疫情防控具有重要的启示意义。

关键词　疫情防控　医患关系　命运共同体

医患关系是一种特殊的社会利益关系，时常发生在病患群体和医疗服务者之间，两者既相互促进形成合力，也会相互摩擦产生张力。为规避其消极影响，发挥其积极作用，本文提出医患命运共同体思想为化解医患矛盾的行之有效的方法。医患命运共同体对于医患矛盾的解决，具有建设性、针对性、理论性意义。针对中国面临的卫生与健康问题，习近平总书记曾强调"如果这些问题不能得到有效解决，必然会严重影响人民健康，制约经济发展，影响社会和谐稳定"①。为此，党的十九大报告明确提出要"加强基层医疗卫生服务体系和全科医生队伍建设"，"为人民群众提供全方位全周期健康服务"。这些方法和措施对解决医疗资源配置问题、缓和医患矛盾关系、构建医患命运共同体具有重大的现实意义。

---

*　王楠，天津师范大学政治与行政学院博士研究生；韩继伟，华北理工大学教师；张爱玲，贵州省铜仁市人民医院住院医生。
①　习近平：《把人民健康放在优先发展战略地位》，新华社，2016 年 8 月 20 日。

一 医患矛盾关系的若干问题及原因分析

矛盾关系的产生在于意识观念的差别和所处立场的不同。马克思在《共产党宣言》中曾指出，"社会意识，尽管形形色色、千差万别，总是在某些共同的形式中运动的"。[①] 从社会存在和社会意识的角度看，医患矛盾关系也是在一定的历史条件下产生的，是对当前中国社会发展情况的客观真实反映。随着中国社会的不断发展，工业化、城镇化、人口老龄化等问题出现，这给社会带来了一定的负担，使政治、经济和环境等承载了一定的压力。在此背景之下，中国医疗系统不堪重负，医患关系也因此变得日益紧张。对此，人文科学应该做出理论解释，进而缓解乃至消除矛盾。然而，医患矛盾关系是缘何产生的？对这个问题的回答是化解医患矛盾、构建和谐医患关系的逻辑起点。在这一问题上，除了要弄清"医""患"主体方面的原因，还应考虑社会制度等客体方面的原因。

（一）从患者的角度看，医患矛盾产生的原因在于医疗信息的不对称

医学是专业的科学，只有专门从事医学工作和研究的人才能够掌握准确的医学知识，而公众对于医学知识显然是缺乏的、不专业的，尤其对一些疾病的了解远不及专业人士，因此具有局限性。由于医疗信息的不对称，掌握医学信息的人员容易处于有利地位，而医学信息缺乏的患者往往陷入相对不利的地位。随着中国社会的不断进步、国民经济的快速发展以及人民物质生活水平的不断提高，公众的健康意识和自我管理意识越来越强，对自身权利的保护意识也越来越强，人们更加重视对疾病的预防和诊治，但医疗科技发展水平无法满足人们的预期，从而使医患矛盾关系变得尖锐。

当然，极少数患者采取极端的方式处理医患分歧，加重了医患之间的矛盾。无论古今，医患矛盾一直存在，但是以极端暴力的方式解决分歧实属不可取，这有悖于医学伦理的初衷，甚至会受到法律的制裁。

---

① 《马克思恩格斯选集》第 1 卷，人民出版社，1995，第 292 页。

（二）从社会制度层面看，医患矛盾的产生在于公共服务的过度商业化

随着市场化改革的推进，商品经济得以迅速发展，商业活动的竞争也愈演愈烈，"顾客是上帝"成为各个服务行业的服务理念。20世纪80年代，中国卫生领域开始引入市场化的经济改革，医院采取以药补医的方式，逐步走向市场化，"患者就是上帝"的口号成为医疗行业的服务理念。90年代初，人们对"患者就是上帝"这一流行口号开始反思，医院等公共服务机构是趋于"市场化"还是"公办医疗"，这关系到乃至决定了现实中医患关系的定位和医患矛盾的化解。笔者认为，医院如果是以赢利最大化为目的的商业化扩张，那就要考虑非常高的边际成本，因为商业化的行业对成本有着极其苛刻的控制。然而，中国公立医院占比超过90%，况且每个医生所能提供的服务是非常有限的，最后我们会发现有赢利能力的商业扩张的边际成本是负数。此外，医院承担的是"救死扶伤"的道德义务，应该履行社会责任而不应实施以药养医、医院赢利、计较成本的商业行为。医者应该善待患者，医院应该回归公益，警惕过度商业化，防止医患矛盾的产生。

二 医患命运共同体思想的提出及理论逻辑

（一）卡尔·雅斯贝尔斯为医患命运共同体的构建提供了学理基础

卡尔·西奥多·雅斯贝尔斯出生于1883年，是德国著名的存在主义哲学家和精神病学家。他在《技术时代的医生》一书中深刻剖析了技术时代医生开业的各种弊病，以及人道主义精神日趋没落的状况。他经过哲学的思考，将医患关系上升到哲学高度，并将医生开业的问题与生存哲学的问题紧密联系起来，同时呼吁医学应该具有人文关怀，医学精神需要"人道主义"的回归。他于20世纪50年代提出医患命运共同体这一新理念。他认为，医生与患者都是人，而作为人本身，他们是同命运、共患难的同伴。医生既非仅仅是技术员，亦非仅仅是权威大师。"在与他者的关系中，作为生存对生存，医生也是短暂的人的存在。"[1]

---

[1] 张海音主编《医学心理学》，上海交通大学出版社，2015，第156页。

需要指出的是，医史学家西格里斯认为，医患关系是一种纯粹的人与人之间的关系，每一个医学行动都涉及两类当事人，即医师和患者，或者更广泛地说，为医学团体和社会，医学无非是这两类人之间多方面的关系。参与医疗救治的医护人员和患者的关系也可以分为三种类型，即主动与被动型、引导与合作型、共同参与型。在笔者看来，和谐的医患关系应该是让医生和患者成为一个利益相关、情感相系的命运共同体，是三种类型共同作用的结果。医患之间不是一个静态的关系，而是一个双向的互动过程。应促进医患之间良性互动，使医患关系更加和谐，让医生和患者携起手来对抗共同的敌人，大大提升战胜疾病的概率，而这也是医患命运共同体的内在要求。

（二）医患命运共同体思想是社会主义核心价值观的重要内容

2012 年 11 月，党的十八大报告为培育和践行社会主义核心价值观提供了基本范畴。2017 年 10 月，党的十九大报告再次强调了社会主义核心价值观的重要意义，对社会主义核心价值观提出更加明确的要求。习近平同志在党的十九大报告中指出：社会主义核心价值观是当代中国精神的集中体现，凝结着全体人民共同的价值追求。要广泛弘扬社会主义核心价值观，通过培育和践行社会主义核心价值观，强化教育引导、实践养成、制度保障，发挥社会主义核心价值观对国民教育，精神文明创建，精神文化产品创作、生产、传播的引领作用，"把社会主义核心价值观融入社会发展各方面，转化为人们的情感认同和行为习惯"。应以此为指导发挥医患命运共同体作用，将文明、和谐、友善、诚信、敬业、法治、平等的思想深入医患关系之中，深入全社会之中。

首先，"文明""和谐""友善"体现了医患之间的依存关系。无论是医方还是患者，在面对共同的"敌人"时应该相互依靠，医护人员需要依靠病人协作配合，病人需要依赖医生的医学技术，二者相互依存，体现的是依赖和信任关系。当人类社会文明开化、人开始脱离野蛮时，所有的社会行为和自然行为在历史中沉淀下来形成文化。文明即符合人类精神文化、物质文化并被绝大多数人认可和接受的公序良俗。文明在医患关系之间，在医患命运共同体中得以体现，是医患命运共同体所遵循的价值准则。在文明的基础上，医患双方相互配合协调、互助合作、共同发展，达到和睦谐顺的关系状态。医患关系的基本准则是减少争执矛盾，遵守基本道德规范。

其次，"诚信""敬业"体现了医患之间的道德关系。马克思说过，"世界上本来就没有绝对不道德的东西"①。诚实守信属于道德范畴，对道德和人性表示尊重，是公民的"第二张身份证"，要求为人处世真诚守信、实事求是。医护群体除了要坚守诚信，还应该具有敬业操守，通过不断地修习提升自身技能，提高治病救人的能力，以真正达到救死扶伤的目的。

最后，"法治""平等"体现了医患之间的契约关系。法治是人类政治文明的重要成果，是现代社会的基本框架。大到国家整体，小到个人言行，都要受到法律框架的约束。因此，医患关系的处理也要在法律的框架内进行，做到一切依据法律，力求公平公正。有了法律的保障，才能实现医患之间、患者之间人人平等。生命权没有高低贵贱之分，注重平等也是以发展的眼光看待社会。所以，要给予医生和患者在社会生活中相同的尊严，使其享受同等的权利，具有同等的机会。要清除人为制造的障碍，让患者拥有平等享受医疗服务的机会，让医护人员平等看待每一位患者。

（三）医患命运共同体思想根植于中国传统文化

中华民族的传统文化源远流长、博大精深、内涵深刻、意蕴深远。我们可以借鉴传统文化中关于医患命运共同体的智慧理念。五千年的中华文明史告诉我们，对生的敬仰和尊重、对命的顺势而为，是最朴素的人本论精神。"医乃仁术、济人为本"是中医一直奉行的行为理念，人们也对"不为良相，即为良医"的抱负加以推崇，从医之人以"仁爱之心""仁爱之术"为行医之信条。医者对医术的追求有着很高的要求，力求达到"勤求古训、博采众方""博极医源、精勤不倦""医非学养者深不足以鸣世"，当然也更为注重自身的品性和德行，正所谓"为医之道，必先正己""医人不得恃己所长，专心经略财物""无恒德者，不可以作医，人命生死之所系"。从以上论述中可以看出，丰富的传统文化为医患命运共同体的构建提供了丰富的文化资源，中医的人文精神就是医患命运共同体所应该吸收借鉴的优秀文明成果。

---

① 《马克思恩格斯文集》第 1 卷，人民出版社，2009，第 62 页。

三 构建医患命运共同体对当前
疫情防控工作的启示

此次新冠肺炎疫情的发生给中国经济带来挑战，也对社会造成重大影响，但从某种意义上来说为医患命运共同体的构建、医患关系的和谐发展、和谐社会的建设以及医疗资源的整合提供了重要的契机。

（一）疫情防控工作尤其是医院的救治工作要坚持为创造和谐的医患关系提供条件

医生之责就是要树立起"济人为本"的医学理念，竭力救治患者是医生的本职。医生在工作中只有尊重患者的难处、满足患者的愿望、关心和爱护患者、珍视生命，才能为和谐的医患关系打下坚实的基础。对于患者而言，"托命于孤"的期盼，传递的是对医者的信任，是对医生专业主义和职业伦理的肯定，但也要认识到医疗技术的局限性，设身处地为医护人员考虑并积极配合医生工作。"医""患"是医患命运共同体的实质要件，医生是医患命运共同体的主体，患者是医患命运共同体的参与者和评价者，医生要通过精湛的医术挽救患者，而患者要珍爱自己的生命、珍惜医生的劳动成果，懂得感恩和回报，这样才能使医患关系更好地维持下去，为医患命运共同体的构建创造有利条件。

（二）疫情防控工作要坚持做好舆论宣传，积极弘扬和谐医患关系的主旋律

"疫情就是命令，防控就是责任，新闻记者永远是战士。"舆论作为群众的认识工具，反映了对某一社会问题是赞扬还是指责的立场、观点。新闻工作者要坚持客观公正的原则，不掺杂个人情感地看待医患之间的矛盾，切忌放大矛盾。舆论宣传首先要及时传达党中央、国务院关于防控疫情的声音，大力宣传习近平总书记关于疫情防控的重要讲话精神，及时、公开、透明地做好防控疫情工作舆论引导。其次要宣扬先进人物事迹，积极传递正能量，尤其是广泛宣传和谐的医患关系中表现突出、感人肺腑的事情，为医患命运共同体的构建营造良好社会氛围，激发全社会的凝聚力。最后要通过积极引导社会舆论，粉碎不实谣言，压制各类谣言。这些谣言往往夹杂着各种乱象，

通过搅动舆论吸引关注，尤其是在互联网平台上，许多未经核实的错误信息很容易得到广泛传播。在一些有关医患关系的信息中，我们应该以科学和理性的态度了解和看待。

（三）疫情防控工作要坚持为医患命运共同体的构建积极营造良好的社会氛围，要在党中央的领导下，始终把人民群众生命安全和身体健康放在第一位

医患关系在社会关系中是一种最为基本、最为常见的关系。在构建医患命运共同体的过程中，需要所有社会成员积极参与其中。一方面，要为患者提供医疗物资，提高治愈力，降低死亡率。保质保量供应医疗物资和防护用品，是打赢新冠肺炎疫情防控阻击战的关键所在，更是降低患者死亡率的不二之选，要努力提供疫情防控所需的医疗物资和药品，充分满足患者的需求。另一方面，要充分保障医护人员的身心健康。习近平总书记曾提出"要加大全民普法工作力度，弘扬社会主义法治精神，增强全民法治观念，完善公共法律服务体系，夯实依法治国社会基础"。① 要加强治安管理、市场监管等执法工作，加大对暴力伤害医务人员的违法行为的打击力度，保障社会安定有序。要为医患命运共同体的构建提供法律保障，在法治轨道上统筹推进各项防控工作。要在疫情防控期间加强法治宣传，提供法律服务，积极引导广大人民群众增强法治意识，使人民群众依法依规地支持和配合疫情防控工作，并及时有效地化解在疫情防控期间产生的矛盾纠纷，从而保障疫情防控工作顺利开展。

The Theory and Practice of Constructing a Community of Shared Future for Doctors and Patients in Epidemic Prevention and Control

Wang Nan, Han Jiwei, Zhang Ailing

Abstract：The doctor-patient relationship essentially embodies a special social

---

① 习近平：《推进全面依法治国，发挥法治在国家治理体系和治理现代化中的积极作用》，《求是》2020 年第 22 期。

interest relationship between people. Constructing a community of fate between doctors and patients is a problem-solving move to solve several problems between doctors and patients. Not only do scholars provide a theoretical framework for the construction of a community of doctor-patient fate, but also the proper meaning in the topic of cultivating and practicing socialist core values. This idea is deeply rooted in China's excellent traditional culture. During the critical period for the prevention and control of the new coronavirus pneumonia in China. The people of the whole country work together to overcome the difficulties. This provides objective conditions for the construction of the community of doctors and patients, and its construction has important enlightening significance for the prevention and control of epidemics in China.

Keywords: Epidemic Prevention and Control; Doctor-patient Relationship; Community of Destiny

社会工作参与共建共治共享的
社会治理格局浅析

——以广州市为例

常海霞*

摘　要　广东是中国改革开放的"排头兵"和"实验田",在改革开放的旗帜下走在全国前列。习近平总书记在党的十九大报告中提出"打造共建共治共享的社会治理格局",在参加十三届全国人大一次会议广东代表团审议时强调"营造共建共治共享的社会治理格局"。这是基于中国的国家治理体系和治理能力现代化的要求而进行的重大战略部署,对社会治理新格局提出新要求。历史证明,改革开放后,广州实施推进社会工作参与共建共治共享的社会治理格局,是一种有效的城市社会治理路径。

关键词　社会工作　共建共治共享　城市社会治理

一　社会工作参与共建共治共享社会
治理格局的内涵与理论

(一) 内涵分析

1. 共建共治共享社会治理格局的内涵

营造共建共治共享的社会治理格局,其核心就是"共":"共建""共治""共享"。共建共治共享是新时代社会治理格局最显著的特征,突出治理主体是"全民"。对社会的治理,不能是政府传统的、单方面的、自上而下的管

---

* 常海霞,广州大学公共管理学院社会工作专业硕士研究生。

理，而应该是让政府、企业、社会组织和广大民众共同参与公共事务，形成多元化、社会化、纵横伸延的社会治理格局。应有效调动多种社会力量和推动广大群众共同参与，充分利用多形式、多手段的社会治理模式，拓宽社会治理主体。而社会工作（属于社会组织）是社会治理主体的一部分，引入其参与社会治理，可有效营造共建共治的社会治理格局。

2. 社会治理、社会工作的含义

"治理"有"指引、运作、施行及管理"之意。詹姆斯·N. 罗西瑙将"治理"定义为对社会一切事务所实施的管控。"社会治理"的概念首次在党的十八届三中全会通过的《中共中央关于全面深化改革若干重大问题的决定》中出现。"社会治理"是指"特定的治理主体对社会事务进行的管理"。[①] 社会工作是指"以利他主义为指导，以科学的知识为基础，运用科学的方法进行的助人服务活动"。[②] 王思斌认为，"社会工作"是利用学科专业知识、方法和技巧对处于困境中的个人、家庭或社会团体进行有针对性、有目标性、有计划性的专业救助，预防和解决社会问题，恢复社会功能，促进社会和谐。[③]

3. 社会工作与社会治理的内在联系

在创新社会治理的实践中，社会工作与社会治理存在内在的契合性、同构性、一致性。就宏观（国家）层面而言，社会工作向政府提出一些建设性意见来完善社会政策、健全福利制度，以强化协调资源配置、促进社会公正的功能；就微观、中观（个人、群体、社区）层面而言，社会工作通过直接提供切实的专业服务满足普通民众，尤其是弱势群体的基本生存与发展需求，预防社会风险、应对社会矛盾，在治理功能上与社会治理具有契合性。社会工作组织及社会工作者（简称"社工"）均属于社会治理主体，弱势群体和社会问题都是社会工作关注的对象，提升人民幸福感和实现社会公平与社会治理的目的基本相同；社会工作提倡的"社会公正、人人平等"理念与社会治理所坚持的"爱民爱社会"的治理理念大致一样，社会治理模式中的伙伴关系和社会工作中的协商方式基本相似，社会工作与社会治理具有同构性。社会工作秉持"以人为本、助人自助、平等公正"的专业理念，采用专业的

---

① 王浦劬：《国家治理、政府治理和社会治理的含义及其相互关系》，《国家行政学院学报》2014 年第 3 期。

② 王思斌：《社会工作概论》，高等教育出版社，2006，第 12 页。

③ 王思斌：《社会工作参与社会治理创新研究》，《社会建设》2014 年第 1 期。

知识、技能、方法帮助个人、家庭、社会团体，预防、解决社会问题，促进社会和谐。社会治理采用多种管理手段，对社会生产、生活等进行调配、管理、监督及服务，目的在于满足社会的生产、生活需要，实现整个社会的良性运作。可见，二者的治理目标具有一致性。

（二）理论渊源

1. 中国早期社会工作参与社会治理的思想萌芽

20 世纪初，西方一些传教士在中国大学讲授社会学、社会服务等课程，并组织从事一些社会服务实践。同时，一些受到西方正规教育思想影响的中国知识分子为了救国救民，也从事社会服务活动，其中晏阳初的华北平民教育运动最为典型。从中华人民共和国成立到改革开放，中国政府承担了所有的社会责任，国家的生产、人民的生活、社会的矛盾均由政府承担和解决。大学取消社会工作专业，没有专业的部门和社工实施专业社会工作服务，全社会通过政府实施"社会服务"，即行政性（民政性）社会工作——非专业社会工作。改革开放之后，思想观念改变，社会工作专业在高校恢复并逐渐蓬勃发展。

2. 新兴的治理理论陆续登上历史舞台

公民治理理论指出，人民是社会治理的最重要主体，必须以广泛的民众参与为基础，建立以广大民众为治理主体参与社会治理的有效制度。[①] 新公共服务理论指出，在公共服务层面，人民必须处于整个社会治理系统的中心。以人民来治理社会，使其形成良好、文明、和谐的社会环境而最终让人民受益。协同治理理论指出，政府、社会、民众等多个治理主体应在彼此信任制度下以良好的方式平等合作、平等对话、协商共担，协同处理公共事务，实现不同部门、不同区域协作共治。公共政府理论指出，政府要做好定位、责权明确，做好"守业人"和"引路人"，转变政府职能，简政放权，适当让市场、企业、民众来参与部分社会公共服务，加强政府、市场、企业、民众之间的合作共治。无缝隙政府理论提出，政府应建立新机制，改革旧职能，消除障碍，统一服务机制和整合全部社会资源，以新理念、新思维为社会民

---

① 〔美〕理查德·C. 博克斯：《公民治理：引领 21 世纪的美国社区》，孙柏瑛等译，中国人民大学出版社，2005，第 31 页。

众提供高质量的服务。①

3. 共建共治共享社会治理格局创新理论的提出

对于创新社会治理格局，党和政府进行了长期的探索实践。党的十六届四中全会提出，"加强社会建设和管理，推进社会管理体制创新……建立健全党委领导、政府负责、社会协同、公众参与的社会管理格局"②。这标志着中国社会治理格局发生了新变化：治理主体既有党委、政府，也有市场、企业和广大公众。这充分表明中国在社会治理创新探索方面有了根本性改变和历史性跨越。党的十八大报告提出，"加强社会建设，必须加快推进社会体制改革。……加快形成党委领导、政府负责、社会协同、公众参与、法治保障的社会治理体制"③。党的十八届三中全会提出，"推进国家治理体系和治理能力现代化"④，对国家治理体系和治理能力现代化，提出新要求、新战略，做出新规划、新部署。党的十八届五中全会提出，"加强和创新社会治理，推进社会治理精细化，构建全民共建共享的社会治理格局"。⑤ 党的十九大报告提出，"打造共建共治共享的社会治理格局。加强社会治理制度建设……提高社会治理社会化、法治化、智能化、专业化水平"。⑥ 可见，中国与时俱进创造性地提出一系列的社会治理理论，为构建社会治理格局不断提供理论支持。

二 社会工作参与共建共治共享
社会治理格局的实践探索

广州毗邻香港，且处于改革开放的前沿阵地，因此在社会治理方面比较早地受到香港社会工作的影响。20 世纪 90 年代，广州市的一些单位（机构）

---

① 〔美〕拉塞尔·M. 林登：《无缝隙政府：公共部门再造指南》，汪大海等译，中国人民大学出版社，2002，第16 页。

② 《中共中央关于加强党的执政能力建设的决定》，中国政府网，2008 年 8 月 20 日，http://www.gov.cn/test/2008 – 08/20/content_1075279. htm。

③ 《胡锦涛在中国共产党第十八次全国代表大会上的报告》，中国共产党员网，2012 年 11 月 17 日，https://www.12371.cn/2012/11/17/ARTI1353154601465336. shtml。

④ 《中共中央关于全面深化改革若干重大问题的决定》，中国政府网，2013 年 11 月 15 日，http://www.gov.cn/jrzg/2013 – 11/15/content_2528179. htm。

⑤ 王晓易：《中共中央关于制定国民经济和社会发展第十三个五年规划的建议》，人民出版社，2015，第 4 页。

⑥ 习近平：《决胜全面建成小康社会 夺取新时代中国特色社会主义伟大胜利——在中国共产党第十九次全国代表大会上的报告》，人民出版社，2017，第 149 页。

开始与香港的一些社会工作机构合作，如广州市老人院、荔湾区逢源街道办分别与香港圣公会、香港国际社会服务社进行合作，借鉴香港社会工作的工作理念、技巧和手法。社会组织，如扬爱特殊孩子家长俱乐部、仁爱社会服务中心等，也开始学习和提供具有社会工作元素的社会服务。为进一步推进社会治理实践创新，广州市委、市政府及有关部门及时谋划、积极引导。2005 年 11 月，广州市制定了《广州市社会工作者职业资格暂行规定》，开始实施社会工作者职业资格制度，较早地推动了社会工作参与城市社会治理，城市社会治理也由以前单一的党委、政府治理向多元的党委、政府、社会和市场治理转变。党的十六届六中全会提出，"造就一支结构合理、素质优良的社会工作人才队伍，是构建社会主义和谐社会的迫切需要"①。广州市抓住政策机遇，大力促进社会工作参与城市社会治理，并在社会工作参与城市社会治理的发展历程上经历了三个阶段，即试点探索阶段、全面推进阶段和规范提升阶段。

（一）社会工作参与共建共治共享社会治理格局的试点探索阶段

广州市为了更好地适应社会治理要求，启动了政府主导推进社会工作参与城市社会治理的试点探索阶段。第一，开展市情调研摸查。2007 年，广州市委组织部对社会工作进行了一系列的调查研究，全方位了解广州市社会工作发展及其参与城市社会治理的基本状况。同时，中央组织部、民政部等部委先后专门安排人员到广州市指导及调研有关社会工作参与城市社会治理的工作。第二，学习考察、吸纳经验。2008 年，广州市根据相关要求，将香港社会工作经验引入社会治理并先行先试。同时，广州市政府有关领导率团到香港进行社会工作考察，随后又安排了相关人员分批次到香港进行参观考察和学习，深入了解、学习及借鉴香港社会工作的先进理念、经验、方法和技术。第三，实施业务培训。为加快推进社会工作参与社会治理和壮大社会工作人才队伍，市、区、街（镇）负责民政工作及社会福利工作的相关领导（尤其是民政部门）需要参加普及社会工作知识的培训班进行学习，而从事社会工作服务的社工需要参加学习业务知识技能培训以及社会工作师等级考试专题培训。第四，构建社会工作运营制度。广州市为加强社会工作人才队伍

---

① 《中共中央关于构建社会主义和谐社会若干重大问题的决定》，中国政府网，2006 年 10 月 11 日，http://www.gov.cn/govweb/gongbao/content/2006/content_453176.htm。

建设和统筹全市社会工作发展，于 2008 年成立了社会工作领导小组；随后在市民政局增设社会工作处负责统筹全市社会工作服务的发展；同时建立广州市社会工作协会，以指导从事社会工作研究、实务及人员管理。第五，推进政府购买社会工作服务参与社会治理试点。2007 年，海珠区、荔湾区被中央综治委列为社会工作试点地区，广州市老人院被民政部列为社会工作试点单位。广州市以此为契机，开始谋划推进政府购买社会工作服务试点。2008 年，海珠区投入 200 万元购买了"青年地带"青少年社会工作服务项目。同年，荔湾区投入 230 万元购买了 8 个社会工作服务的试点项目。2009 年，社会工作参与社会治理经费纳入广州市财政预算，社会工作试点项目增加到 33 个，领域涉及养老、青少年、社会救助、残障康复等，广州市政府购买社会工作服务参与社会治理就此拉开序幕。①

（二）社会工作参与共建共治共享社会治理格局的全面推进阶段

广州市在 2010 年制定实施了有关社会工作参与社会治理的一系列政策制度，表明了广州市社会工作参与社会治理从以前的"摸着石头过河"逐步走向顶层设计的全面推进阶段。第一，把社会工作纳入社会建设和社会治理。2011 年，广州市委、市政府召开会议讨论研究社会治理和服务改革创新，并在市委九届十一次全会专题研讨了关于街道社区治理及社区服务工作的方案，将发展社会工作作为加快社会治理创新、加强基层治理的重要方面来谋划部署。第二，制定社会工作参与社会治理的准入制度。总结分析前期社会工作参与社会治理先行先试所取得的成绩及存在的问题，将行之有效的经验做法和制度机制确立下来作为后期的学习借鉴典范。加快制定社会工作参与社会治理的有关准入制度及社会工作人才培养制度，并不断完善配套机制。第三，构建"社区综合治理 + 专项治理"的社区治理模式。为加快社会治理创新和引入国内外社会工作参与社会治理的先进经验，尤其是参与社区治理的先进经验，广州市委九届十一次全会决定全面推进街道社会工作家庭综合服务中心建设，即社会工作参与社区治理及服务，确立"社区综合治理 + 专项治理"（社会工作家庭综合服务中心 + 社会工作专项服务项目）的社会工作参与城市治理模式。第四，建立完善政府购买社会工作服务参与社会治理的体制机制。

① 《广州市社会工作十年发展报告》，民政专题，2016 年 11 月 7 日，http://mzzt.mca.gov.cn/article/sggzzsn/jlcl/201611/20161100887281.shtml。

在学习借鉴国内外的先进经验、有效实践及治理模式的基础上，广州市建立了政府购买社会工作服务参与社会治理的项目化市场化机制。第五，实现社会工作参与社会治理的全市覆盖。根据广州市委的有关要求，每个街道要至少建立一个社会工作家庭综合服务中心。到2012年底，广州市全部街道及12个镇共建150个社会工作家庭综合服务中心，社会工作参与城市社区治理实现全市覆盖。

（三）社会工作参与共建共治共享社会治理格局的规范提升阶段

2013年，广州市对2007年以来社会工作发展及社会工作参与社会治理做了全面的分析总结，并对提升社会工作参与社会治理水平做出新的部署，社会工作参与社会治理进入规范提升阶段。第一，规范政府购买社会工作服务参与社会治理。统一政府购买社会工作服务信息发布平台，对社会工作服务的招标条件、采购流程、成效评估、监督管理等关键步骤进行规范化、程序化。第二，提升社会工作参与社会治理的专业技能和素质。大力开展人才培训工作，不断提升专业技能和专业素质，开展社会工作参与社会治理实践的经验交流活动，相互学习有效经验，建立广州与香港等城市的人才培养合作及人才交流学习平台，配备社会工作指导员、项目管理总监，着力提升专业技能与业务素质。第三，构建社会工作参与社会治理信息共享平台。建立社会工作参与社会治理综合服务治理平台，完善"市—区—街（镇）—机构"信息互通，建立信息公开化、一体化管理体系，实现社会工作参与社会治理进程透明化、治理成效评估公开化、治理信息资源共享化。第四，建立三个维度的"三社联动"治理平台。广州市为创新社区治理，建立了以社区为平台、以社会组织为载体、以社工为骨干的"三社联动"机制，形成了社会工作与社区、社会组织"三位一体"的联动治理平台，将社会工作的服务、元素、技术、方法嵌入社会治理过程中。第五，链接整合社会资源。社会工作参与社会治理必须发挥其专业优势，着力搭建资源链接平台，争取获取各种资源，优化资源配置，帮助社区困难群体解决社会问题，如建立志愿者队伍、寻求慈善机构捐款赠物，以帮助社区老年人、残障人士、妇女、青少年等弱势群体。

三　社会工作参与共建共治共享社会治理格局的实践成效

（一）构建了社会工作参与共建共治共享社会治理格局的"广州模式"

广州经过十几年的不断实践探索，形成了以政府购买社会工作服务为主的社会工作参与社会治理的"广州模式"。第一，建立了以政府购买社会工作服务为主的社会工作参与社会治理的体制机制。社会工作服务以项目招标投标的形式实现政府购买，而项目中标的社会工作机构为该项目派遣社工人员并实施项目，即实施社区治理或提供专项社会工作服务。第二，形成了政府、社工机构、企业、高校等多种力量的协同合作机制。以社工人才为核心力量、以社工机构为依托载体、以社区为主要平台的"三社联动"推进社会工作参与社会治理。第三，形成了"综合＋专项"的社区治理平台。以社区家庭综合服务中心为主、以专项服务项目为辅，实现综合治理和专项治理"两手抓"。家庭综合服务中心对老年人、青少年、妇女、残疾人等进行相关服务，专项服务项目开展禁毒、社区矫正等工作。

广州的社会工作参与共建共治共享的社会治理模式得到民政部、学界及业界的充分肯定，也为党中央和国家制定关于社会工作参与共建共治共享的社会治理政策决策提供了重要的实践依据，为全国各省（区、市）社会工作的发展及社会工作参与共建共治共享的社会治理提供了有效的参考范示。

（二）回应了广州共建共治共享社会治理格局的迫切需求

改革开放之后，尤其是 21 世纪以来，广州的经济发展突飞猛进，社会各方面的发展取得了显著的成效。伴随经济社会各方面的发展，广州的社会问题和矛盾逐渐增多。改革开放之前，城市基本通过单位对人们进行管理，多数人是"单位人"；改革开放之后，社会结构变迁、企事业单位体制改革，"单位制"的管理被瓦解，"单位人"变成社会的"自由人"，或者成为以社区为单位进行管理的"社区人"。社会结构发生转变、社会相应的服务体系以及社区系统功能尚未完善，在满足人们日益增长的物质文化需求及多元化社会公共服务需求面前，一些传统的社会管理方式显得有些错位或者位移，缺少完善的公共服务体制，公共服务供给能力有限，不能较好地满足人们的需求，亟须社会治理创新及服务改革。而广州使社会工作介入社会治理，回应了共建共治共享的社会治理格局的要求，也回应了人们对公共服务的迫切需要。政府购买的社会工作专业服务包括社区禁毒、社区矫正、家庭、妇女、老年人、儿童、青少年、残疾康复、医务、就业等，满足人们公共服务需求和实施城市社区基层治理。2008~2018年，广州市、区两级累计财政投入近18亿元，资金数额居全国第一；以"寓服务于管理"的方式，以个案工作、小组工作和社区工作三大工作手法，为社区居民提供专业的社会工作服务和社区治理，包括组建社区志愿者队伍进行各类志愿活动、开通社区救助热线、设置生命督导热线以及进行心理咨询、危机干预、个案辅导、矫正、戒毒、宣传、关系修复、矛盾调处等，不断满足社区居民服务需求、化解社区各类矛盾及解决各类问题，不断发挥社会工作的专业优势，针对社区矛盾及社区问题发挥"缓冲带""润滑剂""减压阀"的功能，促进社区和谐稳定。同时，链接社会资源、整合社区资源，积极协调社区各方资源和力量，救助社区困难人员和家庭，增强他们应对困难的能力，提升自救能力和发展能力，应对社会不合理现象，促进社会和谐。

（三）实现了广州共建共治共享社会治理格局的社会化、专业化

社会治理社会化，强调的是"全民"参与治理，即党委、政府、市场、社会组织和群众共同参与社会治理、共享治理成果。"社会化"治理的核心要义为"共"：共同、共商、共建、共事、共治和共享。共同商议、共同参与、共同协作、平等互利是各个治理主体参与社会治理的基本要求，党委、政府、市场、社会组织和群众要处理好这个"共"字，以"党委领导、政府负责、社会协同、公众参与"为基本原则，依照法律法规政策参与社会治理。而广州的社会工作参与社会治理是在党委领导、政府统筹之下进行的城市治理。以街道办事处为单位，每个街道办事处建立一个专业的社会工作家庭综合服务中心并配备专业社工，运用社会工作方法和技巧直接或者间接组织、号召市民进行城市的社区治理。城市由各个大小不一的社区组成，社会工作所进行的社区治理，实质上就是进行城市治理。这种由党委、政府牵头统筹，社会工作机构承接治理服务，社工直接提供治理服务或间接组织、号召市民参与治理服务的模式，使"全民"参与了治理，打造了共建共治的社会治理格局。

社会工作参与社会治理，重点是实现治理专业化。社会治理专业化，关

键是人才，社会工作专业人才是社会工作参与共建共治共享社会格局的重要支撑。因此，从 2007 年开始，广州就特别重视社会工作人才队伍建设，从高校不断吸纳社会工作专业或专业相近（如社会学、心理学、社区管理等专业）的毕业生加入社会工作队伍，打造"从无到有、从少到多、从弱到强"的社会工作人才队伍，增加了社会工作专业人才数量，提高了质量。截至 2018 年，广州约有 13500 人次通过全国社会工作者职业水平考试，获得社工职业从业资格证，培养社工督导人才近 300 人、社工管理人才 400 多人，提升了社会工作人才专业素质，数量位居全国前列，为社会工作参与社会治理专业化提供了人才支撑。而一大批具有社会工作专业知识和技能的社工直接扎根在社区基层，在社区一线为居民提供专业社会工作服务。他们一方面以实际行动传播社会公正公平的"正能量"，另一方面以专业优势、专业技巧和方法直接为社区居民提供专业服务，如开展个案工作、小组工作、社区工作、心理辅导、婚姻辅导、心理治疗、危机介入、社区矫正、戒毒禁毒、困难帮扶等工作。关注和帮扶困难人员及家庭是社会工作的重点工作之一，如关爱特殊青少年、残障人士、孤寡老人、失独老人、空巢老人、单亲家庭、病故家庭、特贫困家庭、戒毒人员家庭、刑满释放家庭、行为偏差矫正家庭，社工为这样的特定人群及家庭提供跟踪服务和进行救助帮扶。一方面提升这些人群应对困难和问题的能力，解决困难和问题，适应社会生活；另一方面跟进"特殊"人员，如社区戒毒人员、刑满释放人员，使他们拥有健康的社会心理和积极的社会心态，以增强自信，面对生活，学习技术才能，积极就业创业。着力解决社会问题，调解社区矛盾，积极引导社区居民自治，组建一些社区基层组织，如居民理事会、业委会、调解委员会等，为社区问题的解决探索新渠道、新方式，保持社区和谐稳定。

（四）创新了社会治理方式和途径

随着社会治理新理念、新方式的出现，社会工作以一种崭新的姿态嵌入社会治理，助推社会治理理念和治理方式的转变。社会工作新理念新技术介入社会治理，为社会治理提供了新思维、新渠道，有效转变了传统的基层治理理念，也转变和完善了政府的治理方式和公共服务供给途径。政府购买社会工作服务模式在养老、助残、禁毒、救济、心理辅导、个案治疗、精神康复等方面逐渐得到推广应用，改变了以往政府"大包大揽"、效益不佳、百姓抱怨的情况。通过政府购买组织主导、社会工作组织承接、社会工作人员提供专业服务、第三方全程监督评估的机制，实现了政府和社会工作共建共治、协商合作参与社会治理的新转变，改变了传统的、单一的和自上而下的治理方式，改变了以往"政府炒菜、居民吃饭"单向的公共服务供给模式。社会工作者深入社区，了解社区居民疾苦，倾听居民诉求，形成了线上线下相互融合的"居民点菜、政府买单"的需求导向。另外，社会工作为社会治理创新提供的治理专业人才和技术，逐渐成为新时代社会治理的重要力量，在创建文明社区、和谐社会中发挥了越来越鲜明的优势和产生了良好效果，为构建社会主义和谐社会发挥了积极作用，增加了社会治理创新方式和途径。

四　社会工作参与共建共治共享社会治理格局的对策建议

广州自 2005 年开始探索社会工作参与社会治理的共建共治制度建设，并于 2008 年开始实施社会工作参与社会治理试点。经过十几年的探索努力，广州社会工作从"摸着石头过河"逐步变为全国标杆，从实践探索（经验）和制度设计逐渐步入深入发展阶段，并取得显著成效。但要进一步推进社会工作参与社会治理的共建共治共享，不少的问题还要加以解决，政策瓶颈需要突破，制度设计和管理还需进一步完善和加强。在社会工作服务机构发展、人才培养、职业操守、运作规范、行业自律、专业素养等方面，需要不断加强和提升。需要补齐广州社会工作参与社会治理共建共治共享的短板，推进社会工作参与社会治理在法治、制度、路径、专业上树立标杆，实现新进展、新突破、新跨越。

（一）加强法治规范，补齐制度短板

社会工作参与社会治理必须加强法治保障和制度建设。广州在党的十九大之前就曾出台一系列法规政策，如《广州市社工服务规定》。在今后发展过程中还需进一步完善，提升社会工作的法治化和规范化水平。在进一步建立健全社会工作机构管理、人才培养、服务质量、协作平台等方面，补齐制度短板，规范运作机制，包括服务招标投标管理、服务经费使用监督、专业服务质量考核、服务时数指标等，不断完善制度，以便更好地推动社会工作参与社会治理和提升共建共治共享能力。

(二) 加强专业人员培养，促进社会治理职业化

社会治理必须建立素质过硬、专业过硬的专业治理人才队伍。必须加强社会工作人才队伍建设，积极引进社工督导人才，完善人才福利保障机制，不断注重加快人才培养和人才储备，壮大社会工作人才队伍。建立人才培育基金和人才孵化组织，制订配备完善的专业人才培育计划，组建高级社会工作人才库。积极探索以政府为主导、以社会为辅助的资金投入长效机制，加大对社会工作参与社会治理的专业人才培养资金投入。同时，社会工作服务机构应积极谋划，参与社会治理过程。要实现共建共治，一方面社工要积极适应整个政府治理的大环境，形成职业化；另一方面社工要以自身职业优势提升社会工作的专业化水平，展现社会工作参与社会治理的专业成效，以专业化促进职业化。

(三) 不断推进治理重心下移，将服务管理下沉至基层

社会工作参与社会治理共建共治共享，既要共建共治，也要共享治理成果。社会治理共建共治，必须以社区为基础、以社工为核心、以为社区提供专业服务和治理为目的，将服务、管理下沉至社区基层，扎扎实实，落根社区，确确实实为社区居民提供救助与帮扶，为社区居民解决困难、排解压力，帮助居民适应社会，服务好社区弱势群体，尤其是残障人士、三无孤寡老人、单亲家庭、特困家庭，组建和管理好社区组织，如志愿者队伍，积极培育和引导社区组织参与社区公共事务，加大社区宣传，关注社区问题，鼓励社区居民积极参与社区事务，共建社区良好环境。

Analysis on the Social Work Participation in Social Governance Pattern of Co-construction and Co-governance and Sharing

—Take Guangzhou as an Example

Chang Haixia

Abstract：As the "vanguard" and "experimental field" of China's reform and opening up, Guangdong is in the forefront of the country in the process of China's reform and opening up. General secretary Xi Jinping proposed that implementing the social governance pattern of co-construction and co-governance and sharing in the 19th CPC National Congress Report, and stressed that constructing the social governance pattern of co-construction and co-governance and sharing when he attended the deliberation of the Guangdong delegation at the first session of the 13th National People's Congress. This is a major strategic deployment based on the requirements of China's national governance system and modernization for governance capacity, which puts forward new requirements for the new pattern of social governance. History has proved that Guangzhou implemented the social governance pattern of co-construction and co-governance and sharing with social work participation after China's reform and opening up, which is is an effective way of urban social governance.

Keywords: Social Work; Co-construction and Co-governance and Sharing; Urban Social Governance

功能论视角下虚拟社区社会工作的推进策略

谭敏茵[*]

摘　要　由互联网衍生而来的虚拟社区成为民众一对一或一对多的信息交互与资源共享平台,而社会工作在新的社会活动场域中与互联网的互嵌程度也日益加深。网络空间的虚拟性、跨地域性、流变性和匿名性等特征,不仅影响着传统社会工作的实务模式,还为社会工作服务开拓出新的领域。当前,中国传统社会工作存在社工机构经费不足、服务内容和方式受时空限制以及虚拟社区社会秩序亟须规范等问题。本文根据默顿的结构功能主义理论,从正负功能和显隐特性两个维度分析具有"工具"和"场域"双重意涵的互联网在社会工作系统中产生的影响,进而提出虚拟社区社会工作的发展对策。通过探索虚拟社区社会工作新模式、培养网络社工人才队伍、构建协同智慧资源平台以及推动网络社工平台品牌建设,提升网络时代社会工作服务能力与水平。

关键词　功能主义理论　虚拟社区网络　社会工作

引　言

伴随互联网时代的来临,虚拟空间变成大众新的社会活动场域,并逐渐成为社会工作服务的虚拟社区。中国互联网络信息中心发表的数据显示,2020 年中国的网络人口总数达到 9.40 亿,普及率达到六成以上,[①] 并且这一数字呈现稳步增长的态势。不仅网络以信息技术为基础,构建了新的社会形

---

　*　谭敏茵,广州大学社会创新研究中心科研助理。
　①　《第 46 次中国互联网络发展状况统计报告》,中国互联网络信息中心,2020,第 1 页。

态，而且网络化逻辑的扩散从根本上改变了生产、经验、权力和文化过程中的操作与结果。① 用户基于网络空间开展行动的某一特殊范围即虚拟社区。网络空间所具有的匿名虚拟性、管理自治性、结构扁平性、跨时空性、互为主体性，为处于探索阶段的中国社会工作事业提供了重要的发展机遇，② 而虚拟社区社会工作作为传统社会工作与虚拟社会交流碰撞的产物，是虚拟和现实、科学技术和人文关怀的衔接与融合。党的十九大报告明确提出，"加强互联网内容建设，建立网络综合治理体系"，"加强社区治理体系建设，推动社会治理重心向基层下移，发挥社会组织作用，实现政府治理和社会调节、居民自治良性互动"③。在虚拟社区中开展社会工作，既是社会工作创新服务形式和内容的内在要求，也是对虚拟社会崛起的积极回应。虚拟社区社会工作不仅可以更好地促进社会工作理论和实务体系的完善，而且有助于解决互联网普及带来的虚拟社区问题。本文从传统社会工作的实务困境与虚拟社区社会秩序的规范问题方面，对开展虚拟社区社会工作的必要性进行探索性的讨论，并从功能主义理论的正负功能和显隐特性两个维度分析作为"工具"和"场域"的互联网在社会工作系统中的影响，最后尝试为虚拟社区社会工作的未来实践建言献策，从而推动虚拟社区社会秩序的稳定和谐与中国社会工作事业的发展。

一 虚拟社区社会工作的含义解析

功能论又称为结构功能主义理论（The Theory of Structural Functionalism），最早在社会学古典学者奥古斯特·孔德、涂尔干与赫伯特·斯宾塞在 19 世纪出版的著作中有所论述。随后，拉德克利夫·布朗和马林诺夫斯基深化了前人的思想，并促进了现代社会学中结构功能主义理论的盛行。从"结构—功能"关系的角度来看，结构功能论侧重对推动社会运行和发展的社会系统中平衡与协调的制度性结构进行研究，认为存在于社会结构中的任何一个单位

---

① 〔美〕曼纽尔·卡斯特：《网络社会的崛起》，夏铸九、王志弘等译，社会科学文献出版社，2001，第 434 页。

② 陈劲松：《网络社会的特征及其社会管理创新》，《社会工作与管理》2013 年第 6 期。

③ 《习近平：决胜全面建成小康社会 夺取新时代中国特色社会主义伟大胜利——在中国共产党第十九次全国代表大会上的报告》，中国共产党员网，2017 年 10 月 27 日，https://www.12371.cn/2017/10/27/ARTI1509103656574313.shtml。

都具有满足人类实际需要的功能，并与其他社会现象相互联系和作用，成为整体社会系统中不可分割的一部分，包括价值信仰、道德准则、风俗习惯、社会制度等抽象的社会现象和工具、器皿等具体的物质现象。

塔尔科特·帕森斯在 20 世纪 40 年代界定了关于结构功能主义的学术概念，并逐步完善为初具雏形的结构功能主义理论。他根据社会系统生存和演进的条件，将其区分为 4 个功能子系统（AGIL）：社会适应子系统、目标获取子系统、社会整合子系统、模式维护子系统，即经济系统、政治系统、社会共同体系统、文化模式托管系统。当满足 4 个相互联系的功能子系统的必要前提条件时，社会系统将逐步变得均衡与稳定。[①] 罗伯特·默顿发展了塔尔科特·帕森斯的"抽象功能论"，其研究由于强调经验实在性而被称为"经验功能论"。他在《显在功能和潜在功能》中论述了功能分析范式，并将功能区分为正功能和负功能、显在功能和潜在功能。正功能是指促进系统调节、整合、内聚和发展的事实结果，负功能则是指削弱系统的调适且产生负面影响的事实结果。显在功能是指在某一具体单元中有意识造成并可被系统组成部分预料和理解的事实结果，潜在功能是指那些无意图的且不被预料和认识的客观后果。该理论认为功能与结构存在密切相关的联系，"结构影响功能，功能影响结构"，[②] 因此默顿的功能分析强调以结构因素为特征。同时，他强调应从时间的角度对社会结构的功能进行研究，尤其是那些未被人们认识和预测到的客观结果。本文将运用功能论分析作为"工具"和"场域"的互联网在社会工作系统中的正负功能和显隐特性，并对虚拟社区社会工作的运行系统进行探讨，进而在系统框架下提出未来虚拟社区社会工作的发展策略。

中国本土化的社会工作发展于朝气蓬勃的互联网时代。尽管处于探索阶段的社会工作在中国的实践时间并不长，但是在"互联网＋"的影响下逐渐交汇相融。传统意义上的社会工作是指视现实社区成员为案主、视协助弱势群体防范和处理社会问题为目标的服务活动。在虚拟社区社会问题与社会服务需求交织、社工服务对象具有多样性与特殊性、社会工作服务方式较传统的背景下，深度结合网络与以社会工作为主要内容的社会管理，是中国社会工作自我完善的潜在需求和对时代的主动回应。兼具虚拟性、跨地域性和管理自治性的虚拟社会由众多不同的基本社区组成，正如从现实到互联网上的

---

① 〔美〕塔尔科特·帕森斯：《社会行动的结构》，张明德译，译林出版社，2003，第 127 页。

② R. Merton, *On Theoretical Sociology* (New York: The Free Press, 1967), p. 136.

延伸，虚拟社群同样在虚拟空间建构起同龄群社区和同趣群社区、同行群社区和同旨群社区、熟人社区和陌生人社区、利益相关群体社区和利益冲突群体社区。① 虚拟社区社会工作作为提供网络化服务的方法和场域，它不仅发挥着虚拟社区对现实社会工作的补台功能，还有助于规范虚拟社区的社会秩序。

所谓虚拟社区社会工作，是指社会工作者通过应用科学知识和专业手段帮助虚拟社区中的困难群体解决现实问题的服务活动，其服务对象主要为虚拟社区中的个人、家庭以及有共同问题或需求的小组和虚拟社区。由于虚拟社区社会工作是在虚拟空间中进行的助人活动，因此网络社工人员在工作过程中应遵循 5 个原则：承认个体的虚拟性权利，保持互为主体性的关系状态，关注网络社会中交互的深远影响，相信案主拥有内在的觉察能力，注重服务对象的经验生活。② 网络社会工作者通过整合虚拟社区和现实社区各领域的社会资源，既可为虚拟社区中的服务对象提供适时且非在场的定制化服务，也可在网络空间中依据服务对象的情况联系现实社区的社会工作机构，从而助其解决问题和适应社会环境。可见，虚拟社区社会工作不仅拓展了社工人员的服务形式，也因受助者的心理和行为受社交形式的影响而改变了社会工作者的工作方法和工作内容。同时，社会服务组织在互联网的影响下，也因组织形式的改变而进一步拓展了经费筹资方式。因此，深入认识虚拟社区的资源共享性、即时性、超时空性以及交流的平等开放性在社会工作系统中的功能与影响，可为中国社会工作服务领域的拓展、工作方式的改进和服务能力的提升以及虚拟社区社会问题的解决提供重要参考。

二　传统线下社会工作的拓展诉求

发展迅速的互联网与民众生活的互嵌程度日趋加深，这不仅使网络虚拟空间衍生出许多社会问题，也使传统社会工作的实务模式迎来挑战和机遇。虚拟社区因实时互动、平等开放、资源共享和跨地域交流等优势而成为未来社会工作实务的拓展空间，是社会工作有机融合线上服务与线下实务的重要场域和工具。发展虚拟社区社会工作既是对传统社会工作拓展诉求的响应，也是规范虚拟社区社会秩序的时代需求。

---

① 谢俊贵：《网上虚拟社会建设：必要与设想》，《社会科学研究》2010 年第 6 期。
② 陈劲松：《网络社会工作的特性及基本原则探讨》，《中国人民大学学报》2014 年第 5 期。

（一）社工经费来源单一

当前，中国社会工作仍处于成长阶段，而社会服务组织的资金不足是制约社会工作事业繁荣进步的重要因素。首先，中国社会工作组织的活动经费主要依靠官方购买、企业和个人捐助以及组织自身的经营性利润三个筹资渠道。由于本土社会服务组织的培育尚未成熟，因此为数不多的财政资助往往成为维系社会服务组织运行的关键所在，有限的经费造成组织的造血能力不强。政府以购买服务的形式向社工机构提供活动开展所需资金，包括物资购买、场地租赁、设备维护、社工人员的劳务费用以及其他办公费用等。尽管政府是社工组织经费的主要承担者，但政府未将购买社会服务资金纳入公共财政体制或设立社会工作专项经费，从而无法保障社工机构活动经费的可持续性。其次，中国社会工作组织的筹款能力有待提升。社会工作与社工机构将自身定位为服务、公益与非营利等，这便决定了其无法完全依靠经营性收入来维持组织运转。

同时，中国政府长期以"自上而下"的行政导向提供社会服务并作为唯一的提供者承担了大部分的社会职能，这造成民间的企业与个人对新兴的社会组织缺乏慈善公益意识，而社会支持的不足最终使社工组织的运行过度依赖政府财政的投入。短期而言，社工机构资金链的紧张可能会导致社工服务的质量下降或活动停滞；长期而言，单一的资金来源不仅会降低社工的总体薪酬水平和社工行业的影响力，还会使社工机构面临社工专业人才的流失。与内地的情况不同，香港公益组织的活动经费由政府支持的70%和组织自身筹集的30%构成，① 因此香港社工机构自筹资金所占的比重远高于内地。政府、学界、社会力量共同推动着香港社工机构的成长，但内地仍呈现行政力量主导过多、社会力量贡献有限的特点。

（二）时空限制服务方式

随着社会工作在政府的引导与社会各界的支持下在中国落地生根，中国社会工作事业稳步地向前发展。尽管中国社会服务组织经过多年实践已日趋完善，但传统的社工实务模式难以适应虚拟空间的服务需求。传统社会工作的服务形式主要是社工人员通过上门入户开展走访活动或社区成员主动向社

---

① 李玥：《社工机构的发展瓶颈与出路分析》，《决策与信息旬刊》2013年第9期。

工机构咨询求助，因此服务对象往往是与社会工作者主动接触、他人转介或自觉求助的社区居民。社会工作者以面对面交流或协作的形式与案主沟通以及进行家访或社区调查，并根据收集的资料分析案主的困境和需求，继而选择合适的个案工作、小组工作或社区工作开展服务。传统社工服务的过程要求社工人员遵循固定的时间与地点在"实体"场域中与受助者展开交流互动，因此人力资源和物力资源受到时间与物理空间的限制而未能全面覆盖社会工作服务体系。这在很大程度上制约了中国城市与农村社会工作的均衡发展。同时，传统社会工作实务模式通常以纸质文档的方式记录和保存案主的服务档案，但因受到地理位置和社工机构之间缺乏联动的影响而不便进行个案的转介和交接，这造成了社会服务组织信息流通不畅与服务管理效率较低。此外，传统社会工作的宣传活动多数以社会工作者在社区张贴海报、派发宣传单或召开宣讲会等方式，吸引社区居民对社工机构服务内容的关注和了解，形式较为单一。

在互联网技术日新月异的今天，虚拟空间已是人们生活和互动的重要场域，其日益加深的虚拟化程度使原有社会工作的实践模式面临新的难题，而有机整合线上实务与线下服务的虚拟社区社会工作将是未来网络空间社会工作发展的重要趋势。当前，中国社会工作整体系统仍未实现与虚拟空间的深度融合，尽管互联网给予了社会工作实务的开展强大的技术支持，但仍以现实社区为展开服务的活动场域。燕冬认为，"以互联网为媒介的社会工作可打破传统社区中的地域隔阂，为组织社区社会工作活动提供便利"。[①] 虚拟社区社会工作凭借互联网的技术优势在"缺场"空间中进行实务活动，因其突破了场地、时间与环境的约束而有助于缓解案主在求助过程中的在场压力并确保服务过程的隐私性。互联网时代的潮流已不可逆转，伴随互联网普及而产生的虚拟社区社会失序要求社会工作予以更多的重视和实施行动，因此传统社会工作实务模式亟须适应与革新。

（三）虚拟社区问题丛生

虚拟社区虽然为大众带来了全新的生活体验和社交领域，但也在虚拟空间中产生了一系列社会问题。网络空间信息内容的海量性、资讯服务的超时

---

① 燕冬：《网络社区社会工作存在的问题及对策探析》，《品牌研究》2015年第2期。

空性和实时性以及数据获取的廉价性和无偿性,[①] 导致网络欺诈、网络成瘾、网络区隔、信息污染、网群事件、信息犯罪、网络暴力、黑客攻击等社会问题层出不穷,且与现实社会形成"同频共振",由此引发的社会风险将严重影响现实社会的良性运行。同时,虚拟社区不仅包含着积极信息,还因虚拟空间所具有的隐蔽性和虚拟性而成为消极信息的传播场域。当思想尚未成熟或辨别能力较弱的网民群众难以判断网络信息的真伪时,他们容易受到误导并产生越轨行为,这便需要网络社工人员的及时引导与适当调适。

建设网络社会工作人才队伍有助于在虚拟社区中发挥专业作用,以此提前接触、介入和引导潜藏在虚拟空间中的网瘾少年,从而促进网民的心理健康和开展疏导网络社区中群众的活动,保证网络空间社会秩序的和谐稳定。此外,随着中国城市化浪潮的演进,城市社会的阶层结构、城市居民的聚居形式与城市场域的组织结构逐渐改变。"熟人社会"向"生人社会"的转变以及虚拟社会作为民众新型交往场域的崛起,使现实社区邻里间的社会冷漠现象日趋明显,而且居民因缺少共同的情感纽带难以形成社区凝聚力,而社区人口流动性日益增加也使社区居民的服务需求呈现多样化与精细化的特征。在此背景下,推动社会工作的网络化以进一步完善中国社会工作体系显得十分必要。

三 虚拟社区社会工作的系统功能

结构功能主义理论认为,各组成部分因受社会系统的影响而呈现较高的整合状态,且每一部分或单位具备特殊功能,以此对整体系统进行适应或调整。这些特殊功能包括正功能和负功能、显在功能和潜在功能,[②] 其中正功能和负功能的共同作用决定了该系统的发展。从结构功能视角出发,作为"工具"和"场域"的互联网无疑对社会工作系统起到巨大的推动作用。虽然由互联网普及而产生的信息污染、网络成瘾、网络欺诈、网群事件等社会问题使传统社会工作陷入一定的管理困境,但虚拟社区所具有的即时互动、资源共享、超越时空和平等开放等特征也为社会工作系统拓展经费来源渠道、革

---

① M. Jafari, R. Hesamamiri, J. Sadjadi et al., "Assessing the Dynamic Behavior of Online Q & A Knowledge Markets: A System Dynamics Approach," *Program Electronic Library & Information Systems* 3 (2012): 341 – 360.

② R. K. Merton, *Social Theory and Social Structure* (New York: The Free Press, 1957), p. 26.

新服务的内容与形式以及实现资源的跨区域流动提供了更多的可能性。

（一）降低社工机构运营成本

虚拟社区作为人们互动交流、获取信息、共享资源的工具和场域，其显在功能是通过突破传统办公模式，促进组织内部管理效率的提高。随着信息技术的不断发展，"互联网＋"与社会工作的深度融合将推动社工机构内部以及现实社区社工机构之间的管理沟通，包括信息通知、整合现实资源、无纸化办公和跨地域交流等。社工机构以互联网技术为基础建立联结各个部门与外部机构的网络数据库或网络办公系统，信息与资源通过游走在庞大的结构网络并交汇于某个节点而实现交流与共享。社会工作系统的网络化不仅成为改善社工机构项目管理、绩效考评以及内外沟通的重要工具，还有助于形成上下协同、纵横联动的新型网络社会工作服务体系。

当前，受宣传形式单一、传播范围有限、针对性不强、受众面较窄等因素影响，传统社会工作在中国的社会认知度并不高，其中固定的宣传时间和地点、资金缺乏以及社工人才后备不足是难以产生规模化宣传效果的主要原因。社工机构需要在提高行业认知度和获得社会公众信任的基础上开展相关服务活动，而将虚拟社区作为社区居民生活和交往的活动场域，有助于社会工作打破传统宣传方式受时间、场地和环境等因素影响的局限性，从而提高社工服务的管理效率、提升服务活动的传播效果以及节省社会服务组织的人力成本、物力成本和管理成本。

（二）实现资源的跨区域流动

社会管理的经验表明，任何社会管理的社会协同必须以一定的条件为保障，而虚拟社区社会工作系统管理的社会协同运行同样需要良好的条件作为保障。在虚拟社区社会工作系统管理中，所谓协同运行条件是指有利于确保虚拟社区与现实社区社会工作服务协同共进的各种人力资源、财力资源、物力资源、信息资源、管理资源等基本要素的总和。社会工作既是助人自助理念的价值体现，也是维护公平正义的主要方式。作为服务管理的模式之一，虚拟社区社会工作系统社会协同的健康运转和效能施展始终需要一个强劲的条件保障系统进行支撑，主要涉及人力、财力、物力、信息、管理五个重要方面的资源。虚拟社区社会工作系统协同运行的基本条件是准确及时的信息传递。互联互通的信息网络因共享和互联的本质而成为虚拟社区成员沟通互动、信息交流、维护建设、共享资源的工具和场域。

虚拟社区社会工作系统的信息流通过官方网站、论坛、贴吧、微博、微信等公众社交平台实现即时传递，这不仅为社会工作者之间、社区居民与社会工作者之间、社会工作者与社工机构之间以及不同社区的社工机构之间拓展了信息共享渠道，也为社会工作管理系统的良性运行奠定了基础。在"互联网＋"的趋势下，虚拟社区可利用其协同优势与专业社会工作、志愿服务、慈善募捐、社会组织治理等工作深度融合，激发更多网民以多元化的形式参与社区建设、网络公益、网络扶贫、社区众筹，增强社工机构对人力资源、财力资源、物力资源、管理资源的筹措能力，从而推动社工服务更好地满足社会需求。虚拟社区社会工作不仅可帮助受助者及时准确地反映自身情况并在当地社区社会工作者的协助下以跨领域、跨地域的方式链接社工、善款、物资等外部资源，也可促进社工人员与社区民众的深度融合，增加社会服务机构资金来源方式。

（三）革新服务的内容与形式

虚拟社区社会工作在继承传统社会工作本质属性、专业宗旨和知识、方法的基础上，依托互联网这一辅助工具和活动场域为受助人提供有针对性的服务，因而虚拟社区拥有"工具"和"场域"的双重内涵。同时，由于虚拟社区和现实社区之间的区别以及社会工作系统受互联网的正负功能和显隐特性影响，虚拟社区社会工作扩大了传统社会工作的服务范围和增加了服务形式。

从"工具"的视野出发，虚拟社区社会工作有助于社会工作者突破时空限制，与服务对象建立联系、共享社区资源并提升社会工作的公众影响力。与传统社会工作的服务形式相比，网络社会工作者以虚拟社区为交互平台与服务对象建立联系，并以小组工作的形式为其建立社会支持网络或营造人际互助环境。在当前已有的实践服务中，网络社会工作者以组织者和引导者的身份通过社工机构官方网站、社会工作 ERP 管理系统、微信公众号或微博等即时通信软件协助服务对象组建主题贴吧、话题论坛、微信群等同质性较强的网络社区或线上互助网络。同时，社工机构依托官方网站、公众号和现实社区群组开展经费募集、社工专业理念和服务宣传与知识普及等活动，从而充分发挥虚拟社区成员的聚合效应。

从"场域"的视野出发，虚拟社区社会工作既以网络社区为开展个案或小组工作的空间，也将网络社区中存在的社会问题作为介入对象，这是线上实务与线下服务协同合作的助力过程。互联网的隐蔽性和虚拟性使虚拟社区存在信息污染、网络成瘾、网络暴力、网群事件等社会问题，而社会工作应凭借其传统的服务经验及时地在虚拟社区中开展各种疏导性的活动和进行必要的社会监控工作，"自下而上"地为政府部门提供合适的政策建议，保障网络社区社会秩序的和谐稳定。

四 虚拟社区社会工作的发展理路

（一）探索虚拟社区社会工作新模式

随着互联网时代的兴起，人们以微博、微信、QQ、论坛、贴吧为平台在虚拟社区中展开交流互动，虚拟社区成为大众不可或缺的第二社会空间。"互联网＋"在改变传统社会工作社会认知的同时，也对社会工作服务领域和实务模式产生重要影响。网络社工必须重视在虚拟网络影响下社会公众服务需求的改变。面对年轻群体的网络成瘾和中老年人的网络适应问题，社会工作者需要依据目标对象的状况而采取合适的介入方法。同时，网络社工可通过虚拟交互平台克服传统社区的地域阻隔，将线下的现实社区重新组合为线上的虚拟社区，并在这些虚拟社区中设立常备社工人员的社工服务站。社会工作者通过在虚拟社区定期展开服务活动和倡导居民参与社区建设，促进邻里间的沟通交流并增强社区凝聚力和认同感。

在"互联网＋"的趋势下，互联网与志愿服务、众筹募捐、养老、慈善扶贫、医疗、公益、教育等领域的深度融合使"网络＋社会工作"的新模式应运而生。虚拟社区社会工作凭借互联网信息传播即时和广泛的优势，实现社工服务和慈善活动信息在微博、微信、QQ、论坛的迅速普及，同时利用新浪微公益、腾讯公益、水滴筹、支付宝、微信钱包等平台便捷和低成本的特点为公益资金的筹集拓展更多的来源渠道。这既降低了民众参与公益活动的门槛，也有助于虚拟空间社会力量对公益项目的公开透明和善款善用进行有效监督。2011年4月2日，以《凤凰周刊》记者邓飞为首的国内知名媒体人士在微博社区倡议实施"免费午餐"计划。微博社区的众多意见领军人物和一般成员以捐款和发布有关内容的形式给予活动实质性的支持，同时微众通过参与"免费午餐"学校的微博账户对善款用途实行监督。这不仅为改善中国贫困山区学生的营养膳食争取到更多的社会援助，也成为中国慈善公益事业的一次创新实践。

（二）培养网络社会工作的人才队伍

在"互联网＋"的时代背景下，社会工作机构不仅要完善虚拟社区社会工作的实务模式，还应当以互联网思维组建具有协同意识的高素质网络社会工作人才队伍。所谓具有协同意识的高素质网络社会工作人才，不仅要掌握社会工作的专业理论和方法，处理虚拟社区面临的突发问题或专门问题，还要在组建虚拟社区社会工作专业团队的过程中，重视对这些专业团队协同意识的培养，尽最大可能使这些专业团队的成员具有强烈的社会协同意识，从而保障其能在网络社会工作系统中按社会协同要求达到工作目标。

为此，政府应以高校为网络社工人才的孵化基地，通过增设以网络操作技术为基础的相关课程、调整已有课程的教学模式和落实网络社会工作学生的实务实践，推动社会工作人才培养模式和课程体系的创新，为广大社工机构源源不断地输送新鲜血液。由于当前中国社会工作仍处于朝阳阶段，社工专业人才普遍存在职业地位不高、薪资待遇较低、发展空间有限等问题。因此，政府应加快完善社会工作职业的评级晋升机制，畅通流动的人才选拔渠道，提升社会工作者的薪酬待遇，继而将更多来自各行业的高层次人才引入社会工作事业。

（三）构建协同共进的智慧资源平台

虚拟社区社会工作犹如一台多部门联动运转的机器系统，而互联网的超时空性与社工服务的时效性要求这台机器对虚拟社区突发的社会风险做出准确及时的回应。在虚拟社区社会工作协同系统中，多种社会主体的共同介入和彼此合作是系统协同存在的前提，因而要求形成多种不同社会主体为实现共同目标而团结合作的统一的社会协同平台。所谓虚拟社区社会工作的智慧资源平台，是指在网络虚拟社区中运用大数据、物联网、云计算、人工智能等技术构建而成的智慧协同资源系统（见图1）。这既需要其整合政府相关部门、社工机构、社工人员、服务对象、社区等相关信息，也要求社会服务组织了解区域内的资源存量且具有跨社区调动应急资源的能力。

社工机构依托互联网平台推送技术和地理信息技术，将经过智慧整合的数据化服务产品推送至虚拟社区中，并促进相关地域和领域的人力资源、财力资源、物力资源、信息资源和管理资源完成有效对接，继而形成网络社工人员与案主之间超时空、多途径、精细化、定制化、便捷化的服务供需网链以及关于服务系统和服务质量的意见反馈机制，最终达到提升社会工作服务品质的目标。与此同时，社工机构应注重在虚拟社区推送拥有良好美誉度的特色项目和服务活动并及时更新本机构的运营状况和财务收支情况，由此形成的正面健康和公开透明的品牌形象将帮助民众增加对社会工作行业的认识，从而推动中国社会工作事业社会认知度和行业美誉度的提高。

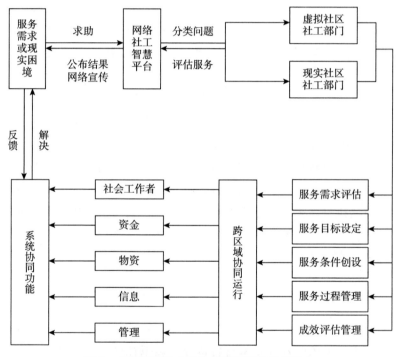

图 1　虚拟社区社会工作的智慧协同资源平台

五　结语

近年来，虽然中国社会工作事业的发展在政府的重视下取得显著成绩，如社工服务内容逐步丰富、社工服务形式不断创新、社工人才队伍逐渐壮大等，但由于中国社会工作还处于成长的阶段，传统线下的社会工作体系仍然存在完善的空间，尤其是在服务模式、教育培训、资源协调等方面。在互联网广泛渗透至人们日常生活的常态下，社会工作以网络虚拟空间为开展服务的场域和工具，无疑有助于弥补传统线下社会工作服务模式的不足，推动社会工作不断向高效化、专业化、职业化的方向迈进。

然而，当前社会工作在网络虚拟社区中的作用大多仅局限于宣传活动，而以网络虚拟空间为载体进行的专业服务尚处于起步阶段。同时，社会工作的自身特性要求社会服务组织必须掌握大量丰富的社会资源，并在各级各类部门的支持下顺利开展服务活动。但就目前而言，中国社会工作的部分实务活动尚未得到社会各界力量的充分援助和大力支持，这正是传统线下社会工作面临的主要困难。为此，网络虚拟社区在社会工作中所发挥的作用主要是减少社工机构的运营成本、促进各类资源的跨区域流动、创新服务的内容和形式等。若要真正推动虚拟社区社会工作的发展，还需要政府部门的支持、社会各界的配合以及社会工作者自身的努力。可以说，唯有虚拟社区社会工作不断走向成熟，中国社会工作事业才能拥有更广阔的前景和未来。

Promotion Strategy of Social Work in Virtual Community from the Perspective of Functionalism Theory

Tan Minyin

Abstract：The virtual community derived from the Internet has become a one-to-one or one-to-many platform of information exchange and resource sharing for the public. In the meantime, social work is also increasingly inter-embedded with the Internet in the new field of social activities as well. The virtual, cross-region, rheological and anonymous characteristics of cyberspace not only affect the practice mode of traditional social work, but also create new areas for social work services. At present, there are some problems in traditional social work in China, such as the lack of funds for social work institutions, the limitation by time and space of service contents and methods, and the urgent need to standardize the social order of virtual communities. Based on Merton's theory of structural functionalism, this paper tries to analyze the influence of Internet with dual meanings of "tool" and "field" in social work system from the perspectives of positive and negative functions, and then puts forward the promotion strategy of social work in virtual community. By exploring the new mode of social work in virtual community, cultivating talents to be the network social workers, building a collaborative platform with intelligent resource and constructing brand of platform for network social workers, the service ability and level of social work can be improved in the age of Internet.

Keywords：Functionalism Theory；Virtual Community Network；Social Work

大数据时代末端反腐的治理路径*

——以"互联网＋监督"模式为例

陶富林**

摘　要　千里之堤，溃于蚁穴，治国安邦重在基层。如何解决权力末端的监管问题，是将反腐高压态势纵向深入推进的必要环节，是对全面从严治党向基层延伸最直接的回应。近年来，惠民资金成为部分基层干部滋生"小微腐败"的重灾区，不仅严重侵害人民群众的切身利益，更是破坏基层政治生态、腐蚀基层政权的罪魁祸首。现有研究主要从制度、法律、教育、薪酬奖励等途径探讨末端反腐的治理路径，这些传统监管途径难以逾越基层社会的权力末端监管困境、信息资源整合困境和人情社会干扰困境。湖南省麻阳县首创的"互联网＋监督"模式利用大数据优势，聚合群众力量、打破信息壁垒、排除人情干扰，形成多元监督、动态监督、精准监督三位一体的监督新模式，其功能强大、效果显著。这一模式不仅是大数据推进末端反腐的一次成功探索，更是政府治理范式向主动、精准、科学的大数据治理方向转变的风向标。

关键词　大数据　小微腐败　末端反腐

习近平总书记在中国共产党第十八届中央纪律检查委员会会议上指出："微腐败也可能成为大祸害"；党的十八届中央纪委七次全会专门针对严肃查处群众身边的不正之风和腐败问题做出重大部署，向社会基层传递出坚决打击发生在群众身边的腐败的强烈信号；党的十九届中央纪委二次全会再次强调坚决整治群众身边的腐败问题，要把治理"小微腐败"引向深入；党的十

---

* 本文为 2019 年湖南省研究生科研创新项目"'互联网＋监督'治理'小微腐败'的路径研究"（CX20190351）的阶段性成果。

** 陶富林，湖南张家界人，湖南师范大学公共管理学院硕士研究生，主要研究方向为政治学理论。

九大进一步提出"构建党统一指挥、全面覆盖、权威高效的监督体系……建设覆盖纪检监察系统的检举举报平台"。面对"互联网＋"这个社会转型的最大变量，如何在"互联网＋"行动计划中为中国反腐斗争注入新活力，政府如何搭建网络反腐平台、搜索反腐证据，如何善用大数据斩断群众身边雁过拔毛的"黑手"，成为摆在党和国家面前的重大现实难题。

一　传统监督模式面临的几大困境

（一）权力末端监管困境

党和国家始终把"三农"问题摆在重中之重的位置。党的十八大以来，我国在贫困的农村地区做出实施精准扶贫、精准脱贫的重大战略调整，大量的惠民资金投入乡村的建设和发展。但是在从中央到地方的扶贫政策实施过程中，各项民生项目资金的审核和发放涉及县、乡镇、村和组多个层级，具有审核项目范围广、运行环节多且战线长的特点，在实际投放分配过程中存在很大弹性，其间贪污挪用少部分资金的"雁过拔毛"式腐败行为不易被察觉，民生资金的投放真实性无法全程监测，监管难度大且成本高。尤其是基层政府处于权力的末端，更容易发生政策落地的偏离，再加一些村级干部对惠民资金进行"黑箱操控"，基层腐败治理面临严峻的权力末端监管困境。

（二）信息资源整合困境

政府不同层级间、不同部门间信息资源的高度整合与共享是预防和治理腐败的重要条件，传统监督模式难以有效地实现政府信息资源整合。从横向来看，传统政府层级制结构使内部各部门间表现出明显的相互独立特征，几乎每个部门都拥有一套内部的运行系统，独自掌握着部门所辖领域的信息，部门之间进行信息交流与共享的现象非常少，这阻碍了政府内部信息资源的有效整合。在近几年的扶贫开发系统工程中，有关基层惠民政策出自民政、财政、农业农村、水利、交通运输等多个部门，民生专项资金亦由多个部门负责。由于各部门间形成了相对封闭的运行系统，信息交流和工作配合度不高，统一监管盲区明显，给个别基层干部的"雁过拔毛"式腐败提供了可乘之机。从纵向来看，传统监督模式难以解决政府和民众之间信息不对称问题，主要表现在群众对于惠民资金工程投放项目、扶持名额、应获得的补助金额等信息了解甚少，而对惠民政策了如指掌的基层干部可利用此类信息不对称的漏洞，在群众毫无察觉的情况下，通过各种渠道，做出"损公肥私"的腐败行为。

（三）人情社会干扰困境

基层社会的腐败治理面临极为复杂的环境。这种基层治理环境的复杂性主要表现在两个方面：一是会受到乡村人情关系网络的干扰，当地基层干部基于"熟人"角色在地方保护主义的庇护下，可以获得更多乡村资源，侵占公共资源、侵犯人民群众的切身利益；二是会受到乡村人情社会的"面子"干扰，当出现"雁过拔毛"式腐败时，大多数群众往往出于熟人之间"面子"上的考虑，对腐败干部采取包庇、容忍的态度。加上在基层社会治理中没有明确达成制裁"小微腐败"的共识，部分人打法律法规的擦边球，在违法犯罪的边缘游离。[1] 基层领导对"小微腐败"的行为往往给予通报批评、追回资金的惩治措施。这些主观色彩浓厚的态度和惩治措施，不仅没有起到治理和预防基层"小微腐败"的作用，还在一定程度上弱化了基层干部的法律意识和自我约束能力。

二 当前学界关于"小微腐败"的主要研究

"小微腐败"又称为微腐败、亚腐败、边缘腐败、雁过拔毛式腐败、苍蝇式腐败等。国外虽有不少关于基层腐败的研究文献，但由于各国政治体制和发展形势不同，对"小微腐败"治理的针对性不强，借鉴与启发意义不大。当前，国内学者主要从"小微腐败"的危害程度、发生机理、现实困境、治理路径这几方面展开研究。

（一）危害程度

一是政治危害。"小微腐败"是破坏干群关系的幕后黑手，会影响党和政府的形象，使群众产生对党和政府的信任危机。"小微腐败"一旦泛滥成灾，会严重破坏基层政治生态环境，侵蚀中国共产党在基层的执政根基。二是经济危害。基层一旦出现贪腐行为，扶贫惠民资金就难以用之于民，从而损害

---

[1] 卢增智：《边缘腐败治理路径探析》，《理论月刊》2015 年第 1 期。

群众切身利益，扰乱当地的市场经济秩序，使乡村集体财产和国家资产安全面临严重冲击。① 三是社会危害。党风政风与社会风气紧密相连，一旦"小微腐败"肆意猖獗，这种行为将逐步由公权领域蔓延到其他领域，带偏社会风气，引发社会危机。②

（二）发生机理

一是权力视角。从根本来看，监管制度的漏洞导致对"小微腐败"行为缺乏强劲有力的惩处；薪酬激励制度的不完善，是基层干部谋取灰色收入的现实原因之一。③ 二是心理视角。一些基层干部存在轻视心理，认为基层监管渠道少，涉嫌金额少，即便被发现也不会受到严重惩罚；④ 从众与失衡心理，看到某些干部通过腐败"致富"，跟风腐败。⑤ 三是人情关系视角。农村熟人社会的特殊性为"小微腐败"提供了关系网，特别是家族势力、裙带关系使腐败的触角进一步延伸，基层社会的"舆论沉默"助长了腐败之风。⑥

（三）现实困境

一是监管困境。基层各级监督配合不到位，监督缺位、监督不严。⑦ 随着国家加大对乡村的扶持力度，基层各种惠民资金工程量增大，但基层监察力量没有增加，二者之间的矛盾日益凸显。二是社会干扰困境。尤其是当前在基层治理过程中，存在基层公职人员与黑恶势力等社会群体相互勾结的现象，干部自身易被腐蚀是"小微腐败"治理面临的新挑战。⑧

---

① 彭龙富：《"苍蝇式"腐败的危害、成因与防治策略》，《毛泽东邓小平理论研究》2016 年第 5 期。
② 李威：《基层"微腐败"的危害及治理建议》，《哈尔滨市委党校学报》2016 年第 6 期。
③ 余雅洁、陈文权：《治理"微腐败"的理论逻辑、现实困境与有效路径》，《中国行政管理》2018 年第 9 期。
④ 刘子平：《村干部"微权力"腐败治理机制创新探究》，《中州学刊》2018 年第 7 期。
⑤ 蔡运芳：《全面从严治党视阈下农村基层"微腐败"研究》，硕士学位论文，江西理工大学，2017。
⑥ 潘飞、释佳佳：《我国农村基层反腐探析》，《现代商贸工业》2009 年第 21 期。
⑦ 马燕：《"微腐败"治理过程中的问题及对策研究——以 S 市为例》，硕士学位论文，河北师范大学，2017。
⑧ 吕永祥、王立峰：《县级监察委治理基层"微腐败"：实践价值、现实问题与应对策略》，《东北大学学报》（社会科学版）2019 年第 1 期。

（四） 治理路径

一是制度路径。通过完善基层干部的管理制度、强化执纪监督、建立自上而下的反腐败体系，拓宽举报渠道，打造立体化多角度的监督格局；[1] 完善法律法规，严格程序操作，规范制度流程，让腐败无法律漏洞可钻。二是文化路径。加强基层干部自身的廉政文化教育，从思想上改进村干部从政理念，树立基层干部的廉洁价值观；[2] 在思想理念上培育基层民众的公民责任感，改变基层群众过去对腐败容忍度高、敏感度低、处理方法匮乏的状态。[3] 三是帮扶路径。发挥乡村振兴的驻村工作队和帮扶单位以及帮扶第一书记"扶纪"作用，帮助基层重塑风清气正的政治生态。四是奖励路径。完善基层干部的薪酬体系，优化薪酬结构，建立正常的工资增长机制。[4] 除此以外，更多的学者提出从综合性的视角对"小微腐败"进行管控和治理，如构建"制度＋教育＋监督"三位一体的综合惩防体系。[5]

综上所述，学者在"小微腐败"危害程度、发生机理、现实困境、治理路径等方面的研究为"小微腐败"的进一步探究奠定了理论基础，提供了现实经验。但是这些研究仍仅处于对基层一般腐败问题对策的现象描述层面，对实质性的治理对策研究比较欠缺。本文以科技反腐为切入点，在传统反腐手段的基础上融入"互联网＋"和大数据的技术优势，以湖南省麻阳县首创的"互联网＋监督"平台为实例，分析其治理路径和治理经验，试图利用大数据启发末端反腐新思路。

三 "互联网＋监督"：大数据推进
末端反腐的湖南探索

湖南省麻阳县是武陵山片区区域发展与扶贫攻坚试点县，平均每年各项

---

① 杜治洲：《改善基层政治生态必须治理"微腐败"》，《中国党政干部论坛》2016 年第 11 期；徐瑞：《中国特色的预防腐败机制研究》，博士学位论文，中共中央党校，2012。

② 孔继海、刘学军：《新时代乡村微"腐败"及其治理路径研究》，《中共天津市委党校学报》2019 年第 3 期；吴道龙：《中国乡村治理结构转型研究——以基层腐败为切入点》，《理论学刊》2018 年第 2 期。

③ 唐鹜：《当前我国"村官"腐败问题研究》，硕士学位论文，河南大学，2010。

④ 余雅洁、陈文权：《治理"微腐败"的理论逻辑、现实困境和有效路径》，《中国行政管理》2018 年第 9 期。

⑤ 李大宇等：《精准治理：中国场景下的政府治理范式转换》，《公共管理学报》2017 年第 1 期。

惠民资金投入总额达 17 亿元。如此大的"惠民蛋糕"对于基层管理者来说是巨大诱惑，部分基层干部不顾群众利益，以权谋私，千方百计从惠民资金中攫取私利。2014 年，麻阳查处腐败案件 28 起，2015 年为 33 起，同比上涨17.9%。从影响的领域来看，最严重的是惠农补贴项目和乡村民生工程建设等民生领域。[1] 麻阳县决定优化当地政府管理模式，探索高效的基层民生资金监管新方式。湖南麻阳首创的"互联网＋监督"平台充分运用"互联网＋"思维，发挥大数据优势，以群众为基础最大限度实现纪检监督、社会监督、群众监督、网络监督的深度融合，功能强大、效果显著，获得湖南省委的推崇与支持，是大数据时代末端反腐的成功探索。

"互联网＋监督"的具体实施路径主要分为三个阶段：事前公开，把前台收集的信息全部"晒"出来，主动让群众监督；事中控制，通过后台数据碰撞及时发现腐败线索并自动预警，进一步通过人机结合彻查腐败根源；事后反馈，对群众反映的问题在规定时日内进行核实、回复、反馈，并在平台上公示处理结果。

（一）事前公开

事前公开主要是在前台创建覆盖全县的数据库并进行信息公开，主要有四大板块（见图1）。

民生监督板块：将全县惠民补贴发放、城市和农村低保情况等 34 类民生项目、12 大类 107 项民生资金，分类逐项录入信息库，实现民生项目数据全覆盖。

扶贫监督板块：收录全县贫困人口的详细信息，按户建立全县贫困人口数据库，围绕精准识贫、精准扶贫、精准脱贫等重点环节展开工作。

正风肃纪板块：把县乡村三级的所有基层干部个人信息及家属信息进行分解、细化、量化，编制责任清单，建立党员干部廉政档案。

纪检业务板块：随时随地实现对全县纪检监察干部工作的监督与举报。

（二）事中控制

事中控制主要通过两个途径来实现。

第一，大数据自动识别途径。后台运用"互联网＋"大数据技术实现

---

① 王雨磊：《数字下乡：农村精准扶贫中的技术治理》，《社会学研究》2016 年第 6 期。

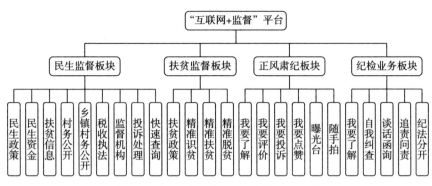

图1　麻阳县"互联网+监督"平台架构

这些信息跨级别、跨部门的互联共享和检索碰撞以及对比分析。在民生建设和扶贫过程中，一旦发现基层干部优亲厚友、"吃拿卡要"、侵占挪用等腐败行为，大数据就会自动生成信息比对结果。发放的民生资金由相关部门录入数据库，同时县委"互联网+监督"信息中心收到录入数据后，与后台基础数据库中的数据进行对比，有冲突性质的数据信息会自动生成疑问线索。全县贫困人口数据库与后台基础数据库对比筛选出来的不符合信息，都会通过平台移交到相关单位复核处理，为彻查"小微腐败"提供及时、高效、精准的信息线索。

第二，人机结合途径。"互联网+监督"平台的成功运行离不开群众的广泛参与监督。为了加强群众对麻阳县民生项目、扶贫项目信息的获取和监督，该县"互联网+监督"信息中心向群众发放大量的宣传画和操作手册，宣传平台与指导群众使用平台，同时开放了自助终端机、官方网页和微信公众号三个渠道。群众在每个平台上不仅能通过身份验证查到本人所享受的具体民生项目、扶贫项目信息，还能及时了解政府部门的最新动态。每个子平台页面都有直接的投诉通道，群众在查询过程中一旦发现与实际情况不符，可以直接点击"投诉"按钮，进入投诉页面，实名填写相关信息，通过手机获取验证码完成投诉举报。除了能在平台上直接提供民生、扶贫方面的疑似问题线索外，正风肃纪平台直接与麻阳县纪委、监察部门对接，也是群众检举揭发基层干部腐败行为的捷径。该平台通过开展"有价值的举报赢话费、红包"检举活动、开设"随手拍"上传负面图片举报等途径，可使老百姓随时将身边发现的问题和情况实名举报反馈给后台，所有的投诉和信息将自动生成短信发到后台人员手机上（见图2）。

这些举措的实施会及时发现并有效治理发生在群众身边的腐败行为，大大提升政府办事效率与基层民众的满意度和幸福感。"人机结合"的成功实践，实现了广泛发动群众、主动精准发现问题、靠前处置问题线索的目标。在精准监督成效的影响下，麻阳县越来越多的职能部门参与到平台的建设中来，各部门之间的"信息壁垒"逐步打通。通过前台晒、后台查，各类问题在萌芽状态就能发现并被解决。在监督中发现的苗头性、倾向性问题，及早"红红脸、出出汗"，让一些干部迷途知返，从根上维护了人民群众的切身利益。

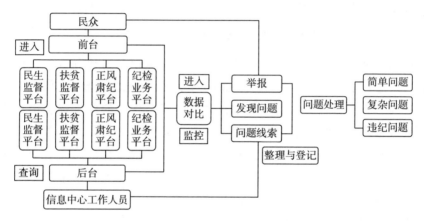

图2　麻阳县"互联网＋监督"实施流程

（三）事后反馈

在事后反馈阶段，"互联网＋监督"平台呈现"线索分流，分开办理、集中反馈"的处理特色。

线索分流主要分为两类。一是一般性问题线索。麻阳县信息中心工作人员负责平台日常问题线索的采集、整理、登记工作，一般把群众举报、人工对比和自动生成的事实清楚、简单明了的问题，经分管领导批准后直接移交相关职能部门或民生监督组进行处理。二是重大问题线索。重大问题线索具有关系复杂、牵涉人员多、影响恶劣等特征，这种线索将在2个工作日内被呈报给分管领导。对于较复杂、重大的问题线索，由信息中心以书面形式移交县纪委信访室，县纪委按照信访件处置流程进行处理。

按照信访工作处置条例，问题线索按照以下几种情况进行办理：一是对于事实清楚、举报内容简单明了的问题线索在5个工作日内予以办结，并将办理结果在平台上予以回复；二是对于案情较为复杂、牵涉人员较多、时间跨度较长的信访件在 90 日内做出处理，并将处理结果在平台上予以回复；三是对于存在重大违纪问题需要立案调查的，按《中国共产党纪律检查机关案件检查工作条例》和《监察机关调查处理政纪案件办法》的相关规定进行立案查处。另外，还需进行集中反馈，办结后将处理结果在平台上予以回复，按"谁交办向谁回复"的原则进行反馈。由信息中心直接移交的，由承办单位直接向信息中心书面回复；由信访室交办的，由承办单位向信访室书面回复，再由信访室将情况反馈到信息中心。信息中心收到反馈情况后，及时将处理结果录入平台，对问题线索进行办结、销号。每一个问题线索办理完毕后，须将办理相关资料进行整理归档，制作问题处理台账，以备查看（见图 3）。

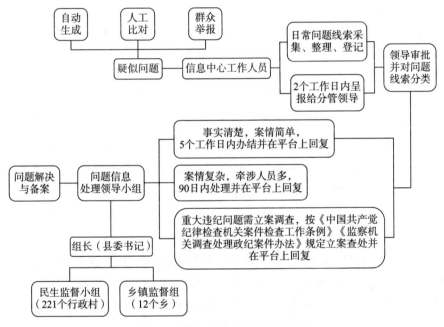

图 3　问题线索采集、整理与处置

四　大数据推进末端反腐的治理逻辑

"小微腐败"是打通全面从严治党最后一公里的最大现实挑战，权力末端的监管乏力是"小微腐败"频发的原因之一。把权力关进制度的笼子里是反腐的关键所在，制度之外附以技术手段，不仅是对制度反腐的有效补充，更是大数据时代基层腐败治理的现实所需。

（一）聚合群众力量形成多元监督

在传统政府治理范式下，基层面临权力末端监督困境，而大数据监督以广大人民群众为中心，通过便捷的科技手段，大大缩短了民众了解政府公开信息的距离，保证了信息的质量和效率。越来越多的群众开始参与到监督政府及其公职人员的行动中来，每个群众的眼睛都是移动的摄像头，真正实现了"互联网＋"时代监督主体的多元化。政治参与主体的多元化也意味着政治诉求和利益表达的多元化，大数据打造的监督立体空间为人民群众提供了一个发声的渠道和权利表达的技术平台。这种多元化的声音能够更好地反映当前社会不同阶层不同地区群众的愿望和要求，有助于政府了解群众最真实的需求，使惠民资金真正用于边缘化群体。倾听社会多元化的声音，也是政府自身进行纠错和完善内部监督的一个重要途径。

（二）打破信息壁垒实现动态监督

大数据打破了传统政府各部门间的信息壁垒，促进了政府各层级、各部门之间信息的互联互通和共享，最大限度地实现了群众对信息的获取。打通民生资金监管领域的各个环节，可以真正实现动态监督。过去人们参与网络监督一般都有一套严格的监督举报流程，很多举报者因为举报过程烦琐或技术层面操作难度大而放弃。大数据进一步缩小了监督举报的技术鸿沟，极大地便利了公众查阅政府惠民项目和资金使用情况以及揭发身边的贪腐行为。麻阳县的"互联网＋监督"平台推出了多种供公众使用的监督和举报方式，有地方纪委的微信公众号、专门的监督举报窗口、终端客户机、各乡镇受理信访举报的电子邮箱、电话连线方式，基层群众可以随时随地查询与自己相关的政策落实情况，检举揭发身边的腐败行为。

（三）排除人情干扰实现精准监督

大数据对信息自动检索和对比分析，对人来说是一种不带任何情感和偏见的外在约束，可以有效避免乡村地区"熟人社会"的人情关系网络和人为干扰因素，最终有效预防和治理"小微腐败"以及其他各种形式的腐败。基层官员进行"小微腐败"的根本目的是钱财，少部分虽然是为了权力，但归根结底还是想要获取更多的灰色收入。所以，如果能够清楚地掌握官员财产的归属问题，就可以在很大程度上为"小微腐败"的治理扫除障碍。科技归根结底只是一种手段，技术变革的背后是全民观念的变革，这是"互联网＋"带给人类最深刻、最重大的影响之一。公众借助各大网络平台提出诉求或表达不满，提高对公共信息的分析判断和处理能力。科技反腐的力量在于以群众需求为导向，以大数据为支撑，帮助群众对民生资金及相关信息的查询、流向等有基础的了解。这能够准确、及时地发现在民生资金运转过程中出现的腐败行为，从源头上为斩断雁过拔毛的"黑手"提供强有力的证据，做到监督精准度与政府行政效率的同时提高。

大数据推进末端反腐的治理逻辑见图4。

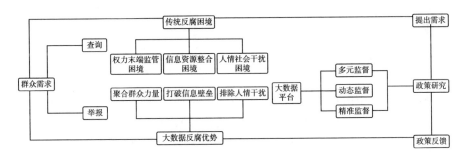

图4　大数据推进末端反腐的治理逻辑

五　大数据助推政府治理范式的转型与升级

2015年，李克强总理在政府工作报告中提出了"互联网＋"行动计划，宣告了中国"互联网＋"时代的到来。同年，国务院发布《促进大数据发展行动纲要》，倡导建立"用数据说话、用数据决策、用数据管理、用数据创新"的管理机制。这不仅给经济、技术产业带来巨大发展机遇，也在政治、民生领域掀起一场"互联网＋"热潮。原有的政府治理水平已经难以适应社会的变化现实，政府必须从自身出发，借助更为先进的手段和工具提升治理能力。大数据的应用与推广正在改变政府治理思维和方向。

（一）主动治理

主动治理是指作为治理主体的政府在基层腐败治理过程中始终扮演积极主动的行动者角色。政府治理态度转向主要体现在：一是主动了解民众需求；二是主动提供信息；三是主动回应问题。过去往往是通过硬性的规定和程序，如层层下达任务的体制推动政府去关注公众的需求。"互联网＋"思维助推政府反思基层腐败侵害人民的切身利益，决心积极主动地搭建"互联网＋监督"网络反腐平台，为民众提供表达需求的渠道，主动了解民众所需，对治理主体和治理对象的相关信息进行收集和整理，建立民生监督领域的信息数据库。利用大数据的优势对相关信息进行检索和分析，为反腐提供重要的数据线索，并将结果及时反馈给民众。整个数据治理的过程体现了政府在政策实施和政策反馈的过程中，由单中心金字塔层级结构转向多中心网络化结构，由被动回应公众需求转向主动治理。政府的主动带动群众及整个社会的主动，通过构建完善的线上线下渠道，可以大大推动公民政治参与，逐步形成公民参与监督的常态化、高效化，矫正过去基层民众对"小微腐败"的容忍，汇聚对微腐败零容忍的正能量，使群众成为中国反腐队伍的主体。

（二）精准治理

精准治理是指治理对象范围的精度和准度高。从中国农村扶贫开发的发展历程来看，扶贫对象的规模从扶贫区到扶贫县再到扶贫村和扶贫户，扶贫的单位越来越小，治理的精准度越来越高。精准主要表现在以下两个方面：一是减少治理的偏差；二是提升政府的效率，节约行政成本。"互联网＋"和大数据技术的发展能在实现政府对治理信息全面把握的基础上，对个体信息进行精准识别。在腐败治理中，通过大数据对基层干部的相关信息进行处理和分析，通过信息的匹配，可以快速精准地挖掘出腐败滋生的信息线索，还能通过后续的数据跟踪进行未来预警和推理，可以打造立体化的监督空间，克服传统监督的不足，使反腐由被动变为主动，将监督范围由面到点，进一步提高精准度。在传统治理范式下，政府无法掌握全面的信息，难以快速掌握公众的需求，这是治理环节的漏洞所在，难免造成对治理对象识别的偏差，政府往往会经历反复试错的过程，导致政府行政效率较为低下。现将大数据系统融入具体的治理实践中，可以使信息通过自动系统碰撞和智能识别，克服那些具体的、特殊的治理环境和治理对象本身给治理带来的困难，弱化由主观因素带来的政治庇护关系，在治理过程中实现去人格化、去政治化，大大减少治理误差。除此之外，将大数据运用于具体的治理实践，虽然前期建立数据库会耗费一定的工作时间和行政成本，但在后期的工作实践中可以充分利用大数据自身的优势大大减少工作量，降低工作成本和时间成本。

（三）科学治理

科学治理是指治理方式的科学化。大数据的技术优势提高了国家信息的收集能力和政策落实的反馈能力，科学的治理方式是促进治理结果公平的重要前提。科学治理具体体现在以下几个方面。一是治理流程相对科学，在治理实践中尽最大努力排除主观因素的干扰。传统的政府治理方式缺乏科技手段，十分容易造成政策目标与政策落实之间的偏离。大数据可以尽可能解决信息不对称的问题。二是较为精准地预测跟踪治理的效果。"互联网＋"和大数据的应用可以更为直接地监督自上而下政策的落实和实施情况以及自下而上政策的反馈情况，能够通过精准的计算，验证治理的效果。大数据对行为进行跟踪记录和预测推理，可以大大提高政府对事件的预防能力。三是治理经验较易复制和推广。区域差异也是造成治理效果差异的一个重要因素，大数据的科学治理方式有系统的治理标准和规范的治理流程，可以最大限度地突破地区差异的限制，服务于当地的治理实际。

六 结论与讨论

本文主要探讨基层腐败中的技术治理，这仅仅是当前政府治理大方向下的一个缩影。利用"互联网＋"和大数据手段，可以克服基层腐败治理中监管薄弱、信息壁垒、人情干扰的困难。"互联网＋监督"模式以大数据为支撑，以群众为主体，是解决权力末端监管难题、打通全面从严治党"最后一公里"、净化基层政治生态的成功实践与治理模式创新。在"微腐败"涉及的领域中，经济问题是一个重灾区，但同时形式主义、官僚主义等作风问题不容忽视。这其实是在提醒我们，在整治农村"微腐败"问题时，要充分考虑当前"互联网＋"时代大环境，充分实现监督流程的大数据化。数据治理凭借其可预知、可跟踪、可计算、系统化、标准化的特点，使治理现代化插上了科技的翅膀。"互联网＋"作为一项国家战略，必将促使未来整个政府模式的重塑与整合，是促进政府治理智能化、数据化的风向标。

"互联网＋"所引发的社会变革正在改变中国政府的治理思维与模式，社会变革将给未来的社会治理带来怎样的挑战无从知晓，但中国的数字化转型不可逆转。中国特有的优势是拥有海量的数据，无论是过去、现在还是将来，无论是在政治治理领域还是其他产业的生产与消费领域，中国都会存在这方面的优势。当前我们仅仅处于大数据自动化的阶段，远没有达到数据化和智能化的阶段。但值得我们深入思考的问题是，不能完全依靠技术去解决所有的治理问题，技术能做的只是尽最大可能把治理中的主观影响因素降到最低限度。数据的录入环节是治理过程中可操控的变量，如何保证数据真正来源于民众的社会生活？权力末端的监管困境究竟是制度的漏洞还是政策执行时的偏差？制度与规则如何更好地适应复杂多变的基层治理情景和人情逻辑关系？科技又该如何更好地嵌入社会治理？这些问题值得我们进一步思考和研究。

Research on Governance Path of Anti-corruption at the End of Big Data Era

—Taking the "Internet + Supervision" Model as an Example

Tao Fulin

Abstract: The embankment of a thousand miles collapsed in the ant colony, and the country's Anbang was at the grassroots level. How to solve the regulatory problem at the end of power is the most direct response to the comprehensive and strict implementation of the party to the grassroots. It is a necessary link to advance the anti-corruption and high-pressure situation. In recent years, Huimin funds have become the hardest hit area for some grassroots cadres to breed "small and micro corruption". Huimin funds are related to the vital interests of the people. "Small and micro-corruption" not only infringes upon the vital interests of the people, but also the chief culprit in undermining grassroots political ecology and corroding grassroots political power. The existing researches mainly discuss the end-corruption governance path from the aspects of system, law, education, salary reward, etc. These traditional regulatory approaches are difficult to overcome the principal end-of-power supervision dilemma, information resource integration dilemma and human social interference predicament. The "Internet + Supervision" model pioneered by Mayang county in Hunan province uses the advantages of big data to aggregate the power of the masses, break the barriers to information, eliminate human interference, and achieve a new mode of multi-disciplinary, dynamic supervision, and precise supervision of the trinity supervision. This is not only a successful exploration of anti-corruption in the end of big data, but also a vane to the transformation of government governance paradigm to active, accurate and scientific big data governance.

Keywords: Big Data; Small and Micro Corruption; Terminal Anti-corruption

社会工作伦理的边界生产与组织

马　锐[*]

摘　要　专业伦理是社会工作者在建立专业关系、发挥专业功能和实施专业技术过程中所遵循的一般守则与价值理念。专业伦理边界是区别一般意义的伦理的参照和指南，也是社会工作专业化的标志之一。本文按照原料—生产—流通的商品价值全链式生成结构，论述社会工作专业伦理从产生到践行的全过程。专业伦理特性为边界生产提供了丰富的原料，而作为伦理守则的践行阶段，专业伦理的整合与组织为边界产品提供了可流通和可转化的载体。沿着专业伦理边界生产线和流通线看，社会工作既是一种道德实践，亦是一种专业实践，更是一种情景实践。无疑，生产并践行符合本土文化环境和制度的专业伦理边界，对提升社会工作专业品牌知名度、身份认识度和地位认可度具有重要意义。

关键词　社会工作　专业伦理　边界生产　边界组织

引　言

作为社会工作专业边界的表现形式之一，伦理边界的适度生产和有序组织在规范社会工作助人活动、社会工作者与服务对象互动以及明晰专业自我和培养专业意识方面发挥着重要的指引作用。伦理是伴随人类社会的组建而在人与人之间、人与社会之间形成的一系列意识、意志、情感、价值观的综合体。"伦理"一词在中国最早见于《乐记》，"乐者，通伦理者也"旨在强调礼乐对于人为的教化作用，反映了儒家以"礼乐"为准则判断行为之善与否。而作为西方伦理思想的发端，古希腊的神话、诗歌和语言中富含追求自

---

[*]　马锐，广州大学2019级社会工作专业硕士研究生。

由、张扬人性及追求幸福的伦理思考和伦理观念。① 对于社会工作而言，伦理是社会工作者的职业道德操守和行为准则，是社会价值和专业价值共同作用的结果，其社会价值源于社会工作在解决个体问题与社会发展变迁过程中产生的不适应的矛盾，最终的目标是实现社会良性运行与和谐发展，这也就意味着社会价值受到社会发展和意识形态的双重影响。专业价值随着社会工作的不断发展而形成，以国际上普遍适用的社会工作专业价值为例：一般认为社会工作者的助人活动遵循助人自助和利他主义的原则。作为舶来品，社会工作的专业伦理包含自由平等、公正公平、博爱幸福等西方伦理观念，但随着 20 世纪初社会工作引入中国后，以儒家为代表的优秀传统文化和当代社会主义价值体系不断对"舶来"的社会工作专业伦理进行补充，逐步形成了具有中国本土化特色的社会工作专业伦理。由此，社会工作的专业伦理体系在借鉴与创新、批判与继承和综合与发展的基础上，被赋予包容性、多样性和无界性。

"边界"是地理学科上常用的专业名词，指不同事物之间的界线和区隔，具有三个方面的特征。一是地理特征。各个国家、区域、社会组织和人的属性、特征是依物理空间的间隔进行划分的，带有显著的自然特性。二是政治特征。一旦明确国界，边界就既代表国家主权的组织形式，也是保证领土完整和实施主权的自然基础。三是社会特征。社会主体之间的行为、心理、语言交流、资源交换、能量互动等过程，都需要遵守相应的程序和恪守各自的界线。由于社会工作是专业的社会行动，因而我们讨论的社会工作专业伦理边界更符合社会性特征。从社会组织的行动过程看，边界是指一个组织终止的地方和该组织开始的地方。② 社会工作将专业边界嵌入具体的社会情景，并循此来表现其社会行动的主体地位和服务提供的专业限度。换言之，边界既是社会工作专业完整性的体现，亦是社会工作服务提供的基础。由此，边界自然而然成为厘清社会工作专业性和自主性的参考依据。我们知道，社会工作是一个强调价值的专业，这种价值是社会属性和专业属性共同要求赋予的，社会工作实务是一种伦理道德的践行过程。③ 对此，作为专业性在意识形态上的体现，专业伦理边界也有其固有的特性、生产性和组织性。对专业伦理特

① 彭国栋：《希腊神话中的伦理精神》，《北京大学学报》（哲学社会科学版）2004 年第 1 期。
② J. Pfeffer, G. R. Salanckik, *The External Control of Organizations: A Resource Dependence Perpective* (New York: Harper and Row, 1978), p.30.
③ 王思斌主编《社会工作概论》，高等教育出版社，2014，第 385 页。

性、生产性和组织性的界定与讨论，有助于我们更客观、更全面、更具体地理解专业伦理在社会工作实务过程中的重要性和必要性，有利于提高社会工作的专业自决性和专业自主性。

一 社会工作专业伦理的特性

作为社会工作专业边界的组成部分之一，社会工作专业伦理是一套有关社会工作助人活动的操作规范和行为准则，也是专业社会工作者在辨别什么是理性服务时所遵照的标准。专业社会工作发端于英美等西方国家，产生的背景是为了解决资产阶级革命引发的社会问题，其专业伦理最初包含人道主义、利他主义、博爱、平等、追求自由、追求幸福等内容。在引入中国后，带有西方色彩的专业伦理边界渐次扩张，并与中国的家本环境、差序关系和等级秩序产生激烈的"化学反应"，从而形成具有本土特质的社会工作专业伦理边界特质。

（一）独立性

作为一种专业的本质属性，社会工作的伦理价值具有相对的独立性。也可以说，社会工作专业伦理体系不会因社会变迁而随意发生改变。这种稳定性决定了社会工作的助人活动是不分国界、种族、阶层的，在一定意义上是普遍适用的，其助人伦理价值是超脱于国界和一般意识形态的。因此，承认专业伦理的独立性是界定和阐述专业伦理边界生产和组织的前提与基础。社会工作专业伦理是工业化、城市化、市场化发展到一定阶段的产物，并时时刻刻伴随着助人主体和助人活动，作用于助人与受助的活动场域。因而，根据社会工作过程的组成要素，专业伦理的独立性主要体现在如下方面。第一，社会工作者专业行为的伦理。要想助力受助人摆脱困境，并为其注入"自我力量"，社会工作者需要向受助者真诚地表达助人意愿和施展助人方案或行动。在这一过程中，社会工作者首先需要保持专业身份和专业地位，身份和地位的保持在于与案主维持平等的关系；其次需要不断探寻社会工作知识、理论和实务方法的真谛，这要求专业社会工作掌握包括但绝不限于社会学、心理学、人类学及宗教学等一众学科的知识，以推动专业化助人进程的发展；最后需使自己的专业行为慎重、诚实、谦让和谨学。第二，社会工作者对案主的伦理。案主是社会工作过程中的行为接受者，社会工作者需对其心理、行为、问题、态度和认知保持高度敏感性，从生理、心理及社会层面关注案主问题产生的原因，切实维护服务对象的权益和特权，不得做出损害案主尊严、利益和信心的行为，同时应避免以家长式的作为去操纵服务对象。第三，社会工作者对同事的伦理。同事既是社会工作者在提供服务和开展工作时的合作伙伴，也是潜在的帮助案主解决问题的资源。因此，社会工作者需公平且有礼貌地对待同事，并有责任为同事的服务对象提供个性化的服务。第四，社会工作者对雇主和雇佣组织的伦理。社会工作者应积极且有效率地完成社会工作机构和上级领导安排的工作任务。第五，社会工作者对社会的伦理。社会工作者应妥善利用现有的社会政策资源为服务对象提供优质的服务，并促进案主生活环境的改善和社会福利水平的提高。综上所述，社会工作者专业行为的伦理、社会工作者对案主的伦理、社会工作者对同事的伦理、社会工作者对雇主和雇佣组织的伦理，以及社会工作者对社会的伦理，体现了与其他专业不同的行为准则和规范，彰显了社会工作专业伦理的独立性。

（二）包容性

我国现行的社会工作专业伦理是中西方文化逻辑合并的产物，具有"求同存异"的特质。众所周知，社会工作制度和体系是西方资本主义国家的产物，其专业伦理包含人权、自由、平等、博爱等西方启蒙思想。随着全球化进程的加速和各种社会问题的层出不穷，作为社会需要和社会症结的有效回应机制，社会工作的一些理念和实践模式也在发展中国家和地区得到广泛运用，并且长期经本土环境的侵染，舶来品渐次演变为具有本土特色的制品。我国作为世界上最大的发展中国家，也逐渐通过引入社会工作专业来调适和解决社会历史遗存问题或由社会变迁而引发的新型问题，如流动人员问题、留守人员问题等，但研究发现，有些西方社会工作伦理的价值观在中国并不适用。① 因此，中国现代的社会工作专业伦理的形成经历了转嫁与植入的过程，是中西方文化碰撞和糅合的产物。在文化价值方面，中国儒家的"仁""礼"与西方崇尚的个人尊严和权利相融合，中国道家的"无为"与西方的自助思想相吻合，中国佛家的"普度众生"和西方的助人思想相契合。除此之外，人情味、面子文化、差序关系、整体观念也将构成社会伦理价值的附

---

① 孙健：《西方社会工作伦理在中国本土化的探讨》，《广西师范大学学报》（哲学社会科学版）2009年第3期。

属结构，具体表现在如下方面：第一，社会工作者不仅要注意案主个人问题的解决，而且需通过孵化与探寻案主的个人资本，提高整体社会资本，达到个人生存与社会发展的良性融合状态；第二，社会工作者与案主存在双重关系，即相互信任和依赖的伙伴关系，以及持有专业技法和合作契约的专业关系，只有保持基于专业性的双重关系，社会工作者才能最大限度帮助服务对象改变；第三，社会工作者在预防和解决社会问题以及恢复和增强案主社会功能时，需在必要情况下限制案主的福利满足而实现社会福利的最大化与最优化。一言以蔽之，在全球化的背景下，社会工作的伦理价值根系应扎根在特定的文化土壤中，并借助本土化的过程，不断丰富和发展社会工作专业伦理体系，从而增强专业伦理的适应性和包容性，实现专业边界的扩张。

（三）适变性

由前所述，伦理是指人与人相处的各种道德准则，深刻折射于行为过程中所依循的各项规范。由此，相较于具有一定约束性、强制性和权威性的法律，伦理在一定程度上被称为社会建构的缩影，即伦理是人们主观能动的产物，是在个体与个体、个体与社会互动的过程中建构出来的行为规范。社会伦理并非一成不变、生硬刻板，而是动态演变、极富弹性的。作为助人过程中专业策略所依循的判断标准，社会工作伦理对解析社会工作者与案主关系的类型、特质发挥着重要的指引作用，也对社会工作者与案主建立信任、合作、平等的关系发挥着积极的作用。从建立关系的过程看，一方面，社会工作者需要接纳服务对象，保持高度尊重和专业理性；另一方面，出于对中国人情的考虑，社会工作者需要与案主保持紧密的私人关系，以深入了解案主问题的产生背景、案主的情绪变动和具体诉求，从而更加高效有序地开展专业助人服务。从预估案件的过程看，在收集资料之前，为了维护案主的知情同意权，社会工作者首先应告知收集资料的目的、内容、使用途径和保管方式，同时对于收集的访谈资料和信息，应审慎保管和严格保密。此外，当为服务对象申请低保、医疗补助和救助金需提供相关资料时，应先征求服务对象的同意，再向相关机构单位提供相应的数据。若服务对象不具备独立判断的能力，则由社会工作者根据实际情况代替服务对象做出决定。当然，如遇服务对象患有绝症，社会工作者可通过"善意的谎言"使其保持积极的生活态度。从行动干预的过程看，由于个人的诉求并不完全代表集体的诉求，因而案主需求的满足与社会整体福利的实现其实是一对矛盾体，社会工作者开展的专业服务是在整个矛盾中间寻求相对的平衡。根据社会工作的性质，以服务对象利益和诉求为中心是社会工作服务提供的起始点和落脚点，但从社会工作的起源看，社会工作是因社会问题而生的，为最大限度保障社会正义而设，故而在开展服务介入和解决问题时，社会工作者需依据实况正确把握个人正义和社会正义之间的伦理尺度，尽量探寻两者之间的平衡点。就服务评估的过程而言，社会工作者应秉持诚实、严谨、客观和实事求是的态度，对实施的服务方案和专业技术进行反思和评价。当然，对评估空间适当留有余地，有助于提高群众对社会工作专业的认可度和增强信赖感，推动政府大力购买社会工作服务，从而实现社会工作的良性发展。总而言之，不论是专业关系的建立维持、预估资料的收集保管，还是行动的干预和服务效果的评估，伦理无时无刻不贯穿于其中，并对社会工作的服务开展和干预行动施以约束。判断社会工作者行为的正确与否并非依据唯一的标准，而是根据助人活动过程中的具体情况而灵活调整依循的法则，因此，社会工作专业伦理体系具有适变性。

二 社会工作专业伦理的边界生产

社会工作服务是以践行人文道德价值和捍卫社会公义为使命的专业服务，这决定了社会工作这种专业其实是一种道德实践。[①] 社会工作致力于通过系统化、理论化、差别化的服务关系、专业功能和实践技术，调解社会纠纷、缓和社会矛盾、提升整体社会资本和推动社会进步。除了特定的服务技巧和理论模式之外，其独立、包容和适变的专业意识、价值观和伦理的渗入也有别于一般专业。基于此，本文将结合社会工作专业伦理的特质，围绕服务关系、专业功能和实践技术的社会工作服务要素，阐述社会工作专业伦理的边界生产逻辑。

（一）服务关系：契约与礼俗的伦理交织

比斯台克在《社会个案工作的专业关系》一书中将"个案工作关系"定义为有目的地协助当事人达到个人与环境较佳调适的一种个案工作者与当事

---

① 肖小霞、张兴杰、张开云：《政府购买社工服务：道德实践和政治实践的异化》，《理论月刊》2013 年第 7 期。

人之间在态度与情绪上的动态互动。① 从本质上看，社会工作过程本身是一种道德实践，其道德准则和行为伦理纵贯行为介入全程，而作为社会工作实务中的一环，专业关系的性质便在某种意义上反映了社会工作对服务对象的伦理。对此，社会工作在与服务对象建立专业关系时，需注意其所处的文化环境或历史背景，加强文化敏感性。② 由于不同国家有着不同的文化底蕴和意识形态，因而社会工作专业关系势必深受本土传统观念和风俗习惯的影响。③ 中国的人文关系是建立在血缘基础上的差序关系，带有显著的秩序色彩，由此，在建立中国特色的专业社会工作体系时，专业关系的建立和发展需符合本土文化和制度，即生成"道义追求下的专业关系 + 工作关系 + 朋友"的模式。④ 那么依循此，社会工作专业伦理的边界将混杂着契约与礼俗的要素。

专业服务关系的建立是社会工作者与案主双向信任的结果。⑤ 卢曼将信任划分为制度信任和情感信任。⑥ 在西方，社会工作者与服务对象的信任感建立在共同签订的契约基础上，即制度信任，案主以明确的目的与角色扮演、社会工作机构服务宗旨与范围、明晰的行为规范和专业规范配合并回应社会工作者的服务开展，其中社会工作者与案主保持稳定的权威约束和固定的人文关系。在人情关系浓重和关系等级鲜明的中国社会，信任是基于血缘关系、邻里关系、地邻关系和礼俗关系建立起来的，即情感信任，因而单靠冰冷的契约、固定程式的人际关系和具有压迫感的专业权威无法与服务对象建立起相互信赖的专业关系。由此，为了拉近与服务对象的距离，增强案主对社会工作者的信任感，社会工作者应顺应传统文化，尊重风俗礼仪，根据不同年龄段的服务对象调整称呼和行为举止。亲切的称呼有助于人际关系的建立，礼貌的言谈举止有利于服务介入流程的畅通运转。

---

① 〔美〕比斯台克：《社会个案工作的专业关系》，王仁雄译，台中：向上儿童福利基金会，1978，第35页。
② 古学斌、张和清、杨锡聪：《专业限制与文化识盲：农村社会工作实践中的文化问题》，《社会学研究》2007年第6期。
③ 刘志红：《传统社会的人际交往特性对建立社会工作专业关系的影响》，《求索》2003年第2期。
④ 潘绥铭、侯荣庭、高培英：《社会工作伦理准则的本土化探讨》，《中州学刊》2012年第1期。
⑤ 王杰、康姣、方跃：《从单向到双向：社会工作专业关系探讨》，《社会工作与管理》2017年第5期。
⑥ 〔德〕尼克拉斯·卢曼：《信任：一个社会复杂性的简化机制》，瞿铁鹏、李强译，上海人民出版社，2005，第21页。

（二）专业功能：个人与集体的伦理平衡

功能是与结构、系统机体密切关联的概念单体，特指由各结构体交织叠加或各系统机体加权而产生的对局部和整体的效用和影响。因而，专业功能既是社会工作专业本质的集成外显，亦是社会工作专业伦理边界的生产工具。由于早期的社会工作发端于资本主义市场化带来的社会贫富两极分化时代，因而扶贫济困和救危解难是当时社会工作的首属功效。伴随城市化和人口流动的加快，社会问题的致因与后果越发复杂，相应的，社会工作的功能由最初的扶贫济困、救危解难衍变为具有多元性，不再只局限于关注个体生存的需求，而是转向个体与社会融合良性共存的高层次追求。作为现代社会的制度安排，社会工作在个体贫困救济、群体权益维护和社会秩序稳定方面的作用越发凸显，由此伴生的专业伦理也更加丰富。一般而言，社会工作功能大致分为两个层面：对服务对象的功能和对社会的功能。[①] 对服务对象而言，专业社会工作需要发挥治疗、恢复与发展功能；对社会而言，专业社会工作需要发挥化解矛盾、维护秩序、建构资本和实现社会正义的功效。基于上述功能，社会工作者在行动干预的过程中，需时刻注意三个方面的行为准则：第一，社会工作者应尊重并维护服务对象的最佳利益，注重服务对象的自决和挖掘其潜能；第二，社会工作者应关注群体利益，增进整体社会福祉和执着于社会公平的实现；第三，兼顾个体与集体的权益保护，把控个体与集体、集体与社区、社区与社会之间的利益平衡。因而，为了实现专业社会工作的长期目标，社会工作者必然要在实践过程中考量多种利害关系，避免成全个人利益而损害集体利益，避免回应集体诉求而忽视个人权利，避免因集体的问题而去挑战社会的良性秩序。要在遵循一定的道德和伦理规定基础上，结合特定的实践环境对伦理选择进行充分的分析，尽量制定一个既兼顾案主，又关注集体利益的最佳方案。也就是说，以个人正义和社会正义为特征的专业功能促生了案主诉求与集体利益双向权衡的伦理界线。

（三）实践技术：理性与感性的伦理加成

按照现代专业主义的逻辑，只有受过专业训练的专业人员才能获得职业

[①] 彭惠青、仝斌：《社会工作在基层治理专业化中的角色与功能》，《中国行政管理》2018 年第 1 期。

资格、拥有专业判断和干预的垄断性地位和权威。① 换言之，社会工作者的实践过程其实是专业权威、专业选择和专业方法的施展阶段，更进一步讲，社会工作专业伦理是社会工作专业实践技术的色彩呈现。从专业服务理性化的进程看，社会工作的实践技术经历了专业权威、实证主义、证据主义和建构主义的演变过程，这也体现了实践技术从非理性向理性再向感性的跃迁。非理性的服务效果建立在案主对社会工作者威信和地位的迷恋和依附基础之上，这种服务是早期社会工作发展的必经之路。理性的实践结果建立在科学翔实的样本、临床实验数据和标准化量表的基础上，是社会工作助人专业化发展到一定阶段的产物。而感性的服务成效是以语言文字的魅力、意义世界的建构和特定的人文场景为基础的，是一种有利于服务开展的实践情感。根据后现代理论和社会建构主义，客观世界是观察者有选择性的意志呈现，蕴含观察者的理性思考和对未来生活的预设。从建构视角观察实践过程，有助于社会工作者借助隐喻和语言文字介质探寻案主的精神世界、意志赋值、意识能动和价值选择。因而，在理性和感性的实践技术作用下，社会工作专业伦理边界持续扩张，催生出专业适当性、专业朴实性和专业情境性的价值选择和行为准则。

三 社会工作专业伦理的边界组织

专业边界是专业分工的依据，也是专业组织与环境多边交互的基础。因而，社会工作专业伦理边界的组织过程就是职业操守、行为准则和价值规范在服务过程中的系统整合和实际运用，即专业伦理决定。作为一种道德实践和专业实践，社会工作者需依据复杂的价值情景开展符合职业道德操守和专业价值规范的介入活动。专业伦理决定是建立在专业伦理特性和专业伦理边界生产基础上的。因此，对社会工作者来说，在伦理决定过程中，必须考虑两个核心的价值观：首先，尊重受助者的尊严和独特性，维护案主的特权和权益；其次，致力于实现不同层次群体之间的平衡，追求社会正义和社会秩序。在伦理组织过程中，社会工作者在某种程度上要尊重服务对象的个性，拒绝是非判断，并鼓励受助者对自己负责并做出适当的决定，同时在助力案主摆脱困境时，需尽量减少对周围人和环境的损害。人文情景和价值选择的

---

① 郭伟和：《后专业化时代的社会工作及其借鉴意义》，《社会学研究》2014 年第 5 期。

复杂性、多变性决定了伦理边界的组织过程并不是一蹴而就的，很多时候是循序渐进的。社会工作伦理决策过程涉及不同类别的人，甚至不同的组织机构、制度环境和文化形态，因此对实施决策过程的执行者——社会工作者来说，在伦理决定之前，首先应通过各种渠道和方式收集有关案主及其所在环境的资料，力求详尽，将专业实践过程中可能涉及的伦理难题进行列举；其次制定多种可供选择的方案，结合案主的具体情况与其生活的环境系统判断每种方案的利弊；最后，在尽力减少伤害和风险的基础上试行一个最佳方案，形成帮助案主解决困难、与社会发展和谐共存的局面。

下面以麦考利夫（McAuliffe）和切诺韦思（Chenoweth）提出的综融伦理决策模式为例，简要阐述社会工作专业伦理边界组织的详尽过程。① 该模式汲取了程序模式、反思模式和文化模式的特点，指出社会工作伦理决策是一个非线性的反思过程，社会工作者需利用各种因素，如自身的角色扮演、批判性反思、文化敏感性以及咨询他人意见等，其总结的综合伦理决策过程分为以下五个步骤。第一，澄清伦理议题和难题。社会工作者在开展助人活动之前，需思考和预测可能遇到的伦理问题。若遇到伦理难题，社会工作者需清晰划分相冲突的价值观和行为准则，同时需明确在伦理选择中自身扮演的角色。第二，全面收集信息。首先，社会工作者需收集行业伦理守则、相关政策文件、法律规定、文献资料，以及案主及其社会生活系统资料作为伦理决策的依据。其次，要聚焦伦理难题背后的人文情景和历史背景。第三，全面评估伦理难题。全面评估伦理两难案例中服务对象个人、家庭及社区各系统间的关系，社会工作者要能够回答以下问题：在伦理两难事件中，谁的利益是合理正当的？将伦理两难案例披露给其他人征求建议是否合适。第四，形成初步的伦理决策。基于前三个工作步骤的情况，社会工作者要思考做伦理决定主要参考了哪些信息，在参考过程中，是否保持文化敏感和是否存在主观意见及隐形歧视等问题。第五，批判性反思评估。社会工作者可通过自我反思和与他人讨论等方式，对处理的伦理议题和难题进行全面、客观、中立的分析、反思和评估。如在解决伦理难题过程中，是否发现现有的政策文件、法律规定、行业伦理守则、专业伦理守则存在遗漏？是否在所在机构的服务范围及权限内？是否坚守服务对象利益最大化原则？自身在解决伦理难题中

---

① D. McAuliffe, L. Chenoweth, "Leave No Stone Unturned: The Inclusive Model of Ethical Decision Making," *Ethics & Social Welfare* 2（2008）：38 – 49.

扮演什么角色，起多大作用？案主在接受服务的过程中是否处于一种主动配合状态？是否广泛咨询和征求他人的意见，并获得支持？

四 结语

专业伦理是社会工作者处理专业关系和解决伦理难题所遵循的一般守则和价值理念。专业伦理边界是区别一般意义的伦理的参照和基础，也是社会工作专业化的标志之一。专业伦理特性为边界生产提供了丰富的原料，而作为伦理守则的践行阶段，专业伦理的整合与组织为边界生产的伦理产品提供了可流通的载体。本文按照原料—生产—流通的商品价值全链式生成结构，论述了社会工作专业伦理从产生到践行的全过程，更加证明了社会工作既是一种道德实践，亦是一种专业实践，更是一种情景实践，即专业伦理守则在融入本土情形的基础上贯穿于服务介入的全过程和全阶段。社会工作专业价值观和专业伦理守则不仅要符合国际社会工作专业实践的一般标准和道德要求，也要体现此时此地的社会现实和专业实践环境，使专业关系的建立、专业功能的发挥和专业技术的实施契合本土制度环境和人文环境，从而促进专业的本土化发展。我们知道，专业伦理是社会工作助人过程的基本前提与保障，建立和发展符合本土文化和制度的伦理守则是推进中国社会工作专业化的基本目标之一，亦是提升社会工作专业品牌知名度、身份认识度和地位认可度的举措之一，因而，接下来需要进一步明确社会工作专业伦理边界维度、尺度和韧度。

Boundary Production and Organization of Social Work Ethics

Ma Rui

Abstract：Professional ethics are the general rules and values that social workers follow in the process of establishing professional relations, exerting professional functions and implementing professional skills. The boundary of professional ethics is the reference and guide to distinguish ethics in general sense, and also one of the signs of social work specialization. This paper vividly discusses the whole process of professional ethics of social work from output to practice according to the whole chain structure of commodity value generation of raw material-production-circulation. The characteristics of professional ethics provide abundant raw materials for boundary production, and as the practice stage of ethical code, the integration and organization of professional ethics provide circulation and transformation carrier for boundary products. Social work is not only a kind of moral practice, but also a kind of professional practice, and also a kind of situational practice. Undoubtedly, the production and practice of professional ethical boundaries in line with the local cultural environment and system is of great significance to improve the brand awareness, identity recognition and status recognition of social work.

Keywords: Social Work; Professional Ethics; Boundary Production; the Boundary Organization

能力视角下家庭社会工作服务
实践与模式建构*

——基于广州市 B 街道的家庭服务研究

李碧媚　卓彩琴**

摘　要　本文以能力视角为理论基础，以广州市 B 街道的家庭服务为研究对象，整理、分析研究案例的服务前评估情况、服务过程中的服务策略以及服务后的成效，并在此基础上建构了能力视角下的家庭社会工作服务实践模式。该模式是在能力视角的基础上，以家庭为服务对象，对家庭进行综合性评估后，以家庭内部能力建设、家庭间互助能力建设以及社区参与能力建设为服务路径，充分发掘、运用家庭及其所在环境的能力、资源，以满足家庭需求、实现其愿望的社会工作服务方式。

关键词　能力视角　家庭社会工作　家庭服务

一　问题的提出

2016 年 12 月，习近平总书记在会见第一届全国文明家庭代表时指出三点。第一，希望大家注重家庭。家庭是社会的细胞。家庭和睦则社会安定，家庭幸福则社会祥和，家庭文明则社会文明。第二，希望大家注重家教。第三，希望大家注重家风。家庭对于个人、社会来说都有着重要意义，提供家庭社会工作服务是促进家庭发展的重要手段。2018 年，广州市印发了《广州市社工服务站（家庭综合服务中心）管理办法》，将社工站的服务模式由原来

　＊　本文为国家社会科学基金项目"社区能力建设为本的社会工作行动研究"（17BSH117）的阶段性成果。
　＊＊　李碧媚，法学硕士，华南农业大学；卓彩琴，法学博士，华南农业大学，教授，本文通讯作者。

的 "3 + X" 调整为 "113X"，其中家庭社会工作服务作为三大基础服务之一的地位依然保持不变。①

广州市 B 街道家庭综合服务中心（以下简称 "B 家综"）位于行政区域划分的 B 街道，由广州市 D 社会工作服务中心承接运营，经历了 2 个项目周期，即 6 年时间。该街道家庭综合服务中心对整体的服务提出以 "能力和资本" 为理念和原则的社区能力建设导向。在这样的理念和原则指导下，家庭社会工作服务实践（以下简称 "家庭服务"）是怎样的，家庭组的社会工作者（以下简称 "社工"）开展的服务实践又会有怎样的效果呢？对能力视角下的家庭服务的研究，不仅对丰富理论视角本身具有重要意义，社会工作者的工作开展对家庭以及社会来说也有着重要的现实意义。本文在使用案例研究法的过程中，运用了参与式观察法、文献法以及访谈法等进行研究资料收集，访谈对象包括服务对象、不同职位的社工等共 5 人；同时运用了案例分析法对收集得来的资料进行了分析。本文的内容包括能力视角下 B 街道家庭服务的服务前评估、服务中的服务策略、服务后的成效以及在此研究基础上建构的服务模式等。

二 研究现状与研究视角

（一）研究现状

西方发达国家的家庭福利政策、社会工作的起源与发展相对较早，目前已经形成众多家庭社会工作理论如家庭系统、家庭生命周期、家庭抗逆力等以及实践研究成果。西方发达国家几乎都实施了家庭政策，而社会工作服务是该政策福利中不可或缺的组成部分，有不少对政策与家庭社会工作服务的研究。② 国外除了对家庭政策与家庭社会工作的研究探讨众多之外，不得不提

---

① 广州市人民政府办公厅：《关于印发〈广州市社工服务站（家庭综合服务中心）管理办法〉的通知》，广州市人民政府网站，http://www.gz.gov.cn/gzgov/s2812/201806/6aee5bbdf78249d482b2949e7554d1cf.shtml。

② Gilligan and Robbie, "Promoting Resilience in Child and Family Social Work: Issues for Social Work Practice, Education and Policy," *Social Work Education* 23 (2004); McCarty and Dawn, "The Impact of Public Housing Policy on Family Social Work Theory and Practice," *Journal of Family Social Work* 11 (2008); J. Mcghee and L. Waterhouse, "Locked Out of Prevention? The Identity of Child and Family-Oriented Social Work in Scottish Post-devolution Policy," *British Journal of Social Work* 41 (2011).

的是其中对家庭问题的社会工作介入研究。① 毫无疑问，这些研究成果是十分值得借鉴的。然而，与国外不同的是，中国家庭福利政策相对缺乏，并且中国家庭有其自身的特点，需要根据中国家庭现实的情况去进行家庭社会工作的理论和实践研究。

国内的家庭社会工作正处于起步阶段，现在也并未出现关于家庭社会工作的理论研究方面的显著成果。一些学者正在努力将西方的一些可指导家庭社会工作实践的理论进行本土化的研究和运用，试图去形成本土的家庭社会工作服务模式。② 诚然，本研究也正处于这个发展趋势之中。关于儿童与家庭社会工作研究的主题是多种多样的，如单亲家庭③、失独家庭④、流动儿童⑤、家庭教育⑥等。家庭作为社区中的一员，社区参与、社区资源等对家庭的福祉有着重要的影响，然而，在如何利用好社区层面对家庭的影响、如何使社区支持家庭等方面的讨论仍较少。本文通过案例研究，指出家庭社会工作服务在家庭内部以及家庭与社区的联系方面的服务策略。

（二）研究视角

本文运用能力视角理论分析案例。能力视角也被翻译为优势视角、优势观点等。在本文所涉及的案例中，社工服务重点聚焦在服务对象的能力建设

① M. Sheppard, "Double Jeopardy: The Link between Child Abuse and Maternal Depression in Child and Family Social Work," *Child & Family Social Work* 2 (2010); D. Howe, "ADHD and Its Co-morbidity: An Example of Gene-environment Interaction and Its Implications for Child and Family Social work," *Child & Family Social Work* 15 (2010); B. Luckock, J. Barlow and C. Brown, "Developing Innovative Models of Practice at the Interface between the NHS and Child and Family Social Work Where Children Living at Home Are at Risk of Abuse and Neglect: A Scoping Review," *Child & Family Social Work* 22 (2017).

② 姚进忠：《个人和家庭能力的整合：家庭社会工作服务模式的探索》，硕士学位论文，厦门大学，2009；张威：《社会教育学视角下的儿童青少年和家庭专业工作新探索——以"华仁模式"为例》，《社会工作》2015 年第 1 期；刘玉兰、彭华民：《家庭抗逆力视角下流动儿童家庭社会工作服务实践重构》，《中州学刊》2016 年第 11 期；薛雅宁：《女性主义视角下家庭社会工作的实务模式研究》，《智富时代》2017 年第 5 期。

③ 李亚妮：《单亲母亲家庭生活困境分析及家庭社会工作介入策略研究——以上海市浦东新区 X 社区单亲母亲家庭服务项目为例》，《社会福利》（理论版）2012 年第 11 期。

④ 李青霞：《家庭系统理论视角下失独家庭困境及社会工作介入策略》，《理论观察》2016 年第 9 期。

⑤ 刘庆：《流动儿童的城市适应研究——社会工作介入的策略》，《长沙铁道学院学报》（社会科学版）2013 年第 2 期。

⑥ 夏蔺、周帆：《社会工作介入家庭教育指导的优势与实现路径》，《中华女子学院学报》2017 年第 4 期。

上，因此使用"能力视角"一词。能力视角的实践意味着作为社工所该做的一切，在某种程度上要立足于发现和寻求、探索和利用服务对象的能力和资源，协助他们达成目标、实现理想，并摆脱自身的顾虑与担忧、抵抗社会主流的控制。[①] 需要强调的是，能力视角并不是刻意忽视创伤、问题和逆境，而是从能力出发，通过发掘、增强、使用相关能力去超越创伤和逆境，从而解决自身问题。

能力视角有七个核心词语，包括可塑性（以及安慰剂效应）、增能、成员资格、抗逆力、治愈和整合、对话与合作、悬置怀疑。[②] 能力视角目前提出的原则有六个：一是每个人、团体、家庭和社区都有能力；二是创伤和虐待、疾病和抗争可能具有伤害性，但也可能是挑战和机遇；三是假定你不清楚个人、团体、社区成长和改变的能力上限，并严肃看待个人、团体和社区的期望；四是与服务对象合作，使我们可以更好地服务于他们；五是所有的环境都充满资源；六是注重关怀、照顾和脉络。[③] 能力的评估包括四个象限的内容，评估框架的原型如图 1 所示。

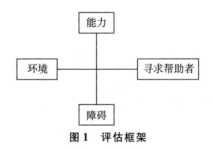

图 1 评估框架

资料来源：D. Saleebey, *The Strengths Perspective in Social Work Practice*（Boston：Pearson，2013），p. 50。

三 能力视角下 B 街道家庭社会工作服务前评估

（一）家庭需求评估

B 街道的行政划分面积为 3.25 平方公里，辖区内有 9 个社区居委会，共计 17588 户家庭，户籍人口 44058 人，常住人口 45163 人。其中，在册的低保

---

① D. Saleebey, *The Strengths Perspective in Social Work Practice*（Boston：Pearson，2013），p. 37.

② D. Saleebey, *The Strengths Perspective in Social Work Practice*（Boston：Pearson，2013），p. 46.

③ D. Saleebey, *The Strengths Perspective in Social Work Practice*（Boston：Pearson，2013），p. 58.

低收家庭有65户，在册的331户单亲家庭中有33户为单亲困难家庭。B街道家庭服务的服务对象包括新婚家庭，处于婴幼儿期、学龄前期、小学阶段的普通家庭以及非残障的特殊家庭①。社工将B街道的家庭分为两种，即普通家庭和特殊家庭，普通家庭包括该街道的核心家庭、主干家庭等；特殊家庭则包括单亲家庭、低保低收家庭等。通过文献资料以及在场的了解，普通家庭指的是家庭结构或家庭功能没有明显缺陷的；反之特殊家庭指的是家庭结构或家庭功能有明显缺陷的。

1. 家庭有提升自身能力以解决自身问题的需求

家庭内部是指家庭作为一个整体系统及其次系统的统称，包括家庭成员自身及家庭成员间的关系与互动等。

儿童有发展多元智能及提升能力的需求，一方面是儿童自身有一些需要提升的能力以及有发展兴趣的需求，另一方面是家长重视儿童兴趣及能力的发展。

在B街道的家庭中，不少家长平时忙于工作以至于家庭的沟通和互动常常是围绕儿童的学习成绩展开的，既缺乏其他的沟通主题和内容，也存在负向的管教行为。B街道的家庭成员之间的相处时间不足、互动形式单一，不少家庭有增加亲子间的多元互动与正向生活体验、提升亲子沟通与相处技巧以及改善亲子关系的需求。

B街道的特殊家庭如贫困单亲家庭、经济困难家庭尽管需要面对经济压力，但也十分关注儿童的学习与教育，希望儿童在学业上能获得好的发展。同时，为了改善家庭情况，特殊家庭有拓展获取资源途径的需求。

2. 家庭有寻求外部联系以获得社会支持的需求

家庭与外部联系是指家庭作为一个整体与社区内其他家庭之间的支持、互助与互动等。在B街道的家庭希望能够在社区中获得支持，如增加独生孩子在社区中的朋辈支持以及希望能在社区中认识更多的朋友；又如希望在社区中获得经济和医疗资源以及通过互动互助平台定期分享交流家庭教育心得；等等。

家庭与学校之间的合作与沟通有利于教师理解家长的诉求，更好地教学。B街道的家庭与学校老师之间各有不满，形成了紧张的家校关系。学校对家庭的支持是很重要的，改善家庭与学校之间的关系是双方都有的需求。

---

① 残障家庭由残障组的社工提供服务。

3. 家庭有参与社区建设以实现家庭价值的需求

家庭参与社区是指家庭为社区发挥家庭能力、贡献家庭能力的过程。B街道的家庭一方面希望能够提升家庭能力，另一方面也希望发挥家庭的能力参与到社区建设之中，为社区奉献一己之力。在进行家庭服务研究的过程中也发现，家庭对于参与义工服务有高度热情。

B街道的家庭有参与社区的需求，既希望能发挥家庭能力、实现家庭的价值，也希望能在参与社区的过程中促进家庭的发展，培养儿童的公益观念。

(二) 家庭及其环境能力评估

1. 家庭内部能力评估

家庭内部能力包括家庭成员以及家庭作为一个整体所拥有的正向表现、潜能及其掌握的资源等。家庭成员及整体所拥有的能力可以从其心理层面包括认知、情绪、动机、应对以及人际关系等以及生理、社会层面出发去考察。社工在对B街道的家庭进行能力评估后，对家庭形成的认识如表1所示。

表1　B街道的家庭能力评估

能力层面	具体表现
生理层面	家庭成员普遍身体健康、具有劳动能力等
心理层面	认可良好的教育方式、重视儿童的多方面成长和发展、有求助及发展家庭兴趣意识、有互助以及参与社区意识、参与义工服务意愿强、亲属联系多以及固定的交友等
社会层面	总体学历水平高、经济状况良好以及拥有不同的物质资源等

资料来源：由家庭领域的需求评估资料归纳整理所得。

2. 家庭外部环境能力评估

社区资产即社区能力清单可划分为个人资产、社区组织资产、社区团体及部门资产和自然资源及物质资产四大类。个人资产是指社区内有天赋、才能、知识、技能、资源、价值观及投入感的居民个体；社区组织资产是指社区内的不同宗教、文化、娱乐、社交的公民组织或小组等；社区团体及部门资产是社区居民参与社区事务的重要途径，是社区资产"流通"的有效渠道，包括地区政府部门、非政府机构等；自然资源及物质资产可称为社区资产中的"硬件"，是指社区设施，如公园、图书馆及自然环境等必要的物资设备。①

B街道的家庭服务在社区已开展6年，对该社区内外各方面的资产和资源都有了掌握。根据资产为本的社区发展及其现实情况对B街道的社区资产进行分类，B街道的社区能力清单如表2所示。

表 2　B街道的社区能力清单

资产类型		社区能力清单
社区内部资产	个人资产	家长、志愿者骨干、社区退休长者、咏春拳教练等
	社区组织资产	亲子联盟、常春藤义工队、青义社等
	社区团体及部门资产	4所幼儿园、3所小学、2所普通中学、1所职业中学；社区医院以及大医院、公安消防机构、超市等多个企事业单位；街道办事处、司法机关、团委、工会、劳动就业中心、9个社区居委会、家庭综合服务中心等
	自然资源及物质资产	1个中心2个分站的活动场地；邻里活动中心；长者日托助中心；5个大型户外广场（海印文化广场、东山水恋文化广场、东湖新村文化广场、林则徐纪念广场、鲁迅纪念公园）；1个大型室内多媒体室；1个地标公园；体育设施（全民健身中心、体育公园、广场周边运动场、足球场）；广布在小区中的康体设施等
社区外部资产		2所高校志愿者协会服务机构、爱心企业等

资料来源：根据B街道的社区定向走访报告等资料归纳整理。

（三）家庭及其环境障碍评估

1. 家庭内部障碍评估

在能力评估中，障碍或缺陷评估是指对导致问题形成的内外条件或是对致使目标无法达成的障碍进行的评估。社工对B街道的家庭进行家庭内部的障碍评估发现，相较于普通家庭，特殊家庭因其特殊原因，有不少条件缺陷而达不到与普通家庭一致，并且可能会因解决问题能力不足比普通家庭遇到更多的障碍。

在B街道的单亲家庭中，93%是因为婚姻离异。离异单亲家庭往往会面临以下困难和问题，即压力大、精力不足、财力下降、能力有限、社会交往

---

① 文军、黄锐：《论资产为本的社区发展模式及其对中国的启示》，《湖南师范大学社会科学学报》2008年第6期。

有所抑制、特殊的焦虑等。① 同时，离异单亲或其他单亲家庭的儿童往往都有多方面的心理失调现象。② 还在 B 街道辖区内的这部分特殊儿童及家庭是社工需要重点关注的服务对象，其在生活、工作或学习方面可能会遇到更多的困难或障碍。

B 街道的家庭一方面想要提高自身教育儿童的能力，另一方面想要将更多的学习资源投入儿童身上。然而，特殊家庭一般都有较大的家庭照顾压力、经济压力，从而使家长自身的教育能力以及儿童的学习、成长等方面难以达到各自想要的状态。

2. 家庭外部环境障碍评估

B 街道的社区存在能力、资源分布不均的情况。B 街道有 9 个社区，但社区之间呈板块隔离，形态各异。其中，有全新的现代社区，也有新旧并存的社区，还有较早建成的旧社区。从社区的新旧程度来看，新社区所分布的物质资源比旧社区要丰富，而且居民能力较强。同时，B 街道不同社区的社区成员之间联系较少，同一社区之间的邻里关系也较为淡薄，这也降低了社区中有能力及富有资源的家庭能够自发寻找途径帮助邻里及社区的可能。

有能力并且富有资源的家庭有意帮助社区中的其他家庭或服务社区，却由于没有现成的路径或平台而出现资源无法流动的情况，由此可增强社区家庭之间联系的机会也随之消失。社区中缺乏能力、资源的中转平台、互助平台，也就谈不上进行多方合作共同服务与建设社区。

四 能力视角下 B 街道家庭社会工作的服务策略

（一）家庭内部能力建设

1. 促进成员增能，支持家庭发展

一般而言，增能的层次有三个，分别是个人层面、人际层面和社会层面。社工主要聚焦在 B 街道家庭成员个人层面上的增能，使家庭个体成员能感觉

---

① 李燕等：《家庭教育学》，浙江教育出版社，2009，第 56 页。

② 李燕等：《家庭教育学》，浙江教育出版社，2009，第 56 页；张守武：《单亲儿童心理问题的成因及教育策略》，《时代教育》（教育教学版）2010 年第 10 期；刘树娟：《探讨单亲儿童心理问题及教育对策》，《科技资讯》2017 年第 1 期。

到自己有能力去影响或解决问题，增强家庭个体成员以及家庭整体控制自身生活的能力、影响以及适应环境所需要的能力等。

（1）家庭个体成员增能——针对有需要家庭

儿童问题改善、兴趣发展及成长服务。关于儿童问题改善服务，社工可在校内开展活动以提升儿童的环境适应力以及注意力。社工注重 B 街道儿童的兴趣发展以及增能，在服务实践中，运用了多元智能理论，以满足儿童的兴趣发展及为儿童的成长提供引导。

家长的亲职能力提升。B 街道的家庭服务以小学为切入点，面向 B 街道的家长，运用抗逆力、正向管教以及非暴力沟通等相关理论知识，让家长懂得更多与孩子沟通的技巧与方法，丰富家长关于儿童心理行为方面的知识，以促进家长形成正向积极的管教方式。

（2）同行与支持——针对特殊家庭

除了为特殊家庭提供个案服务之外，社工还提供了以下服务。

儿童助学服务。B 家综的分站点助学超市整合了政府资源、企业资源、社工资源、义工资源和其他的社会资源，为 B 街道的困难家庭学生及其周边社区的儿童提供多个功能室的服务以及社工服务。功能室如有图书阅览室、自习室、爱心文具资源兑换室、益智游戏室以及电子阅览室等。

儿童陪伴服务。针对单亲家庭在对儿童教育及照顾时间的不足、其儿童的学习及成长方面存在的障碍，社工招募社区内外的来自高中或高校的义工进行培训成为同行者，与社区中的单亲家庭子女进行配对帮扶，陪伴他们成长，协助他们学会应对成长中遇到的困难与挑战。

特殊家庭的家长增能服务。社工整理了各类资源，制作了社区资源小册子，并开展工作坊等服务以提升特殊家庭获取资源的能力。社工根据 B 街道社区中特殊家庭的情况，相应地开设医疗保障、住房保障等政策解读的工作坊，使其了解和获得符合自身情况的资源。

2. 改善家庭关系，增强家庭功能

功能正常的家庭具有下列特征：家庭成员相互珍惜、疼爱；有良好的沟通；有共同的承诺；花时间相聚在一起；有共享的宗教与价值观；积极地面对家庭的压力与危机。① 不具备这些特征的家庭，家庭的功能可能无法充分发

---

① 李燕等：《家庭教育学》，浙江教育出版社，2009，第57页。

挥，甚至会危害家庭成员的正常成长与发展。① 所以说，注重家庭功能的建设，是非常必要的。

在匆忙的社会环境当中，人们的休闲娱乐成为凝聚家庭的非常重要的一种活动。社工注重 B 街道家庭的休闲娱乐功能的发挥，为促进家庭成员之间的互动开展了多元化的服务。如提供促进家庭正向发展的生活体验，促进家庭成员之间的情感交流，提供使家庭成员之间有积极的互动和沟通的服务，从而改善家庭成员间的亲子关系等，以增强家庭功能。

> 我们的服务是把一个家庭凝聚起来的纽带，通过这短暂的"在一起"的时间再加上社工的支持性、鼓励性的引导慢慢让一个家庭正向地发展。（资料来源：编号 S03 个人访谈，2019 年 3 月 27 日）

在亲子沟通方面，社工为促进亲子间更好地沟通而提供了使双方都能够更好地表达、倾听的服务。在亲子互动方面，社工为家庭定期开展家庭同乐日活动，家庭同乐日活动主要是给予家庭正向的生活体验，促进亲子之间的互动。

（二）家庭与家庭的互助能力建设

自组织是事物或系统自我组织起来实现有序化的过程。② 家庭自组织是指社工使 B 街道社区中的家庭，在其引导下自愿聚集在一起自发地、有序地参与一些事务的非正式组织。社工从进入社区开始就有目的地培育亲子联盟家庭自组织（以下简称"亲子联盟"），利用亲子联盟这个平台促进社区中家庭之间的互助。

亲子联盟在发展前期，主要是提升亲子联盟自我服务的能力。亲子联盟在发展的中后期，主要是提升亲子联盟服务其他家庭的能力。B 街道的家庭服务在过去几年中，将亲子联盟发展成很好的互助平台，也使亲子联盟发挥自身能力促进了街道中不同社区的家庭间有更多的互动。一方面，通过"圆梦行动""邻里互助卡""圆梦召集令"等活动的恒常运作促进社区资源的流动，让有需要的家庭在社区中就能够得到帮助与支持，也促使居民增强互助

① 李燕等：《家庭教育学》，浙江教育出版社，2009，第 57 页。
② 杨贵华：《自组织与社区共同体的自组织机制》，《东南学术》2007 年第 5 期。

意识，更愿意奉献自己的能力去服务社区。另一方面，社工通过开展邻里节活动，增加街道中家庭与家庭之间的联系和互动。

圆梦行动是在社工的带领下，由亲子联盟的组织成员为帮助社区中有需要的家庭而策划的活动，通过以下案例可以看到圆梦行动内容的概要。

"圆梦心传递"亲子联盟筹委会小组案例。社工了解到社区中的家庭有参与社区、服务社区的愿望，便开展小组工作组织这些家庭为社区的困难家庭策划"圆梦行动"。小组设计了"初相识""策划有思路""方案可行性""方案更完美""我们的分工""总结会议"六个主题，最后形成了一份圆梦计划书。"圆梦行动"的活动目的是帮助至少20个家庭各完成一个愿望，包括物质与精神层面的；目标群体需要至少符合以下当中的2个条件：一是B街道户籍的困难家庭，二是有高龄长者或儿童的家庭优先，三是愿意参与圆梦行动的家庭，四是提出的愿望亲子联盟有能力为其实现。活动分三个阶段去完成，分别是收集梦想阶段、召集阶段以及圆梦阶段。收集梦想阶段的工作内容是筛选目标人群、电话邀请目标群体加入圆梦计划以及通过探访收集愿望；召集阶段是开展圆梦召集令社区活动以及进行资源整理；圆梦阶段是邀请亲子联盟成员成为圆梦使者以及为家庭圆梦。（资料来源："圆梦心传递"亲子联盟筹委会，G201403）

从上面的案例可以看到，圆梦行动是分成三个阶段去实现的。一方面，社工通过多种方式宣传圆梦行动，让社区内有需要的家庭及其个人向社工提出自己的梦想和愿望。另一方面，社工通过"邻里互助卡"去收集居民愿望、在每月的募捐日让亲子联盟的公益宣传队募集圆梦物资以及通过"圆梦使者"开展"圆梦召集令"，社区活动的形式为"圆梦"连接社区能力、资源，以期望梦想与资源之间相匹配，实现家庭之间的互助。

通过圆梦行动成功实现愿望，即接收到社区中其他成员帮助的个人或家庭，需要填写物品接收单。接收到帮助意味着，物品接收人承诺成为B家综的义工，需利用自己的闲暇时间参加义工服务，为社区发挥力量。

B街道的家庭服务也定期开展社区邻里节活动以促进社区中家庭之间的互助。家长之间的互助主要是在亲子教育方面的互助，社工通过前期的家长互助会等活动，建立了家长互助会微信群，吸引在亲职教育上遇到问题的家长参加，探讨如何引导和教育孩子的问题。同时，社工还会开展家庭同乐日、家庭运动会等活动，以增加家庭正向的生活体验，促进社区家庭之间相互认识、联系和互动，以改善社区中薄弱的邻里关系。

（三）家庭参与社区的能力建设

能力视角承认社工服务的所有人和社工自己一样，是一个种类的成员，并享有与成员身份相匹配的自尊、尊重和责任。人们需要成为市民，对他们的社区负责，成为有价值的成员。社区参与是指社区居民共同期望社区进步和发展，愿意投入思想、行为，投入个人有形或无形的资源，包括时间、金钱、劳力等，通过这种个人参与社区活动的过程，增强个人对社区的认同，而这种认同又能够转化为个人对社区环境的情感认知，继而产生对社区的归属感。[①] 社工认为 B 街道的家庭理所应当具有成员资格，家庭不仅在社区中获得利益，其也要参与社区，为自己所在的社区贡献力量。

社工为了更好地服务 B 街道的家庭，搭建了亲子联盟平台，与家庭建立良好的关系，并与学校、居委会等平台建立良好的沟通机制。2016 年，B 家综提出"聚社群"的方式，助力 B 街道的社区发展和建设。因此，社工要联合家庭自组织与其他组织，一起为家庭和社区提供服务。

首先是家庭社工与其他组织建立起良好的合作关系。B 家综对社区内外的各正式的组织都有着一套完善的沟通、合作机制。如社工每月至少与街道开会沟通一次，并且每一次的联系和沟通都要进行完整的会议记录，以保证工作情况的跟进和落实。又如与街道中的小学建立合作关系，家庭社工面向全校师生开展入校服务，向老师普及正面管教、注意缺陷多动障碍等知识，在学校为儿童开展多样化的活动。

其次是促进家庭、家庭自组织与外部环境如社区组织建立关系。如促进亲子联盟与居委会工作之间的相互了解，使亲子联盟或社区居委会在为社区服务举办活动时，能够更好地了解对方的情况并提供一些资源如人力、物力等，汇聚多方的力量以更好地服务社区、建设社区。又如促进家长与学校老师之间的相互理解，共同为儿童成长创造更好的条件。

---

① 社会工作者职业水平考试命题研究组编写《社会工作实务·中级》，中国社会出版社，2015，第 84 页。

家庭自组织参与社区建设与 B 家综的社区公共事务社区安全专项"筑君安好"紧密联系在一起，在处理社区公共问题方面，社工充分认识到亲子联盟在参与社区公共事务中的能力，使之发挥力量为其所在的社区做贡献。家庭自组织除了直接参与社区公共事务，还自发地关注社区中儿童的安全意识方面的内容，通过亲子联盟策划小组共同为增强儿童的安全意识和丰富安全知识设计活动。

五 能力视角下 B 街道家庭社会工作服务成效

（一）家庭个体成员能力提升，家庭内部问题解决

从家庭个体成员的角度来看，儿童以及家长因发展阶段及其角色不同而获得与之相适应的服务内容，其各自在不同方面的能力亦有所提升。其中随着家长亲职能力的提升、家庭功能的有效发挥，也使家庭沟通、亲子关系等问题得到解决，从而促进了家庭的正向发展。

儿童的多方面能力都有所提升，如发展了儿童的多元智能、沟通能力等，所发现的如注意力不集中等状况得到改善。

儿童通过参加兴趣类服务，丰富了自身的课余生活。同时促进了自身的多元智能发展，如运动智能、语言智能等；通过各种历奇游戏，儿童学习了 1~2 种人际交往技巧、时间管理方法等。（资料来源：家庭领域 2017~2018 年度末期自评报告）

家长的亲职能力有所提升，主要是增加了家长正面管教、非暴力沟通等有利于家庭教育的知识和技巧，让家长改善了原来的教育模式和方法，促进了家长对孩子的理解并且能够进行有效的家庭教育。家庭在求助过程中，其求助能力也得到提升，不只是求助社工也能去寻求其他资源途径来解决家庭面对的问题。

家长表示，"回家后与太太分享学习到的内容，在教育孩子这件事情上有了新的看法。以往容易困在一些相处问题中，现在遇到问题也会有些办法应对，以前自己脾气很大，现在也渐渐开始控制自己的脾气了"。

（资料来源：正面管教小组第二期，G201512）

从家庭整体的角度来看，社工通过开展个案、增加家庭正向生活体验的各种小组活动，能够协助家庭功能的有效发挥；同时，家长亲职能力的提升，也加强了亲子间的交流，对形成良好的家庭关系亦起着重要的作用。

> 自己和妈妈每晚都会一起看同一个综艺节目，天气好的时候也会一起到楼下散步，现在与妈妈的关系好多了，不会再像以前那样"世界大战"。（资料来源：小 Y 个案，C201311）

（二）家庭的社区支持网络强化，家庭获得外部支持

社工为 B 街道的家庭提供服务后，以家庭为中心的社区支持网络得到发展和强化，家庭与外部建立联系并获得了多方面的支持。B 街道的家庭在社区的支持网络可分为正式社区支持网络，包括居委会、学校以及社工等组织部门，以及非正式社区支持网络，包括亲属、邻里、朋友以及互助团体如亲子联盟等。

义工联系网络为儿童的成长与发展、特殊家庭的问题解决等提供了重要的支持。如社工连接义工资源为特殊家庭的儿童提供直接支持，这对家庭来说起着十分重要的作用，以下通过小 W 的个案说明。

> 目前读初一的小 W，三年级时因父母离异移居广州，寄居于姑妈家。刚开始情绪极度不稳定，班主任老师一度担心其跳楼自杀。在老师和姑妈的呵护下，小 W 状态稍微稳定，但老师、姑妈和社工都感到难以走进其内心。小 W 受邀加入"伴我童行计划"之初，缺乏安全感的小 W 只愿意跟着唯一认识的社工。后来，与其结伴的"童行者"姐姐通过交换日记的形式打动了小 W。数次外出中的互动，也让两人越来越有默契。曾经对学习毫不在意的小 W，甚至主动邀请"童行者"姐姐帮自己补习英语。
>
> 小 W 姑妈表示，小 W 是个敏感的孩子，遭遇那么大的变故，对成年人缺乏信任，天天见到他却完全不知道他在想什么。而社工帮他找到一个可以信任的姐姐，可以给他精神上的支持和陪伴。万一有什么危机，家长与社工也可以及时得到预警。（资料来源：家庭领域 2016～2017 年度末期自评报告）

社工服务及家庭自组织网络使 B 街道的家庭强化了邻里关系，促进了社区中不同家庭之间的相互联系、经验交流以及信息分享等，使家庭能够在社区中获得关系、情感等方面的支持。

> 现在都是一个孩子，有机会和同龄人玩很开心……会结识到好朋友啊，所以很喜欢参加你们的活动。（资料来源：编号 F01 家长个人访谈，2019 年 3 月 25 日）

正式资源信息网络是社工将家庭所需要的正式支持网络的资源整合后分享，促进了家庭更便利地了解和使用网络中的资源以改善生活现状，亦拓展了家庭获取资源的途径，使家庭能够在社区中获得政策、物质等方面的支持。

（三）家庭实现了对儿童的公益引导，家庭的社会联结得以加强

家庭在社区参与过程中，满足了对儿童进行公益观念教育的需求，促进了儿童更好地发展。从家庭参与社区的动因出发，B 街道的家庭热衷于参与家庭义工服务以服务社区，不仅是因为在过程中可以实现家庭自我价值，也是因为家长在服务社区的过程中可以对儿童进行公益教育，让儿童的道德得到更好的发展。

> 您觉得本次活动最大的收获是什么？
> 亲子 1：能够让孩子参与社会实践，多帮助人。
> 亲子 2：让孩子学会对老人表示关爱、接纳、融洽相处，体现了自己的价值。
> ……
> （资料来源：亲子探访活动满意度反馈表，A201708）

社工通过让 B 街道的家庭进行不同层面和内容的社区参与，使家庭的社会联结得以加强。社会联结（socialties）是指居民之间通过参与聚会和各种组织的社会化活动所形成的相互联系；社会联结一旦建立起来，在日常生活中居民会更可能帮助彼此或为社区共同利益而努力，更愿意去改善所居住的社区，增强社区能力；社会联结能让居民感受到交往联系的愉悦，有益于其身

心健康和幸福。① 在社工服务进入 B 街道的第二年，社工便通过立意抽样进行了居民对社区看法的问卷调查。调查结果对比显示，参与过家庭服务的居民更愿意参与社区，并且在参与过程中更容易产生正面的感受，心情愉悦且有满足感等（见表3）。

表 3　居民对社区的看法差异

单位：%

指标	接受过服务	未接受过服务
	评价（完全符合）	
我认为自己有责任和义务进行社区参与	32.0	20.4
我愿意参加社区的公共事务	20.0	17.0
我愿意参加社区内的志愿服务队	22.4	12.7
参与社区活动让我心情愉悦	34.7	15.3
我对社区的邻里关系感到满意	47.1	23.5
遇到困难时，社区里有人帮助我	29.4	17.8
生活在 B 街，我感到满意	46.3	30.8

资料来源：家庭领域 2013～2014 年度末期自评报告。

B 街道的家庭服务在获得如此显著成效的同时，也在实践的过程中存在一些不足之处。如从业人员的专业性不足，缺乏经验；社工人才流动性大，服务的延续性受到挑战等，这些是需要在后续实践中改善和避免的。

六　能力视角下家庭社会工作服务模式建构

社会工作服务模式也是社会工作实务模式，即文军指出的，社会工作模式是在社会工作实务中形成的，是在相对固定的理论架构指导下的具有普适性指导价值的社会工作服务方式。② 本文借助能力视角，以 B 街道家庭服务为研究案例，致力于发展出该视角指导下的家庭社会工作服务模式，该模式如图 2 所示。

通过图 2 可以看到，社工一方面通过评估去发掘、整合以及链接家庭自

---

① 罗恩立：《社区公共文化服务机构的社会联结功能构建研究——以加拿大温哥华市社区中心为例》，《华东理工大学学报》（社会科学版）2017 年第 3 期。

② 文军：《论社会工作模式的形成及其基本类型》，《社会科学研究》2010 年第 3 期。

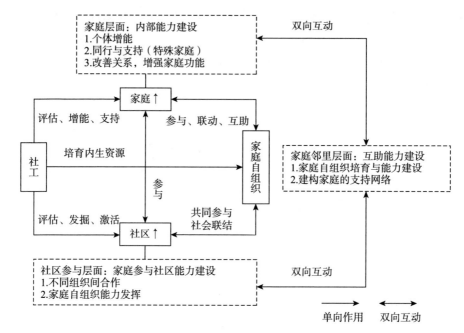

图 2　能力视角下以社区为依托的家庭社会工作服务模式

身及其所在环境即社区的能力与资源，为家庭提供直接服务；另一方面进行家庭自组织培育，促进家庭及家庭自组织参与社区，促进社区能力建设，促进家庭与社区的联动与发展。在这个服务模式中，社工重点强调的原则，一是相信个人、团体、家庭以及社区有能力、优势；二是关注到在社区中的家庭；三是承认家庭在其社区拥有成员资格。

该模式的主要服务策略：一是家庭内部的能力建设，包括促进家庭个体成员及家庭的增能、支持并且与特殊家庭同行、家庭问题的解决及家庭关系的改善等；二是家庭互助的能力建设，包括搭建家庭自组织平台、对家庭自组织的成员进行能力培训以及团队建设、提供相关服务活动创造让家庭之间发生互助行为的机会；三是家庭参与社区的能力建设，包括促进不同组织间的合作、联动不同组织共同服务社区。

Practice Study and Pattern Construction of Family Social Work Service Based on the Strengths Perspective

—A Case Study of Family Service in Guangzhou B Street

Li Bimei, Zhuo Caiqin

Abstract: Based on the strengths perspective, this paper takes the family service of B Street in Guangzhou as the research object, arranges and analyzes the pre-service evaluation of the research case, the service strategy in the service process and the effect after the service. On this basis, the paper constructs the pattern of family social work service from the strengths perspective. On the basis of the strengths perspective, client in family social work services pattern is family, and family strength-building, strength-building of mutual assistance between families and strength-building of community participation are the service paths, and after comprehensive assessment of families, they can be fully explored and used of family and related strengths, resources, to meet the demands of the family, to achieve their aspirations.

Keywords: Strengths Perspective; Family Social Work; Family Service

心智障碍者的支持性就业：社会倡导、政策回应与本地实践

——来自广州市的经验

李学会　戴　榕　卢　莹*

摘　要　心智障碍者的就业面临多种障碍，但同时其就业需求迫切而广泛。支持性就业成为解决心智障碍者就业的重要实践形式，成为近年来各地实践的热点。从历史角度看，这一政策的出台是各方力量持续倡导的结果。本文从家长组织的视角，采用行动后反思（reflection-on-action）框架，回顾了广州市支持性就业政策出台的过程，并分析了家长组织在其中的角色。研究指出，家长组织扮演着"政策企业家"的角色，在政策议程中需要提出议题、链接资源、社会动员、扩大共识。本文还讨论了支持性就业的定位、家长组织社会倡导的策略与家长组织角色转换，最后围绕"让政策三角运转起来"提出多方面的建议。

关键词　支持性就业　家长组织　政策倡导　残障社会工作

一　研究问题

心智障碍者是指具有先天性智力及发展障碍的人群，从类别上包括智力发育迟缓、唐氏综合征、广泛性发育障碍（自闭症、阿斯伯格综合征、雷特综合征、非典型自闭症等）以及伴有智力障碍的其他残障类别例如脑瘫等。根据 2006 年第二次全国残疾人抽样调查和 2010 年第六次全国人口普查数据推算，中国心智障碍人数保守估计超过 1000 万。推动心智障碍者的就业，不

---

* 李学会，浙江师范大学法政学院讲师，浙江师范大学残障与可持续发展研究中心主任，复旦大学社会学博士，主要研究方向为残障社会学、社会组织治理、社会服务设计与评估等；戴榕，广州市扬爱特殊孩子家长俱乐部理事长，融合中国心智障碍者家长组织网络理事长；卢莹，广州市扬爱特殊孩子家长俱乐部副理事长，深圳市守望心智障碍者家庭关爱协会副理事长。

仅是中国政府、社会组织、家长组织等工作的重点，也是脱贫减贫、实现残障者可持续发展的重要战略。

就业是心智障碍者的基本权利，但在实践中面临诸多困难和障碍，如不健全的政策和标准、消极的认识、社会服务不充分以及技能培训缺乏等。[1] 随着社会的进步以及残障观念的更新，尤其是《残疾人权利公约》理念的施行，心智障碍者的就业出现新的要求。首先，确认心智障碍者具有同等的就业权，为心智障碍者的就业提供支持是政府和社会的责任；其次，以机构为载体的庇护性就业模式受到挑战，进入劳动力市场的公开就业成为普遍的诉求。[2]

支持性就业（supported employment）是目前公认的促进心智障碍者就业的有效途径。相较于传统的集中安置，支持性就业通过针对心智障碍者的个别安置与支持（Individual Placement and Support，IPS）服务，以心智障碍者进入竞争性的雇佣场所为结果导向，更有利于心智障碍者的总体生活质量提升。[3] 支持性就业旨在促使心智障碍者进入融合而非封闭的工作场所，与其他雇员在同一场所工作，因此支持性就业也被视为社会融合的新模式。[4]

相较于其他地区，中国支持性就业的实践较晚，但在近些年支持性就业已获得巨大的进展。[5] 支持性就业涉及政府政策、心智障碍者及家庭、雇主、就业辅导员等，但目前相关政策和具体操作还有待细化。在保障心智障碍者权益、推动相关政策的出台等方面，家长组织以及所做的社会倡导发挥了重要作用。[6] 在中国，近些年虽然家长组织的数量迅速增加，但也在做什么、怎么做等方面面临诸多挑战。

行动中反思（reflection-in-action）和行动后反思（reflection-on-action）是反思实践效果的两种理论取向。行动后反思是对已发生的事件进行回顾性反思，以便将在实际情况下使用的信息转换为知识，通常的步骤包括经验描述（experience description）、反思（reflection）、影响因素（influencing factors）、

① 《世界残疾报告》，世界卫生组织、世界银行，https://www.who.int/disabilities/world_report/2011/report/zh/，最后访问日期：2019年12月5日。
② 朱健刚、严国威：《从庇护性就业到支持性就业——对广东省残疾人工作整合型社会企业的多个案研究》，《残疾人研究》2019年第1期。
③ E. Frederick Donald，J. Vander Weele Tyler，"Supported Employment: Meta-analysis and Review of Randomized Controlled Trials of Individual Placement and Support," *Plos One* 2（2019）：1-26.
④ 宋颂：《国际残疾人支持性就业比较研究》，《残疾人研究》2015年第1期。
⑤ 龚燕：《我国残疾人支持性就业的发展现实及推进路径》，《广西社会科学》2018年第8期。
⑥ 李学会、张凤琼：《心智障碍者的权益保障：家庭视角的审视》，《西南政法大学学报》2018年第5期。

评估（evaluation）、知识（learning）。^① 本文通过总结家长组织在推动广州市心智障碍者支持性就业政策出台中的相关经验，以行动后反思的路径进行回顾，以期为家长组织的发展提供某些可供借鉴的经验，也可以为其他地区的支持性就业发展及政策落地提供参照。

二 心智障碍者的就业：形式、理念与障碍

（一）心智障碍者及其就业概况

与非残障者相比，残障者的就业率一直处于较低的水平。第二次全国残疾人抽样调查数据显示，15 岁以上残疾人工作人口占 15 岁以上残疾人总人口的比例为 31.02%，无工作的比例为 69.98%。而非残疾人口的在业比例是72.67%，非残疾人口的在业比例是残疾人口的 2 倍多。^② 与此同时，残障者的失业率也高于非残障者。例如 2013 年，城镇残疾人登记失业率为 10.8%，是全国城镇登记失业率 4.1% 的 2.5 倍多。^③

据第二次全国残疾人抽样调查数据，智力残疾人和精神残疾人对于就业安置或扶持的需求都处于较高的水平。尽管生活自理能力较弱，但智力残疾人对就业安置或扶持的比例在所有残障类别中占比最高，为 14.89%；而精神残疾人的就业安置与扶持的需求比例为 8.82%，仅次于言语残疾人的 13.18%。^④

（二）心智障碍者的就业形式与理念变迁

从总体上看，中国面向残障者的就业政策经历了由集中走向分散、由国家走向市场的历史阶段。^⑤ 在残障者的劳动就业方面，"集中与分散相结合"是一贯的政策原则，这一原则体现在《残疾人保障法》和《残疾人就业条

---

① "Comparison Between Reflection-On-Action and Reflection-In-Action," https://www.paypervids.com/comparison-reflection-action-reflection-action/，最后访问日期：2019 年 12 月 25 日。

② 程凯、郑晓瑛等：《第二次全国残疾人抽样调查数据分析报告》，华夏出版社，2008，第 150 页。

③ 《2013 年度残疾人状况及小康进程监测报告》，http://www.cdpf.org.cn/sjzx/jcbg/201408/t20140812_411000.shtml，最后访问日期：2019 年 12 月 15 日。

④ 程凯、郑晓瑛等：《第二次全国残疾人抽样调查数据分析报告》，华夏出版社，2008，第 205 页。

⑤ J. Huang, B. Guo, J. C. Bricout, "From Concentration to Dispersion: The Shift in Policy Approach to Disability Employment in China," *Journal of Disability Policy Studies* 20 (2009): 46-54.

例》之中。这些政策也构成了中国残障者就业形式的基本依据，即集中安置残障者的福利企业以及分散安置残障者的按比例就业、自主创业等。

对于心智障碍者而言，就业形式以集中就业为主，无论是早期的福利企业还是市场经济条件下政府部门建立的阳光家园等，这种辅助性就业的形式是中国针对包括心智障碍者在内的重度残障者就业的主要形式。应当说，辅助性就业对于心智障碍者的就业具有重要促进作用，这为相关政策所确认与肯定。

2015年6月29日，中国残疾人联合会、国家发展和改革委员会、民政部等八部门联合发布《关于发展残疾人辅助性就业的意见》，对主要针对智力、精神和重度肢体残疾人的辅助性就业（庇护性就业）模式予以肯定和支持。该意见对辅助性就业的界定为，"组织就业年龄段内有就业意愿但难以进入竞争性劳动力市场的智力、精神和重度肢体残疾人从事生产劳动的一种集中就业形式，在劳动时间、劳动强度、劳动报酬和劳动协议签订等方面相对普通劳动者较为灵活"。[①]

正如该意见所指出的，辅助性就业具有"庇护性、非营利性、社会福利性"等特点。作为安置残障者就业的一种形式，辅助性就业对于保障残障者的就业权无疑是重要的，但也存在相对隔离、个人选择较少等方面的不足。发端于西方发达国家的支持性就业，在各种平权运动中日益成为安置重度残障者的新形式。

（三）心智障碍者就业的障碍与支持性就业的兴起

心智障碍者因其障碍的特殊性，往往比其他障碍者面临更多的就业困难。在相当长的时期内，不只是中国，世界上其他国家和地区对于心智障碍者的就业辅助主要为辅助性就业。在中国的政策中，辅助性就业场所包括"工疗、农疗机构；其他取得独立法人资格开展辅助性就业的公益性或非营利性的事业单位和社会组织；各类企业、残疾人托养服务机构、社会福利服务机构、职业康复机构等单位中附设的开展辅助性就业的工场或车间"。[②] 这一政策面向智力、精神和重度肢体残疾人，辅助性就业的界定在某种程度上是实施多

---

① 《关于发展残疾人辅助性就业的意见》，中国残疾人联合会网站，http://www.cdpf.org.cn/zc-wj/zxwj/201507/t20150708_521155.shtml，最后访问日期：2019年12月7日。

② 《关于发展残疾人辅助性就业的意见》，中国残疾人联合会网站，http://www.cdpf.org.cn/zc-wj/zxwj/201507/t20150708_521155.shtml，最后访问日期：2019年12月24日。

年的福利企业政策的延续和替代。

这种机构化的就业方式曾经是一种广泛的实践，但在西方 20 世纪七八十年代残障运动尤其是去机构化（de-institutionalization）的浪潮中，开始出现新的实践形式，即支持性就业。与机构内安置重度残障者就业相比，支持性就业更倡导残障者进入公开的劳动力市场就业，因而也是社会融合的一部分，[①]从而克服机构安置的隔离性缺点。

经过多年的发展，支持性就业被认为是一种有效的重度残障者就业方式。相对于过渡性工作（transitional work）式的职业康复，支持性就业在提高重度残障者的就业率、就业稳定性和积极社会回报（例如提高生活质量、社会融合）等方面都具有显著的优势。[②] 这些结论也为诸多随机（对照）实验研究所证实，[③] 支持性就业中最为核心的个别安置与支持（IPS）是一种循证实践（evidence-based）。

支持性就业概念和实践进入中国的时间并不晚，20 世纪 90 年代北京联合大学特教学院教授许家成引入了支持性就业概念，并在四川郫县进行了实践，[④] 但此后相当长的一段时间内多处于"概念热而实践少"的状态。尽管在这段时间缺乏政策的支持，但一些社会组织基于其服务的延伸性做了一些积极的探索。例如，北京市丰台区利智康复中心 2002 年开始做支持性就业，具有数量较大的支持性就业成功案例；[⑤] 广州慧灵智障人士服务机构 2007 年即着手支持性就业实践，尽管受益人群规模不大，但个案的成效显著。[⑥] 2013年成立的北京融爱融乐心智障碍者家庭支持中心，开始探索以家长组织为主导的支持性就业模式，目前已经有成功就业案例近 60 个。

2014 年前后，支持性就业成为一种具有共识性的行动。2014 年初，中国

---

① 申仁洪：《发展性障碍者支持性就业：融合发展视角的职业康复模式》，《现代特殊教育》2016 年第 18 期。

② L. Davis Lori, C. Kyriakides Tassos, M. Suris Alina, et al, "Effect of Evidence-based Supported Employment vs Transitional Work on Achieving Steady Work among Veterans with Posttraumatic Stress Disorder: A Randomized Clinical Trial," *JAMA Psychiatry* 75 (2018): 316 – 324.

③ E. Frederick Donald, J. Vander Weele Tyler, "Supported Employment: Meta-analysis and Review of Randomized Controlled Trials of Individual Placement and Support," *Plos One* 2 (2019): 1 – 26.

④ 《针对心智障碍者 NGO 探索支持性就业》，《公益时报》，http://gongyi.sina.com.cn/gyzx/2014 – 09 – 04/102550083.html，最后访问日期：2019 年 12 月 24 日。

⑤ 《针对心智障碍者 NGO 探索支持性就业》，《公益时报》，http://gongyi.sina.com.cn/gyzx/2014 – 09 – 04/102550083.html，最后访问日期：2019 年 12 月 24 日。

⑥ 卓彩琴、林诚彦、张凤琼、欧阳婷：《残疾人支持性就业模式建构——基于"广州慧灵"的实践研究》，《社会福利》（理论版）2015 年第 12 期。

残疾人联合会智力残疾人及亲友协会启动心智障碍者支持性就业全国试点，包括在北京、湖南、广东等七省市开展试点工作。2015 年，《北京市开展支持性就业工作试点方案》出台，其他试点省市也出台了相应的政策。这种全国性的政策实践，与广州市已有的实践之间有着千丝万缕的联系。后文将详述这种互动过程。

三　广州市支持性就业的政策倡导过程与政策落地实践

支持性就业成为政策制定者、就业服务组织、家长组织等共同参与的实践，但对于该过程仍然需要进一步挖掘。与其他心智障碍者相关政策类似，支持性就业的政策倡导也体现出"家长先行，政府跟进"[①] 的特征。正因为如此，回到 2012 年前后的历史节点，以家长组织的视角反思该政策倡导行动过程，探讨政策倡导的策略以及影响因素，对于其他地区以及其他议题都具有借鉴意义。

（一）支持性就业政策倡导中的行动者

政策议程和政策过程涉及多个行动者，包括政策制定者（政府）、社会大众、媒体、专家学者、政策对象等。因不同行动者的卷入和参与程度，以及政府决策过程，政策议程显示出不同的类型。[②] 在本案例中，议程提出者为心智障碍者家长组织，在此视角下以家长组织的行动为主线，论述其行动过程和结果。

本次政策倡导的核心的行动者为心智障碍者家长组织即广州市扬爱特殊孩子家长俱乐部（以下简称"广州扬爱"）[③]。广州扬爱已成立了较长时间，并凝聚了当地大量的心智障碍者家长。此外，自松散组织"家长俱乐部"（1997）成立后的 20 多年里，广州扬爱与港澳台地区的家长组织以及内地其

① 李学会：《我国面向自闭症者及家庭的社会政策：议程及展望》，《社会福利》（理论版）2019 年第 10 期。

② 王绍光：《中国公共政策议程设置的模式》，《中国社会科学》2006 年第 5 期。

③ 广州扬爱最早源于 1996 年布恩·史德福夫妇在广东省妇幼保健院工作期间提出的专业建议，1997 年家长俱乐部成立，2003 年家长俱乐部在民政厅登记注册为民办非企业单位，同时更名为"广东省扬爱特殊孩子家长俱乐部"。因业务主管单位变更，2007 年更名为"广州扬爱"。

他地区的家长、家长组织建立了广泛的联系。而广州扬爱的关键人物如戴榕、卢莹等人同样是政策倡导过程中不可或缺的推动力量。

其他的相关者还包括前述在支持性就业中做出探索的广州慧灵智障人士服务机构、学术机构（华南农业大学）、教育机构（广州越秀启智学校）等。而政策主体——当地残联也积极参与其中，残联对于推动政府关注和支持出台政策同样不可或缺。

（二）支持性就业政策倡导的行动阶段

时间回到 2012 年，广州扬爱虽然做了大量的探索和直接服务，为心智障碍者及所在家庭提供了多元的支持，但要满足更大规模群体、提供更为丰富的服务、协调不同的主体，显然超出了家长组织的职责和能力范围。倡导社会政策、争取更广的公共服务成为一种迫切的需求。回顾 2012～2019 年近 8年的实践，大致可以把政策倡导行动分为 5 个阶段。

1. 第一阶段：现状调研，形成详尽的调研报告

2011 年底至 2013 年 5 月，广州扬爱与广州慧灵智障人士服务机构、广州越秀启智学校发起成年心智障碍人士现状及安置就业的需求研究，并形成了《广州市成年心智障碍人士就业状况、就业需求和就业可行性调研报告》（以下简称《报告》）。该调研得到广州市残疾人联合会的指导和华南农业大学公共管理学院的大力支持，现代国际市场研究公司在研究技术上给予了帮助。

调研的目的是掌握来自就业各参与方的丰富、客观、有用的第一手资料，为政府未来制定心智障碍人士的相关就业政策提供有益的信息参考和数据支持。本次调研的对象涵盖心智障碍人士及家庭、普通雇佣单位（即普通企事业单位，非庇护工场等专门雇用特殊群体的工作场所）的管理者和普通员工。数据收集方法采用访谈法和问卷法，总计完成 3 组座谈会、3 个一对一深访和906 份调查问卷。

调研获得了详尽的第一手数据。该报告包括三个部分的主要内容。

（1）描述成年心智障碍者的就业及需求现状

《报告》指出心智障碍者个人及家庭对就业的普遍高需求及其现实中正在普通就业场所就业的低比例现状，二者形成强烈反差。

在接受调查的 203 个心智障碍人士家庭中，62% 家庭的监护人强烈希望心智障碍人士出去工作，而 42% 的心智障碍人士也很希望有一份工

作。但目前只有2%的心智障碍人士正在普通雇佣单位就业，而曾经在普通雇佣单位就业的人群比例只有9%。

这种需求与供给之间的反差正是政策制定者需要考虑政策对象需求的立足点，也是影响政策主体将之纳入政策议程的因素之一。

（2）分析成年心智障碍者的就业现状的原因

《报告》将成年心智障碍者就业愿望和就业现实之间的障碍归纳为五个方面，即就业相关方的政策认知、政策落实、岗位开发、职业教育与培训和工作现场支持，全面反映了心智障碍者就业过程中面临的瓶颈，并指出这些瓶颈之间的关系。

> 政策认知瓶颈：残障人士就业政策的认知普及率不够高，只有26%的心智障碍人士家庭知道就业指导政策，只有60%的雇佣单位管理者知道就业指导政策。
> 政策落实瓶颈：一方面，企事业单位没有吸收残障人士就业的动力，也缺乏监管机制，因此虽然部分雇佣单位吸收残障人就业，但其中40%只是挂靠形式，而且部分不发工资；另一方面，心智障碍人士家庭也欠缺了解就业信息的渠道。
> 岗位开发瓶颈：心智障碍人士作为被就业单位接收度最低的残障类型，没有合适的工作岗位成为无法就业的主要障碍。但从国外的成功案例来看，事实上大众和雇佣单位管理者低估了心智障碍人士的自理和工作能力，有很多合适的岗位有待开发。
> 职业教育与培训瓶颈：心智障碍人士目前面临着职业教育未能到位、培训不足的情况，使就业可能性进一步降低。
> 工作现场支持瓶颈：监护人、单位管理者和普通员工对于心智障碍人士进入工作现场会存在一定顾虑，如责任承担、应急处理、沟通障碍、工作效率等，这是心智障碍人士实现就业的最后一道障碍。

（3）结合其他地区实践和当前就业现状论证实施支持性就业的可行性

《报告》的可行性部分除了指出其他国家或地区的实践经验，还结合目前广州市心智障碍者就业的供求矛盾以及症结，论证了支持性就业何以能够解决问题。这样，从逻辑上形成了问题—分析—解决路径的闭环。就内容来说，就业需要求职者与岗位提供者（雇主）的匹配。《报告》指出，心智障碍者有着强烈的就业需求，而如果有一定的支持，雇主也更有意愿雇用心智障碍者。这也恰好说明，支持性就业注重心智障碍者就业过程的支持性，而支持的对象涉及就业过程中的多方。

> 支持性就业将在雇佣单位、普通员工、心智障碍人士及家庭之间架起桥梁，不仅将在职业培训、职业评估、岗位开发方面提供有力的支持，而且将在工作现场给予有效的监督和指导，将大大提升心智障碍人士就业的可行性。在支持性就业模式下，心智障碍人士家庭对智障者未来就业保持乐观态度的比例由23%提升到53%；普通员工与心智障碍人士共事的意愿从60%提升到70%，而大约33%的雇佣单位管理者愿意在支持性就业模式下吸收心智障碍人士就业。

2. 第二阶段：结合调研报告，形成提案

2013年7月，广州扬爱完成《报告》，并基于《报告》递交了由时任广州市少年宫特教中心主任解慧超撰写的《关于发展广州市成年残疾人士支持性就业与生活自理能力的提案》（以下简称《提案》）。《提案》再次重点强调心智障碍者就业需求的强烈性和迫切性。广州市现有持证智力障碍人士约20000人，其中就业适龄者超过10000名。同时，62%的家长希望心智障碍人士能出去工作，而当前只有不足2%的心智障碍者在普通雇佣单位就业。

《提案》重点提出6点具体建议：

> 1. 在具备条件的初中、高中阶段学校开展残疾学生就业与生活自理教育；
> 2. 完善残疾人就业信息网络，包括残联、各级劳动力市场建立资源共享的就业信息平台，建立街道居委适龄残疾人就业通报制度；
> 3. 借鉴欧美及日本、我国台湾残疾人成功的就业经验，建立及实施"支持性就业"体系；
> 4. 建立残疾人就业保障金专项经费管理监督公开机制，规定经费用于开展就业与生活自理教育的比例、用于倡导和鼓励雇佣单位的比例以及用于上岗初期支持服务的比例，落实经费用途与效果，同时，设定真

实的按比例就业年度目标额（即雇佣率），并对相关责任部门进行考核；

5. 根据残疾人就业与生活自理的需要，调整残疾儿童中、小学阶段的课程设置，进一步强调社区融合目标；

6. 进一步细化残疾人保障法中有关就业、教育的条文，具体保障残疾人就业津贴、残疾人社保医保，鼓励各级区政府通过灵活多样的形式开展残疾人就业、教育服务。

同时，其他力量也为支持性就业的开展助力。广州市海珠区商务高级中学的蓝伟校校长，也是广州市人大代表，给广州市残联写信，请残联为中职启能班毕业生提供就业支持。从 2013 年 10 月开始，广州市 3 家普通中职学校开设启能班，到 2019 年有 14 家定点普通中职学校面向心智障碍者招生。中职教育的开启为适龄青年心智障碍者实习和就业提供了条件，也提升了满足就业需求的迫切性。

3. 第三阶段：政府转批，出台相关政策

为了推动支持性就业相关政策尽快出台，2014 年 4 月 18 日，广州扬爱家长代表戴榕、钟翠萍递交《给陈建华市长的感谢信及尽早启动支持性就业的建议》。希望广州市政府在支持性就业方面尽早做出安排，与中职特教班相衔接，继续为心智障碍人士的教育和就业探索广州经验。

广州扬爱提出的建议得到积极而快速的回应。2014 年 4 月 23 日，陈建华市长亲笔批复"请人社局牵头，残联、教育局配合，召开一次座谈会听取意见，制订工作计划"。批示文件要求以上部门在 4 月 30 日前将办理情况报市政府。2014 年 4 月 28 日，家长代表与相关制度部门工作人员座谈，探讨广州市心智障碍人士的就业状况报告和支持性就业理念，并得到广泛认同。此后，广州扬爱与相关部门（残联、人社局）保持密集沟通，及时跟进政策制定议程，并提供必要的协助。

2014 年 11 月 14 日，广州市残联通过《广州市智力残疾人支持性就业工作试行方案》（以下简称《方案》）。《方案》提出在 2015 年内建立职业评估体系，培养 20 名就业辅导员，支持 20 名智力残疾人就业，拟定智力残疾人支持性就业工作方案。《方案》对支持性就业做出界定："支持性就业是指将经过职业培训的残疾人安置在常态就业环境中，由就业辅导员和工作同伴持续支持，逐步过渡到其独立就业的一种模式。"无疑，这种官方的定义将极大推动支持性就业理念的传播。

《方案》发布后广州市残联开展了密集高效的工作，并且将支持性就业扩展到《广州市残联残疾人基本公共服务目录》中。2014年11月到2015年4月，广州市组织了已完成九年义务教育的部分智力残疾人进行职业能力评估、职业技能培训，同时组织了对家长和用人单位的培训。该目录同时涵盖针对心智障碍者的职业康复和就业培训，特殊教育部分以500元/（人·月）的标准每年支持80人次的成年智力残疾人公共保洁职业训练服务，就业培训部分以11000元/（人·年）的标准每年提供30人次智力残疾人支持性就业服务。

4. 第四阶段：扩大共识，推动政策落实

就在支持性就业纳入政策议程时，广州扬爱也并没有静待政策的出台，而是积极引入其他地区可供参考的实践经验和相关知识，并促进政策制定者与当地服务机构之间的合作。在2014年4月与相关制度部门工作人员座谈之后，戴榕和卢莹分别到台湾参观学习台湾的身心障碍职业重建服务体系，[1] 带回大量的文件和资料，并及时转交广州市残联教就处和广东省残联。同时，向广州市人社局提交针对保障心智障碍者就业的相关政策和实践办法。这些资料以及知识，为本地的支持性就业政策出台提供了参考和依据。

此外，广州扬爱利用靠近香港的优势，直接创造开展支持性就业所需要的重要角色——就业辅导员的培养与培训机会。2014年7月，戴榕、卢莹参访香港明爱乐务综合职业训练中心。在香港明爱[2]前服务总主任唐兆汉的帮助下，为广州市残联和广东省残联争取到每年4个就业辅导员培训名额，赴香港明爱乐务综合职业训练中心接受为期两周的职业评估、岗位开发、就业支持培训。[3]

在广州市残联出台《方案》之后，广州扬爱作为重要相关者促成政策主体与实践者之间保持联系。2014年12月，戴榕牵线市残联教就处、培训就业中心等领导参观广州映诺社区发展机构和广州慧灵智障人士服务机构，了解民间组织在残疾人就业方面开展工作的状况，促成市残联出台政策支持民间

---

[1] 本文的作者之一曾亲自考察我国台湾的职业测评，并对相关者的职业测评过程记录下来在广州分享。后续了解到，相类似的测量工具在大陆也已经存在，主要用于工伤鉴定（残疾评测所）。基于该设备的调试和常模，其也成为2015年广州市实施的职业测评。这表明，在具体的倡导之前，需要充分了解已有服务体系中的可用资源，至少在信息的获取方面应保持更开放的渠道。

[2] 香港明爱（Caritas Hong Kong）成立于1953年，为天主教香港教区辖下的慈善团体，是国际明爱（Caritas Internationalis）成员组织之一。香港明爱目前提供多元的社会服务，包括社会工作、医疗护理、职业康复等。

[3] 该项目到2018年停止。

组织开展支持性就业工作。

在《方案》出台前后，广州扬爱在不同场合下，介绍《报告》内容，力图使心智障碍者的就业成为一个具有共识性的议题。这些介绍《报告》的会议或论坛包括 2013 年 6 月香港大学举办的 CRPD 与残障人士权益研讨会，2013 年 7 月北京举办的中欧民间组织交流会，2014 年 10 月武汉大学举办的残障、权利与正义年度大会，2014 年 10 月香港大学举办的残障人权利工作坊，2014 年 12 月于广州举办的残障就业政策研讨会等。

除直接影响当地的政策议程外，借助于《报告》以及此后的政策倡导过程，广州扬爱还将《报告》递交中国智力残疾人及亲友协会。在影响政策制定者的同时，广州扬爱及时将政策倡导的实践经验向其他省（区、市）的家长以及家长组织传递，并在此过程中吸收更多的相关行动者。例如，2013 年 8 月，广州扬爱的戴榕和冯新参加贵阳市第七届特殊教育儿童康复论坛，分享家长倡导的经验和心得；而戴榕在 2014 年残障、权利与正义年度大会上分享的主题是"民间组织对政策推动的探索"。这些鲜活的知识和经验，无疑鼓励了家长组织更为积极的行动，在某种程度上促成了知识的扩散，促进了社会总体对支持性就业的认识以及提升了家长组织自身发展的能力。而且，参与学术会议建立了与研究机构、学术研究的联系。从政策议程来说，都在增加政策倡导成功的可能性。

5. 第五阶段：持续追踪，跟进政策效果与更新

支持性就业政策的出台并不是家长组织社会倡导的终点，具体政策的实施以及效果的评估都是政策倡导者持续关注的议题。在政策变迁与更新中，需要有政策相关者的参与和监督。

2019 年，针对广州市心智障碍者的就业状况，广州扬爱进行了第二次成年心智障碍人士就业状况和需求调研。这种趋势调查无疑有助于了解心智障碍者就业的变化以及直观地了解政策实施前后的效果，也便于基于现有政策、实践，提出新的政策建议。

至此，一个完整的社会倡导过程结束。而对于新的政策议题来说，又是一个新的开始。这也正是社会政策倡导的循环过程。事实上，就业仅仅是心智障碍者及家庭公共服务需求的一部分，从生命历程以及多元服务需求来说，其他诸如社区居住、自理生活等，都是心智障碍者的需求。而且，这些需求或权利是支持性就业的生态构成部分。而实际上，这也是广州扬爱一直倡导和工作服务的内容。

（三）广州市支持性就业的落地实践

2015 年是广州市支持性就业成为公共服务一部分的元年。经过 5 年的实践，广州市心智障碍者的就业形成了多主体相互协作、互有分工、阶段衔接的运作模式（见图 1）。2015～2018 年，通过支持性就业安置心智障碍青年就业超过 80 人，具有良好的社会效益。

如图 1 所示，在职前准备阶段，职业学校会将学生名单提交给残联就业培训中心，同时残联就业培训中心收集用人单位的岗位信息。待职业学校学生毕业时，残联就业培训中心会对毕业生进行职业测评和转衔培训，相应岗位的能力培训会结合心智障碍者个人及家长的综合意见。

在职业学校学生毕业并接受职业测评后，人—岗的匹配工作以及后续的在就业中的支持，由残联通过购买服务形式购买的就业支持服务机构提供服务。定岗培训和实习通过后，用人单位与毕业生签署合同。在就业过程中，就业支持服务机构提供具体的服务（就业辅导员、社会工作者等），但会逐步减少，保持持续服务。

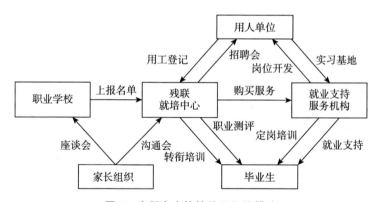

图 1　广州市支持性就业运作模式

在社会政策倡导过程中，家长组织扮演更为关键和核心的角色。但在就业模式运转之后，多主体的分工相对明确，专业的工作交给专业的组织，家长组织在某些服务中的角色弱化。因而，该模式具有社会治理特征，即多元主体共同参与，不同主体之间服务衔接和协作。广州心智障碍者就业实践模式具有一定的政府主导色彩，[①] 但这也恰恰体现出政府部门履行提供公共服务

---

① 温洪：《中国孤独症成人就业现状与思考——在心智障碍者就业支持研讨会上的发言》，https://mp. weixin. qq. com/s/BBOim_Oh4KQctvP_0aEXDw，最后访问日期：2019 年 12 月 25 日。

的责任，而且在就业过程中残联相关部门提供的更多是专业支持和政策支持，为社会组织的参与创造了空间。

四　反思与讨论

（一）支持性就业社会政策倡导何以成功

通过以上过程的回顾，广州市支持性就业政策过程以及与内地支持性就业发展之间的时空互动，如拼图般有所明晰。一个社会政策倡导是否成功，或者说一项社会政策是否出台，受多种因素的影响。

就广州扬爱支持性就业社会政策倡导来说，至少在政策倡导之前有这样几个优势。①已有支持性就业的局部实践，例如广州慧灵智障人士服务机构2007年即着手支持性就业实践，这些实践储备了开展支持性就业的一些要素（就业辅导员、就业网络以及作为基础的支持性就业知识）。②具有社会治理取向的政府，社会大众参与社会政策过程的渠道多元。③社会工作服务相对较早的实践，新的公共服务产生相对较小的成本。④独特的地理区位优势，知识、理念的传播更为便捷。

本文主要基于政策倡导者——家长组织的视角，而政府部门纳入政策议程显然也有赖于政策制定者相关方的积极回应和议题本身的判断。在本案例中，广义的政策制定者相关方至少包括市长、市残联、人社局等。政策制定过程往往是个"黑箱"，即其中的过程难以为其他主体所直接获知。但在中国的环境下，市长的批示无疑是个了解政策制定过程的有力依据，这也为本文作者所承认。可以确定的是，政策制定者的有效回应以及政府内部政策议程的结合，是推动政策变化的关键一环。这取决于政府治理的类型，也是有些倡导不成功的部分原因。

（二）家长组织的动态多元角色

家长组织扮演的角色是多元的，而且在不同阶段具有动态性，即动态多元角色（dynamic multi-roles）。从这个意义上说，家长及家长组织是心智障碍领域的政策企业家（policy entrepreneurs）。[①] 不同于直接提供社会服务的倡导

[①]　M. Mintrom, "Policy Entrepreneurs and the Diffusion of Innovation," *American Journal of Political Science* 41 (1997): 738 – 770.

路径，广州扬爱直接以议题为核心推动社会政策的变迁。① 作为议题的经营者，广州扬爱扮演了多种角色。从行动的阶段来说，这些角色包括议题提出者、议题推动者、议题维护者。

1. 议题提出者

从议题的提出者来说，广州扬爱始终明确要把支持性就业的实践纳入政府政策议程，不同于其他家长组织或社会组织直接提供服务，政策倡导是广州扬爱作为家长组织一贯的行动目标。在此之前，或者在其他地域，也有过将政策倡导纳入议程的行动，但广州扬爱成功地抓住了政策窗口以及行动的关键人物。

2. 议题推动者

在政府相关部门有积极回应，并将政策出台纳入议程之后，广州扬爱一直扮演政策议题推动者的角色，既要催促政策尽快出台，也要为政策的出台提供力所能及的支持。例如，促成支持性就业相关方的合作、传递其他地区的有利实践经验、及时反馈政策相关者等。

3. 议题维护者

在2015年政策落地实践之后，家长组织一直在当地的实践中扮演润滑剂的角色。这种动态的角色，体现在家长组织虽然涉及方方面面，但是在具体的诉求实现上，始终以将事情做成为第一要务，而不是仅仅体现作为家长的单一角色。时间转向2019年，经过5年的实践，广州的支持性就业有何变化？广州扬爱及时进行了调研，也在2020年初召开多方讨论会，进一步延续心智障碍者议题，为政策以及实践更新信息和知识。

（三）社会倡导的策略与实践智慧

以上回顾了广州市出台支持性就业政策的过程，以及作为政策企业家的

---

① 关于家长组织的行动路径或者类型，请参见李学会《心智障碍者的权益保障：家庭视角的审视》，《西南政法大学学报》2018年第5期。笔者区分了个人主义和集体主义两种取向，前者典型的如直接提供服务，后者更直接体现为社会倡导。回顾我国自闭症（最主要的心智障碍者之一）的相关政策，政策总是处于一定的滞后状态。在早期阶段更体现为直接提供服务。但这些服务是否具有社会倡导的性质或者如我国台湾那样成为一种社会运动的手段还值得讨论（参见张恒豪《障碍者权利运动的策略与组织变迁：提供服务作为社会运动的手段？》，载何明修、林秀幸编《社会运动的年代：晚近二十年来的台湾行动主义》，台北：群学出版社，2011，第129～169页）。关于家长组织不同行动路径的选择，乃至所具有的社会含义，笔者将在另外的研究中详细讨论。

家长组织——广州扬爱扮演的角色，分析了政策得以完成的各项因素。在政策倡导过程中，结合本次倡导经验，至少有以下两个方面值得强调。

1. 需求表达的专业性

政策倡议要"有理有据"，其支撑就需要有专业的需求表达方式。不同于单个家长表达某种诉求或呼吁，社会政策的公共性要求家长组织考量的基点在于"群体"而非"个人"。这也是需要专业表达方式的内在动力，例如通过社会调查表明问题的普遍性、严重性或紧迫性。社会组织参与研究进程受其资源、机会、能力的影响，[1] 而社会组织对研究进程、研究结果的使用应该更具有优先的决定权。这既考验社会组织的专业（研究）能力，也要求社会组织有更加实用的实践智慧。

在本案例中，在提出提案之前，广州扬爱做了广泛参与、符合社会科学研究标准的需求评估报告。而在政策实践几年后，广州扬爱又牵头进行新的调研，保证了就业议题的延续性。除此之外，广州扬爱还学习各地的先进经验，及时传播与传递。这也启发其他倡导者，要善于学习，掌握丰富的信息和知识，还要与其他相关者进行实质而密切的合作。

2. 促成多方合作，寻找各种积极的支持力量

实际上，做到以上一点，对于一些社会组织（家长组织）来说就需要具备合作的品质。以广州扬爱为例，合作的对象包括教育机构（如中职学校）、就业服务机构（如广州慧灵）、其他社会组织、政府相关部门（教育行政部门等）以及政策影响者（如残联、民主党派等）。经过几年的实践，广州扬爱积累了丰富的政策倡导与影响渠道，这都离不开基于共同议题的关系维护。

除了与不同主体之间的合作，广州扬爱还力图促成区域内残障社会工作服务体系生态的运转。广州市支持性就业运作模式就体现了"各自负责、相互衔接"的特征，即不同主体之间的合作。广州扬爱消除了一些障碍，促成了更多的合作。这为链接已有的资源，为心智障碍者的社会服务以及相关政策的出台创造了良好的环境。

（四）理解心智障碍者就业的多重意义

对于支持性就业实践，相关各方大致持肯定态度。比如，北京市 2015 年

---

① 〔挪威〕鲁尼·哈佛森、〔挪威〕比约恩·亨文登：《开展建设性的残障研究——研究机构、政府和民间社会之间的新的交流关系》，《残障权利研究》2017 年第 2 期。

支持性就业试点工作总结会详细讲述了"就业辅导员在支持性就业服务过程中做出的努力及取得的收获、残疾人家庭从残疾人实现支持性就业中获得的经济收益与精神收益、企业在提供支持性就业岗位中真实感受到的残疾人比较优势及雇用残疾人带来的良好影响"。[①] 支持性就业的积极意义既符合融合社会的理念，[②] 也与西方国家的研究发现相吻合。[③]

而在广州市的实践中，也发现心智障碍者竞争性就业的"好处"。其原因在于教育与就业的衔接、就业过程中的支持（合理便利）、就业环境的融合性。广州扬爱《2019 年成年心智障碍人士就业状况和需求调研报告》指出，心智障碍者参加工作的收获包括：

（1）孩子慢慢地融入社会；

（2）孩子各方面能力（动手能力、语言沟通表达能力、出行能力、自主能力等）通过工作慢慢得到培养，多元发展，身心也更成熟；

（3）孩子懂得更多社会规则，自我约束力提高、情绪控制力提高；

（4）孩子孝顺了，有责任感了，会关心家人了；

（5）孩子对金钱的认识有质的飞跃，更有工作动力；

（6）孩子做家务更自觉；

（7）孩子的成长可以带来家庭经济的改善（家长可以外出工作，不用全职在家照顾孩子）、父母关系甚至隔代关系的改善；

（8）家长可以有自己的生活、有喘息的机会。

可见，心智障碍青年就业的积极结果是多个面向的。不仅对心智障碍者来说，是获得收入、实现经济价值的有力途径，也是融入社会的有效选择；对家长来说，同样有多种积极意义。这对于其他倡导服务来说，意味着政策倡导的着眼点不应仅局限于社会成本或者福利路径，而是基于权利以及权利导向所带来的积极社会与经济效果。

---

① 《2015 年支持性就业试点工作总结会召开》，http://www.bdpf.org.cn/zxxx/gzdt/jyzx/c35731/content.html，最后访问日期：2019 年 12 月 24 日。

② 申仁洪：《发展性障碍者支持性就业：融合发展视角的职业康复模式》，《现代特殊教育》2016 年第 18 期。

③ E. Frederick Donald, J. Vander Weele Tyler, "Supported Employment: Meta-analysis and Review of Randomized Controlled Trials of Individual Placement and Support," *Plos One* 2 (2019): 1 – 26.

五　结语

本文从政策倡导者的角度，回顾了广州市支持性就业政策出台的过程，并分析了这一政策得以出现的多重力量，除宏观层面的制度环境、区位因素、历史积淀外，还有家长组织层面其自身的行动路径以及角色的适时转换，家长组织内关键人物的个人能力与社会资本，等等。这体现了多方协作、共同参与社会治理的特点，家长组织也展现了多方面的实践智慧。

本文对以上政策倡导过程和智慧进行了反思，但笔者深知在中国政策议程具有多种模式，[①] 而且充满各种不确定性。此外，一项政策的变迁，受多重因素的影响，如"多源流"理论所指出的那样，政策过程既有政策主体的参与，也受各类精英的影响。[②] 本文虽然只是粗线条地呈现与反思了这一过程，但也体现出这些主体之间互动的一个动态切面。

除此之外，我们认为关于广州市支持性就业的案例还有两个议题需要进一步讨论。第一个涉及对支持性就业的理解，以及在不同心智障碍者就业形式的框架下理解支持性就业。虽然支持性就业是作为一种安置包括智力障碍者在内的重度残障者的就业形式而出现的，但对于整个残障者的就业体系来说，这种形式难以成为一种独立的就业安置形式。部分原因在于，在《残疾人权利公约》颁布后，所有残障者的就业均需要合理便利，也即更个别化的支持与服务。

因此，个别化安置与支持服务也广泛应用于其他障碍类别，[③] 更具有工作方法上的含义。在这个意义上，我们更希望集中于就业过程中的各类支持而非作为一种就业形式的支持性就业，更能发挥支持性就业这种服务方式的优越性。这也是支持性就业更注重职业康复/职业教育与就业之间衔接的原因，也能理解为何许家成将之形象地称为"订单式培养"。[④]

---

① 王绍光：《中国公共政策议程设置的模式》，《开放时代》2008 年第 2 期。

② 姜艳华、李兆友：《多源流理论在我国公共政策研究中的应用述论》，《江苏社会科学》2019 年第 1 期。

③ E. Drake Robert, R. Becker Deborah, R. Bond Gary, "Introducing IPS Supported Employment in Japan," *Psychiatry and Clinical Neurosciences* 73 (2019): 47 – 49.

④ 《政协委员许家成：订单式培养可帮助残疾孩子就业》，人民网 – 教育频道，2013 年 9 月 23 日，http://edu.people.com.cn/n/2013/0923/c367001 – 23005461.html，最后访问日期：2019 年 12 月 25 日。

最后，我们也希望研究者、实践者和政策制定者之间良好沟通，让"政策三角"运转起来。这意味着实践者（社会组织）要意识到研究的重要性，并有能力参与乃至掌握研究议程。而政策制定者和研究者有责任创造机会让实践者参与其中，以提高研究的有效性。①

要开展建设性的残障研究，就要改变研究过程中主体间单方面的依赖关系，也需要研究者（尤其是社会工作研究者）识别多元的残障观，加以引导树立符合社会模式的残障观，②并且积极投身于中国现实实践，促成研究与行动的良性互动。对于广州扬爱而言，基于目前的优势和资源，建立心智障碍者及家庭就业状况的追踪数据库，更为系统地分析心智障碍者在就业过程中多个层面的影响因素，将对中国心智障碍者的就业具有更为深远的意义，这也是我们今后努力的方向。

Supportive Employment for People with Intellectual Disabilities：Social Advocacy，Policy Response and Local Practice
—Experience from Guangzhou City

Li Xuehui, Dai Rong, Lu Ying

Abstract：The employment of people with intellectual disabilities faces a variety of obstacles，and employment has an urgent and wide range of needs. Supportive employment has become an important practical form to solve the employment of people with intellectual disabilities，and has become a hot spot in practice in recent years. But the practice of this policy is the result of ongoing policy advocacy. From the perspective of parent organization，this paper reviews the process of the advocacy of supportive employment policy in Guangzhou and analyzes the role of parent organization in it by adopting the framework of reflection-on-action. The study

---

① 〔挪威〕鲁尼·哈佛森、〔挪威〕比约恩·亨文登：《开展建设性的残障研究——研究机构、政府和民间社会之间的新的交流关系》，《残障权利研究》2017 年第 2 期。
② 李学会：《残障观的多元范式与残障研究的转向——兼评〈残障权利研究〉与〈障碍研究〉》，《社会工作》2016 年第 3 期。

points out that parent organizations play the role of "policy entrepreneurs" and need to raise issues, link resources, social mobilization and expand consensus in the policy agenda. This paper discusses the orientation of supportive employment, the strategy of social advocacy of parent organizations and the transformation of parent organization roles, and finally puts forward some suggestions around "making the policy triangle work".

Keywords: Supporting Employment; Parents Organizations; Policy Advocacy; Disability Social Work

广州医务社工介入疾病众筹的现状和优化途径[*]

徐军辉　谭世杰　钟金娴　叶　茹　李毅峰　郑永健^{**}

摘　要　疾病众筹作为一种新型的疾病治疗资金筹资模式，在一定程度上帮助了许多经济困难的患病群体，但随之而来出现的许多虚假骗捐事件使其饱受质疑。本文对疾病众筹的运作模式进行了跟踪调查，辅之以医务社工的深度访谈，发现目前的疾病众筹存在信息审核不严谨、资金监管不到位等问题。因此，我们认为医务社工的职能可更为细化，引入专业的众筹社工有很强的必要性和可行性。在此设想基础上，我们进一步构建了众筹社工介入疾病众筹的理论模型。具体来说，筹资前，众筹社工可辅助信息审核、链接平台资源；筹资中，众筹社工对案主进行心理安抚、链接其他资金；筹资后，众筹社工则协助进行资金监管，公示资金使用情况。我们的研究对医务社工介入疾病众筹进行了有益的探讨，有望为疾病众筹的健康发展做出积极贡献。

关键词　医务社工　疾病众筹　众筹社工

一　疾病众筹发展现状和医务社工介入

（一）疾病众筹的发展现状和问题

众筹作为一种新型的筹资模式，近些年的发展非常迅猛，但各种问题也层出不穷，尤其是在疾病众筹领域更加突出。本文所谓的疾病众筹，是公益

---

* 本文得到广州大学大学生创新训练项目（201811078071）的资助。

** 徐军辉，湖南湘潭人，管理学博士，副教授，硕士研究生导师；谭世杰、钟金娴、叶茹、李毅峰、郑永健，广州大学公共管理学院 2017 级社会工作专业本科生。

类众筹之下的一种众筹服务模式，也称重大疾病救助、重疾筹款等，是通过公众捐助的形式帮助身患重病无钱医治的人提供疾病治疗资金。众筹发起人在筹款平台上登记筹款资料（包括个人身份证明、疾病证明等）以及筹款目标与相关证明图片，然后经平台审核通过后，发起人便可在微信、微博等社交媒体上发布筹款信息进行传播筹款，筹款目标达成或筹款期结束后，平台会将资金转到发起人账户，从而用于治疗疾病。

1. 疾病众筹发展现状

疾病众筹的产生发展，与众筹这一舶来品关系密切。国外的众筹行业自20世纪以来飞速发展，2013年募集资金总额已达51亿美元，并且衍生出诸如疾病众筹等众多不同类型的众筹模式。而中国的疾病众筹则起步较晚，国内最早的疾病众筹平台是2014年才上线的轻松筹，此后，各类大大小小的疾病众筹平台陆续涌现。

据众筹家人创咨询发布的《中国众筹行业发展报告2018》（上）统计，截至2018年底，运营中的疾病众筹平台只有14家，如水滴筹、轻松筹、爱心筹等，疾病众筹平台仅占众筹平台总数的5.58%。2018年上半年，疾病众筹成功项目总融资额约为1.86亿元，总参与人次约为889.78万人次。虽然平台和项目数占比较小，但是资金额度和参与人数所造成的社会影响却是不可忽视的。目前网络上转发的各种疾病众筹求助信息时时可见，许多经济困难家庭也将疾病众筹平台当成了救命稻草。但不可否认的是，疾病众筹平台上因资金筹集和使用而发生的争端屡见不鲜，人们对于疾病众筹这一新生事物产生了强烈的怀疑和不信任感。

2. 疾病众筹发展中的问题和成因

（1）疾病众筹发展中的问题总结

近几年饱受争议的筹款事件屡有发生，如小凤雅事件等，均是因为公众对发起人筹款动机或资金使用问题等产生怀疑，从而引起广泛的社会争议。通过对这些事件的观察分析，我们发现此类事件共同反映了疾病众筹行业当前所存在的两个比较重大的问题。一是平台审核不严，发起人即使提交不完善或不真实的申请材料，也能够通过审核，从而发起筹款。[1] 二是资金监管不够，筹款划拨发起人账户后，缺乏明确的使用规范，公众也无法及时了解筹

---

① 《中国众筹行业发展报告2018》（上），众筹家人创咨询。

款的使用情况。①

在社会观念中，捐赠他人的隐含前提便是默认当事人已尽己所能，可仍是难以为继。但为了取得更好的筹款效果，隐去或瞒报关键的财产信息，借"苦情"来自我煽情营销，既是对捐助者的欺骗，也是对社会公益热情的极大透支。

疾病众筹的发展初衷本是造福困难群体，可如今却因机制或规范上所存在的相关问题而引起了公众的广泛质疑，使一项爱心公益事业丧失了其社会公信力，从而导致越来越多的人不愿意去支持这一事物，由此带来的后果是，那些真正需要社会公众捐助的困难家庭可能也会因此而陷入更加困难的境地。

（2）疾病众筹发展中的问题成因分析

我们通过对疾病众筹模式运行的深入调查与了解，发现疾病众筹之所以存在如此重大的问题，其原因主要集中在以下几方面。

首先，最主要的便是法规政策的缺位。目前，中国仅颁布了《慈善法》作为公益慈善行业发展的总纲领，对于更为细致的慈善行为的开展，尚无明确的法律和行政规范。② 正是因此，众筹平台在法律上没有审核发起人财产状况的资格，导致其饱受社会公众的质疑和指责。同时在行政监管上，由于个人求助不属于慈善募捐，脱离了民政部的监管职责范围。正是由于法律规范和行政监管两方面的同时缺位，疾病众筹行业的发展出现许多不规范问题，引发较多争议事件，但所幸的是，民政部已提出引导疾病众筹平台修订自律公约，同时会针对群众关切持续完善自律机制，有望整治疾病众筹发展中的种种乱象。

其次，疾病众筹运行机制的公开程度不够。因为疾病众筹依赖网络运行，而发起疾病众筹的主要群体为受教育程度有限的低收入困难人群，对于资料的准备、申请的提交以及筹款信息公开化等具体的操作，众筹的服务群体都难以通过自身的力量实现。现实中的信息不对称，导致真正需要获得公众帮助的人很难筹到资金，而那些善于利用公众同情心的人常常能够有机可乘。由此产生了劣币驱逐良币的不良社会效益，导致疾病众筹的社会公信力降低

---

① 焦倩滢、陈汝玉、徐倩：《网络公益众筹的现存问题及对策研究——以轻松筹为例》，《中小企业管理与科技》（中旬刊）2018 年第 7 期。

② 杨睿宇、马箫：《网络公益众筹的现状及风险防范研究》，《学习与实践》2017 年第 2 期。

以及社会群众的同情心和公益热情都受到极大影响。①

最后，疾病众筹平台本身存在一定的局限性。虽然疾病众筹是公益性的经济活动，但是众筹平台本身却仍是商业机构，因此营利性以及投入成本是机构首先考虑的。如果平台想要规范审核流程，那么就需要委托专门的金融机构进行资产调查，但是出于高额调查成本的考虑，众筹平台并未实行这一机制。所以，依赖平台本身去进行行业规范是很难实现的。

正是社会热点争议事件引起了我们的研究兴趣，通过观察和分析，我们发现疾病众筹发展中存在各种问题，从当前学界已有研究来看，暂无很好的解决之道，于是我们试图寻求其他专业手段来解决问题。

（二）医务社工介入疾病众筹

对广州市疾病众筹发起人的情况进行分析，我们发现许多发起人是在驻院医务社工的协助下完成疾病众筹的。进一步研究发现，目前广州市几家医院的医务社工，在一定程度上已经介入疾病众筹的筹资环节，其对于疾病众筹已有较为深入的了解。同时结合社会工作者本身的资源链接者角色以及专业性质，我们试图探讨医务社工介入疾病众筹的可行性，以期为疾病众筹的发展提供更好的思路和参考模式。

二 已有文献回顾

为更好更深入地进行调查，我们在中国知网进行与项目相关的文献检索，发现关于医务社工、公益众筹方面的文献有很多。截至 2018 年，有关医务社工的文献有 368 篇，有关公益众筹的文献有 104 篇，其发文量趋势如图 1 所示。

据图 1 可知，关于医务社工的文献发文量从 2012 年以来持续上升，表明医务社工在近六年来发展较为迅速，对医务社工这个领域的发展有着重要意义，同时有关公益众筹的文献发文量在近五年也在持续增长，说明公益众筹引起了社会一定程度的关注。然而，截至 2018 年，关于"网络疾病众筹的医务社工介入"等主题的文献在中国知网中并无检索结果，说明目前医务社工介入网络疾病众筹这一领域的研究尚处于新兴阶段。

---

① 毕亚斐：《经济社会学视角下的服务型企业信任关系研究》，《佳木斯职业学院学报》2015 年第 10 期。

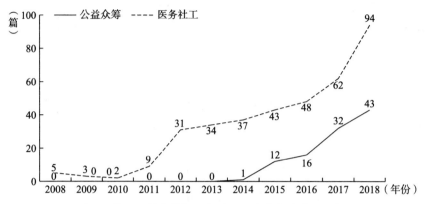

图1　关于公益众筹与医务社工研究的年度发文趋势

在相关文献中，一是关于医务社工的研究，主要侧重于医务社工的法律规范、资质认定、社会认可等方面问题以及相关对策，以肖恋的《当前我国医务社会工作存在的问题及对策研究》①为例，其指出中国医务社工现存缺乏相关法律法规保障、资质认定条件不够严谨等问题，并从法律、社会保障、医务社工专业性、医务社工影响力方面提出应对措施。

二是关于网络公益募捐问题分析、模式解读以及提出各种设想方面的研究。2017年在《新闻前哨》上发布的《规制网络慈善的现实困境与突破方向——以"罗尔事件"为例》②，指出网络慈善遭遇的一些现实困境，如网络慈善理论过于狭窄阻碍慈善事业发展、网络伦理建设不力导致部分网络慈善行为失范等，并据此提出内部应加强顶层设计、借鉴域外网络慈善的成功经验等破解路径。

综上可知，学者为医务社工的发展、公益众筹平台的发展等研究奠定了坚实的学理基础，但是研究视角并没有从医务社工介入角度去研究疾病众筹问题及解决策略。对此我们认为，其原因之一是社会工作在中国的发展尚处于起步阶段，而医务社工作为社会工作的其中一个领域，仅在珠三角等经济较发达地区有所发展，这是造成医务社工相关文献较少的重要因素之一；原因之二是疾病众筹是近几年快速发展的新事物，其社会关注度以及学者的研究关注度均有限。由此可知，由于医务社工发展仍在起步阶段，加之疾病众筹行业处于初步

① 肖恋：《当前我国医务社会工作存在的问题及对策研究》，《农村经济与科技》2017年第10期。

② 周婵、李媛荣、刘思祺：《规制网络慈善的现实困境与突破方向——以"罗尔事件"为例》，《新闻前哨》2017年第1期。

发展时期，医务社工介入网络疾病众筹的相关研究成果相对较少。

在相关文献中，和我们的研究比较接近的，是王长征发表的《关于社会工作项目众筹实现途径的探讨——以众筹社工项目"关爱环卫工人口腔健康"为例》[①] 一文，文中通过对"关爱环卫工人口腔健康"这一成功众筹案例的分析，提出将社会工作的服务项目化，并通过众筹去实现，文中还提出社会工作众筹项目的实现需要基于对众筹的充分认识和甄选等前提。与此论文不同的是，我们的研究立足于已有的网络疾病众筹问题，综合了各方面的文献，构想了一个新的模式，将医务社工、众筹平台与疾病众筹相结合，试图填补医务社工介入网络疾病众筹这一新兴研究领域，并尝试用一种较为合理完善的模式去处理疾病众筹中的信息审核、大众信任度、资金使用等目前亟待解决的问题。我们的研究从医务社工介入的角度出发，收集到非常新颖的数据资料，而且对应了广东的实践。

三 医务社工介入疾病众筹现状

（一）医务社工访谈分析

"因病致穷"的事件在医院内屡见不鲜，病人借助社交网络的力量以减轻病情带来的经济负担的需求呈现上涨的趋势。为了深入探讨医务社工对疾病众筹的介入过程，我们对广州现有的几家医院中的医务社工进行了访谈。医务社工的基本信息和具体的访谈内容详见表1和表2。

表 1　医务社工基本信息

基本情况	基本信息	A	B	C
	访谈时间	2018/5/19 9：00—11：00	2018/5/25 10：00—12：00	因条件限制未直接访谈，而是通过间接途径进行了解
医务社工	称谓	马姑娘	李社工	
	年龄（岁）	35	28	
	工龄（年）	5	1	
	学历	大专	大专	

① 王长征：《关于社会工作项目众筹实现途径的探讨——以众筹社工项目"关爱环卫工人口腔健康"为例》，《知识经济》2014 年第 19 期。

续表

基本情况	基本信息	A	B	C
机构	所属机构	广州市同心社会工作服务中心	佛山市福康社会工作服务中心	工伤康复医院
	机构性质	政府购买的社工机构服务	医院自主购买的社工机构服务	医院内部编制，专门设有社会保障部
	所属医院	红十字会医院	广东省第二人民医院	广州工伤康复医院
	称谓	社工	社工	社会保障师

表2 对医务社工的访谈内容

访谈内容	具体指标	原问题	A	B
资质	就业门槛	在社会工作者共同要求的价值观、知识技能上，有哪些是医务社工特别重视的？	案主自决原则，价值中立，不起冲突	基本与社工总体价值观相符，生命至上尤重
工作权责	日常工作	主要服务对象是？	病人及其家属	
		日常工作内容主要是什么？平常会开展些什么类型的专项活动？	跟着医生巡查病房，医患沟通；心理辅导；家庭协调；做个案；帮助病人链接各方面救助资源（基金会、众筹平台）；为个案的案主进行各种资料的验证；根据病人实际需求开展相关活动，舒缓其心理压力	科室的个案，志愿者的管理，行政事务，活动筹备，科室义诊；个案服务，如自杀个案的危机介入；心理疏导，如对医务人员、病患进行心理疏导，预防自杀；医患沟通
	工作权限	目前得知医务社工整体发展状况尚不理想，请问您认为是什么因素导致的？	上级领导的重视和认识程度，医院方面的配合度；社工行业之间的待遇也有较大差距，工伤康复医院的内部编制福利待遇便十分优厚，而且工作人员的整体素质也颇高。此外，深圳的社工相关发展状况较广州更为理想	社工行业整体待遇条件不理想，做这份工作更多地需要一份情怀，工作中的温暖细节和帮助他人的成就感促使人留下
		目前哪些方面可以做，哪些方面不能做？	与基金会、众筹平台有项目对接，可以帮助案主准备资料，寻求基金会的资助；与家综、居委会等日常联系较多，可核实案主信息	—
		这个问题的存在是受医务社工行业的能力所限，还是行业体制机制不够完善所导致的，抑或是权责不够明确，社会不信任导致的？	由于与社工相关的法律法规还未健全，专业权利与义务尚不明确。现在主要参考相关国家政策，依靠医务社工自己去衡量，或者跟机构的主管、主任等进行沟通协商，探寻摸索有什么是自己可做的，什么是不能做的	—

续表

访谈内容	具体指标	原问题	A	B
工作权责	职能评估	如何评判你们工作的质量？	—	直属领导负责，针对投标策划书里规划的服务指标完成状况进行评估，如：个案量，联系多少媒体、基金会，整合资源的情况
对疾病众筹的介入情况	对疾病众筹的了解程度	目前什么类型的疾病对众筹的使用需求比较大？	烧伤科依据烧伤面积较容易帮助案主确立众筹额度，但其他科室情况不一，提供的筹款额度也不尽相同。而且烧伤治疗所需资金较多，且烧伤的大部分是外地的，很多没有医保，小朋友也非常多，所以对疾病众筹的需求较多。若患有癌症和白血病，而且是小朋友的话，会有专项基金，医务社工会帮其申请专项基金治疗，老年人的话有医保，加之红十字会医院肿瘤治疗方面并不突出，所以这种情况较少	一般意义上是重大疾病，尤其是风湿免疫科和肿瘤科的疾病。白血病最为典型：整个治疗预计需要上百万元，可能因病致贫。现在可以为白血病患者提供基金的基金会资源很充足，但治疗费还是不够。若家庭可以支撑的话，一般都不愿意选择众筹，因为对小孩的影响不好
		疾病众筹前中后期，医务社工在整个过程中扮演怎样的角色？	前：告知患者在哪些平台可以筹款、筹款的流程、所需资料，预先和其说明各方面情况 中：在跟进个案的基础上可与案主所在地居委会、家综联系，调查其家庭关系、经济状况、退休金等（社工与家综、居委会等方面的联系较多）；帮助其合理设置心理预期；对案主及时进行心理安抚、帮助其转发扩散 后：目前未知	前：评估是否有合适的基金会（服务对象比较年长的话在很大程度上会选择媒体筹款）；帮忙审核资料，承认公章的效力 中：先让患者自己扩散信息以挖掘其自身优势；不如意时再介入帮助
继续教育情况	对待疾病众筹等新事物的态度	工作内容上新增了疾病众筹一项，你们有没有进行职业培训？	仅考取一个社工证即可取得执业资格。划分到不同的科室，所需要的专业医学知识通过与医生沟通、同事交流、科室接触自主学习。社工间的岗位转换较为自由，无太严格的专业知识限制	医院学习：在划分到科室后跟医生学习专业医务知识 其机构培训：哀伤辅导、临终关怀、叙事治疗等

通过以上访谈，我们发现，医务社工有介入疾病众筹的申请环节，但介入的程度不深，主要停留于表面。医务社工为病患建立个案，与主治医生沟

通了解病情，与亲属了解家庭经济情况和社会交往情况，评估病患众筹的可能性及确定众筹的渠道，帮助其建立合理的心理预期。若案主自决众筹，则帮忙链接相关平台，联系病患所属居委会核实相关资料。若是在与医院有项目对接的众筹平台中申请，审批的速度将会大大提高。在筹款过程中，医务社工鼓励病患家属扩散信息，挖掘其自身社交网络优势；关注病患及其家属心理动态，有情况及时进行心理安抚和疏导。

由于对岗位规范没有明确规定，医务社工仅是遵守"案主自决、价值中立、杜绝冲突、生命至上"社工总体价值观去衡量、拿捏权限。众筹过程中，病患及其家属易对医务社工形成依赖，"社工就是为穷困患者申请资金"的错误认知，严重有损社会工作行业的发展。

另外众筹平台属于商业公司，医务社工只有在案主确有所需且符合申请条件的情况下才能利用此商业行为来为患者谋求更大的利益，以减少病情带来的伤害。筹款主要渠道是案主自身的朋友圈，筹款额受典型的差序格局影响。

（二）众筹社工介入疾病众筹模式的必要性分析

通过分析访谈结果，我们可得知两方面的信息。一方面，目前医务社工在为病人发起疾病众筹的过程中已有一定程度的介入，而且这种服务与传统的工作内容是有所差别的。另一方面，医务社工的介入程度不深、力度不大，并未形成规范性的操作流程，因而所发挥的作用较为有限。

同时，我们进一步调查分析，发现目前医务社工在介入疾病众筹的过程中主要存在以下几个方面的问题。

1. 医务社工本身的定位模糊

在医务社工为案主提供专业服务的过程中，社工将自己定位为资源链接者和引导者，通过为案主提供必要的物质上和精神上的帮助，激发其自我潜能，凭借案主自身的努力来解决所存在的问题，达成目的。

而与之相比，医务社工介入疾病众筹过程的行为显得缺乏专业性。通过访谈过程中社工 M 的回答，可知他们之所以介入这一过程，是为了更好地为案主链接资源，帮助案主解决问题，将之视为对个案案主服务的延伸。可是，众筹介入并不同于其他服务，有着可供参考的明确的行为规范，以致在介入过程中，医务社工在许多方面面临做与不做以及如何做的艰难抉择。简言之，他们是如同以往一样仅仅做一个资源链接者和引导者，还是作为参与者进入此过程，对他们来说是一个暂时没有答案的问题。

以疾病众筹过程中的信息核实为例，出现了发起人信息造假的现象。由于平台审核不甚严谨，虚假众筹很容易蒙混过关。而作为跟进服务案主的医务社工，他们手中无疑掌握了最为真实的案主资料，是最有能力进行资质核实的，但是因为缺乏明确的参照标准，他们依旧将自己定位于一个协助者角色，而并未参与资料的提交和审核过程，由此产生了角色定位模糊的问题，导致许多可以事先通过医务社工解决的问题最后变成了不可控的大问题。

2. 医务社工介入疾病众筹的制度规范缺失

医务社工作为一个专业的社工岗位，其最重要的支撑便是严谨明确的制度和工作规范，然而经过我们与几位医务社工的深入访谈，发现由于疾病众筹与医务社工的发展时间均较短，因此在当前医务社工介入疾病众筹方面尚未制定出专门明确的工作规范。

同时从整个社会慈善行业的角度来说，国家也仅是于2016年颁布了作为公益慈善行业管理总纲的《慈善法》，并未出台更为细致的单行法和具有可操作性的相关行政法规。因此，目前一些慈善行为处于一种无法可依、无人来管的状态。①

疾病众筹作为一项网络公益慈善事业，其参与过程本身便是一种慈善行为，无论是捐款等物质性的帮助行为，还是帮助案主进行筹款等精神性的帮助行为，都是需要法律法规来规范和保障的。而医务社工介入疾病众筹这一行为过程，并不像其他专业服务那样具备细致完善的专业行为制度和规范，因此介入服务的专业性就难以得到保证，也就难以去深层次地介入，同时所能产生的效果很难预测，所以制度规范的缺失和不完善导致了医务社工介入疾病众筹的工作难以有效开展。

3. 医务社工日常工作的繁重

通过访谈我们得知，几位驻院的医务社工的日常工作均是较为繁重的，虽然岗位性质不同导致工作侧重点有所区别，但大致都是一些行政事务、对个案案主的服务跟进以及策划组织有利于患者身心恢复的集体性康健活动等。

因此，医务社工首要的工作重点便在于完成这些日常工作，这也就导致了其介入疾病众筹的精力和时间有限。加之缺乏相关专业制度规范的指引，

---

① 邵祥东：《重大疾病救助公益慈善网筹机理与治理导向》，《社会保障研究》2017年第6期。

他们也难以高效地去开展疾病众筹介入工作，故而所能取得的成效也就极为有限。

综上可知，对于医务社工介入疾病众筹的局限性，主要可从主客观两方面分析解读其成因。从主观方面来说，医务社工对自身的定位模糊，不清楚自己应当发挥怎样的作用，扮演怎样的角色；从客观方面来说，相关专业制度规范缺失以及医务社工日常工作繁重，导致其难以专业地、有效地开展相关介入工作。依据现状的调查研究，可知客观方面是问题的根本原因所在。

同时，我们了解到医务社工的介入主要集中于众筹前期和众筹中期，因为缺乏明确完善的制度规范，医务社工在众筹前期只能帮助案主链接众筹平台等资源，但无权利与义务去审核其申请信息资料的真伪，难以避免骗捐等现象的发生。而在众筹中期，医务社工只能在较为漫长的筹资等待期对案主进行心理安抚，却没有相应的渠道去筹集资金，来维持病情不恶化，因此这种低程度、不深入的介入既难以更好地帮助案主解决困难，也难以防止对社会诚信问题造成恶劣影响的骗捐事件发生。

根据以上分析，医务社工介入疾病众筹的工作开展得不理想是由多方面因素造成的，既有客观条件的限制和缺失，也有医务社工主观上的观念模糊。但除此之外，医务社工服务对象的局限性也是一个现实问题。医务社工所能服务到的基本为站点医院内部的患者，而驻有医务社工的医院更是寥寥无几，因此服务对象的覆盖面不广，难以触及更多有众筹需要的困难群体。

有鉴于此，我们计划参考医务社工及相关社工岗位的设置模式，从医务社工中分离出一部分专业人员，设立一个新的专门从事疾病众筹领域工作的社工岗位——众筹社工，并且设计了一套与之相匹配的介入疾病众筹的模式，以期促进疾病众筹服务的规范化和专业化开展，发挥更加重要的实质性作用。同时，众筹社工不会再像医务社工那样局限于医院一地，而是参考家综的运营模式，在一定区域内设置一个众筹社工服务站点。然后建立起完善的社工行业内部联系网络，如果该区域内的其他行业社工发现自己的案主或服务对象有众筹需求，即可与区域站点的众筹社工联系并进行转介，然后众筹社工进行专门的服务跟进，运作新型的社工介入疾病众筹模式为患者提供专业的完善的疾病众筹服务。

四　社会工作介入疾病众筹的优化途径构思

对于众筹社工的介入流程模式我们进行了细致的规划和设想，我们将整个众筹活动过程按时间进程划分为筹资前、筹资中、筹资后三个阶段。在不同阶段，众筹社工进行不同的工作，从而形成一套完整的介入流程（见图2），最大限度地帮助到案主。

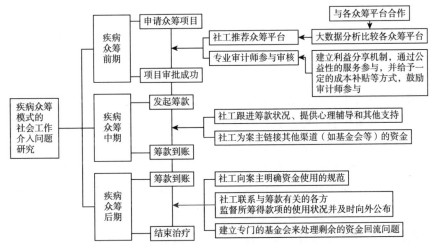

图2　众筹社工的介入流程

筹款前期指众筹项目开始申请到成功审批期间。本阶段的主要目标是对筹资人的资料进行审核，判断筹资人是否符合资格使用疾病众筹方式进行筹款，并保证资料的真实性。大多数众筹平台会以招募志愿者、联系相关机构等方法来对资料进行核实，然而争议事件层出不穷，让公众对这种审核方式的有效性产生了质疑。因此，我们认为众筹社工的专业性能够解决这个问题。我们设想，众筹社工先根据患者的实际情况向其推荐众筹平台，协助筹资人提高筹款的成功率；其后为筹资人链接税务部门、银行和审计师等不同主体参与资料审核，对筹资人参与疾病众筹的资格进行审核，并确保其递交的资料的真实性。

筹款中期指筹资人发起筹款到筹款到账期间。按照现行大多数众筹平台的规定，这段时间一般为30天。在这个阶段，我们设想众筹社工将为筹款人提供跟进筹款状况、提供心理辅导等协助性、支持性服务。此外，众筹社工为筹款人链接基金会等其他渠道的资金，以防止在筹款到账前，患者的病情恶化而没有足够资金进行治疗；或是在筹得资金与所需资金相去甚远时，可以为患者提供来自其他途径的支持。

筹款后期指筹得款项到账至患者结束治疗过程的这段时间。众筹社工须在前期阶段向案主明确资金使用的规范，以减少社工和筹资人对资金使用的认知分歧。在这个阶段，我们设想众筹社工将联系与筹款有关的各方，如众筹平台、医院、基金会等单位，监督筹资人所筹得款项的使用状况，并在不泄露隐私的情况下及时对外公布。

针对疾病众筹介入模式的优化途径，可从横纵两个维度去分析其重要作用。从横向看，该模式由不同时期的主要目标、参与主体和实施手段组成；从纵向看，该模式包括制度的直接实施人、社会整体、国家和政府三大层面。

制度的直接实施人层面主要包括众筹社工和审计师。

第一，众筹社工将作为信息提供者，为求助者提供相关信息，如相关慈善基金会、众筹平台等信息；众筹社工将作为资源链接者，与医院、居委会、银行、税务部门等机构合作，依照相关规定调取出患者的病情、资产状况等信息，对筹资人提供的资料的真实性进行核实；众筹社工将作为引导者，跟进资金的筹集和使用过程、为筹资人提供专门的心理支持等。

第二，审计师在这个过程中提供的审计服务主要为公益性服务，有少量的成本补贴，不以营利为主要目的。在这个过程中，我们设想将建立一套利益分享机制，以鼓励审计师参与到我们的计划当中：将审计师的公益服务产生的社会效益以社会回报的形式反馈给审计师，如颁发社会荣誉证书、提供某些社会机构的服务优先权等。

社会整体层面主要包括众筹平台、其他社会组织机构和社会大众。

第一，在帮助筹资人寻找合适的众筹平台的过程中，为获得大数据以进行统计及平台选择，该制度需要众筹平台的协助。我们设想在不泄露平台筹款人个人信息的基础上，获得包括不同案例的疾病类型、目标金额、实际筹得款项在内的不同数据，通过分析得到综合的数据。接触筹资人时，众筹社工将分析患者当前疾病的类型、紧急程度、该疾病以往在各众筹平台筹款时间、成功率等数据，来帮助其寻找合适的众筹平台。

第二，税务部门是我们设想与之合作的主要政府部门。近年来，中国不断加强社会个人信用体系建设，提高个人信用体系在全社会的影响力。我们认为疾病众筹作为一个社会行为，应该受到社会信用体系的约束，资产评估若通过对接社会个人信用体系，则可以减少"因病致贫"等伦理争议事件的发生，且能够得到更具说服力的评估报告。

第三，社会大众作为疾病众筹资金的主要来源，其信任度将决定疾病众筹的成功率。现阶段中国的移动支付科技正快速发展，网络疾病众筹也将变得更加便捷，或将取代传统筹款模式成为筹款的主流方式。然而，一系列具有争议性事件的发生使社会大众对疾病众筹的信任度逐渐下降，违背了疾病众筹在社会推广的初衷，不利于现阶段中国慈善事业的发展。我们的设想将有利于提升社会大众对疾病众筹的信任度，为疾病众筹事业的发展提供有利条件。

国家和政府层面主要是为该设想的实施提供制度保障。诸如疾病众筹的相关法律法规、众筹社工的职能和权限、相关政府部门提供的信息支持等，都需要国家和政府制定相关制度作为保证。

五　结语

本文通过对广州市几家医院以及医务社工的调研，发现当前医务社工在介入疾病众筹过程中存在介入程度较浅、力度较小等问题。由此我们设想可从第三方介入出发，以众筹社工为主要工作者和资源链接者，通过整合众筹平台、审计师和政府机构等社会资源，做到严格审核发起人资格，全程跟踪资金筹集和使用状况，构建一套完善细致的疾病众筹介入模式，以此更好地规范疾病众筹运作，切实服务困难群体。本文不足之处在于，本模式的构想目前还未能在广州各大医院进行试点，但在理论上具有较高的价值，在实践上也具有较高的可行性，我们也期待这一模式能够尽快地落地生根，得到施行。

Research on the Current Situation and Optimization Methods of Interventional Disease Crowdfunding for Medical Social Workers in Guangzhou

Xu Junhui, Tan Shijie, Zhong Jinxian,
Ye Ru, Li Yifeng, Zheng Yongjian

Abstract: As a new funding model for disease treatment, disease crowdfunding has helped many financially disadvantaged groups to a certain extent. However, many false donation fraud incidents that followed have also brought it into question. This article conducted a follow-up investigation on the operation mode of disease crowdfunding, supplemented by in-depth interviews with medical social workers, and found that the current disease crowdfunding has problems such as inaccurate information review and insufficient funding supervision. Therefore, we believe that the functions of medical social workers can be more detailed, and it is necessary and feasible to introduce professional crowdfunding social workers. Based on this assumption, we further constructed a theoretical model of crowdfunding social workers' intervention in disease crowdfunding. Specifically, before fundraising, crowdfunding social workers can assist in reviewing information and linking platform resources; during fundraising, crowdfunding social workers provide psychological comfort to the client and link other fund maintenance; after fundraising, crowdfunding social workers assist in fund supervision and publicity use of funds. Our research has conducted useful discussions on medical social workers' intervention in disease crowdfunding, and is expected to make a positive contribution to the healthy development of disease crowdfunding.

Keywords: Medical Social Workers; Disease Crowdfunding; Crowdfunding Social Workers

疫情防控对基层治理能力
现代化建设的启示

张仲南[*]

摘 要 新冠肺炎疫情突袭而至后，中国反应迅速，通过一系列有针对性的举措有效地阻止了新冠肺炎疫情的蔓延，将中国新冠肺炎疫情保持在可控范围内。本文以新冠肺炎疫情防控期间的基层案例为研究对象，简析社会治理中基层治理暴露出的短板，进而从法制建设、舆论应对、基层活力的角度提出若干建议，为提升基层治理能力和水平提供参考价值。

关键词 新冠肺炎疫情 基层治理 现代化建设

一 基层治理能力现代化建设的必要性

研究推进基层社会治理体系和基层治理能力现代化建设，是中国特色社会主义进入新时代的客观要求，是解决新时代中国社会主要矛盾的本质规定，是全面建设社会主义现代化国家的现实需要，是对新时代社会治理发展和创新提出的新目标和新要求。[①] 基层是中国社会治理的基础和重心，是国家治理的最末端。基层治理能力现代化既关系人民群众与党员干部情同手足的情谊，又关系基层社会治理成效，更直接关系到经济发展社会稳定的大局。

2019年10月28日，党的第十九届四中全会提出"全面实现国家治理体系和治理能力现代化，使中国特色社会主义制度更加巩固、优越性充分展现"。基层治理是社会治理的重要环节，国家治理体系和治理能力现代化离不

---

[*] 张仲南，广州市番禺区石楼镇人民政府团委副书记。

[①] 黄波、杨安、陈琳、赵菡：《基层社会治理体系和治理能力现代化——大数据与"雪亮工程"机遇、挑战》，《中国公共安全》2018年第7期。

开基层治理能力和治理体系现代化。近年来，习近平总书记多次对加强基层建设做出重要论述、提出明确要求，强调治国安邦重在基层，党的工作最坚实的力量支撑在基层，必须把抓基层、打基础作为长远之计和固本之举。此类决策部署和重要论述，既让我们充分认识到基层治理的重要性、紧迫性，也为全面加强基层建设指明了前进方向，提供了根本遵循。2020 年 2 月 10日，习近平总书记在北京调研指导新型冠状病毒肺炎疫情防控工作时也强调，全国要充分发挥社区在疫情防控中的阻击作用，把防控力量向社区下沉，落实社区各项防控措施，使所有社区成为疫情防控的坚强堡垒。虽然疫情防控已取得显著成效，但是在新冠肺炎疫情防控工作具体落实到基层时，基层政府在治理过程中显露出一些问题，这些问题对我们基层治理工作有何启示？如何把新冠肺炎疫情当作一次机遇推动基层治理提质增效？都是值得我们关注的。

人民是阅卷人，我们作为答卷人，要重视并答好这次新冠肺炎疫情防控的"课堂突击测验"，认真分析总结出这次"新冠肺炎疫情防控突击测验"的"错题集"，以刀刃向内、刮骨疗伤的决心查找疫情防控工作中基层治理存在的问题，强弱项、补短板，提升基层治理能力，为实现中华民族伟大复兴和"第二个百年"奋斗目标的"期末大考"做足准备。

二 疫情防控工作中暴露的若干问题

新冠肺炎疫情从一个局部的突发公共卫生事件，演变成全国关注的突发公共卫生事件，对中国经济社会等领域，以及对社会各个阶层、家庭和个人都产生了重大影响。以习近平同志为核心的党中央高度重视、紧密部署，各级党委和政府坚决贯彻党中央关于疫情防控的各项决策部署，坚决贯彻总书记"坚定信心、同舟共济、科学防治、精准施策"的总要求，以坚定的信心、顽强的意志、果断的措施，紧紧依靠人民群众，坚决遏制疫情扩散蔓延的势头，并多次得到世卫组织积极的评价。中国在疫情防控工作中采取的政策方针以及取得的成效，彰显了中国共产党的领导和中国特色社会主义制度的显著优势。值得注意的是，虽然疫情防控已取得重要成果，但这次疫情防控阻击战中暴露出的一些问题需要重视，我们要以问题为导向，强弱项、补短板。

一是基层依法行政能力不足。有些地区的基层工作人员在进行疫情防控过程中出现了一些不当的行为，比如过度执法。执法队伍法制素养不一，部分执法人员法治观念不强、公民权利意识淡薄、办事急于求成，加上长时间高强度工作等，诸多因素综合作用造成基层人员行为失当的过度执法现象。

二是群众法治意识有待增强。少数人对新冠肺炎疫情的认识不足，对政府有关政策方针不甚了解，对社区工作人员的劝告置若罔闻，甚至发生辱骂殴打工作人员、强行冲关等现象，对社区疫情防控工作造成不良影响。部分基层群众对法律缺乏有效的认知和认同，不能正确认识疫情防控时期各项工作的合法性，容易轻视法律，产生不配合疫情防控相关工作和侵害他人权利的行为。[①]

三 提高基层治理能力的对策与建议

一要夯实基层的法治根基。对基层执法人员而言，在执行任务时，难免会遇到部分群众不理解、不配合的情况。在疫情防控期间，对这些少数执法乱象集体性无知是基层执法队伍凸显的共性问题，其中行为性无知问题较突显，他们不能准确把握自己的行为是否合法、得体，无法区分执法行为与个人行为的界限，导致在执法过程中有些"任性"。[②] 要提高基层执法人员的依法行政能力，完善基层执法人员的培训系统，通过长期化、常态化的系统性培训，强化基层执法人员的法治思维，减少法律盲区，提升基层执法人员运用法治方式处理问题的能力，促使他们依法审慎做出决策，避免过度执法。对于群众而言，要以法治教育为抓手，通过法治教育建设增强人民群众的法治意识，要广泛开展普法比赛、法治讲座等群众性法治文化活动，弘扬社会主义法治精神，营造自觉学法、守法、用法的良好氛围。[③] 这既可以提高群众自觉学法守法的积极性，又能提供让群众活用法律知识的平台。要将法治教育贯穿融入基层群众的日常生活，推动建立健全媒体公益普法制度，落实大众传媒的普法责任，加强新媒体新技术在普法中的运用，活用各种平台狠抓法治教育，从根本上提高群众法治理念认识。

---

① 张建华：《村民自治进程中法治意识问题研究》，硕士学位论文，内蒙古大学，2013。
② 梁平、陈焘：《基层执法队伍法治意识：现状、问题与对策》，《河南财经政法大学学报》2015 年第 6 期。
③ 蔡丹：《践行群众路线的法治思维培养研究》，硕士学位论文，河南师范大学，2016。

　　二要守好舆论的主流阵地。一是信息公布要及时透明。普通群众在网络上铺天盖地的信息面前，筛选、甄别真伪信息的能力不强，不明真相的人不经意间成为"传谣者"。疫情面前，各种未知情况导致民众对相关信息的需求急剧增加。信息公开透明，既是群众信任政府的基础，也是抵制谣言的必要手段。民众的理性源于信心，信心源于政府第一时间公开信息。在不泄露隐私、政府机密等的前提下，官方媒体要及时公布疫情感染人数、传染事件等重点信息，提高群众的信息甄别能力。二是政府回应要找准"靶心"。政府应把群众关注度高、反映强烈的事件作为舆论信息工作的出发点和落脚点，以问题为导向，深入调查研究，及时回应有关舆论，把群众呼声作为"第一信号"，切实做到"民有所呼，政有所应"。三是辟谣渠道要拓宽流畅。在公共事件发生后，政府除了要在官方媒体中及时发声，还要注意避免各种小道消息通过微信、微博等社交媒体快速传播，造成人心惶惶的局面。要全面统筹好政府官方媒体和其他信息传播平台，合力发声，提升官方信息在信息传播渠道的覆盖率，压缩网络谣言空间。四是抑制传谣者的产生。要结合运用主动引导、谨慎处罚两种方法。对于无意传谣的群众，可以通过举办讲座、网络教育等方式提高他们对谣言的甄别能力，增强其抵制意识。对于恶意传谣的人，要充分考虑他们的动机，有针对性采取封号、罚款等不同处罚措施，从源头上进行处罚。舆论空间既不是"后花园"，也不是私人"跑马场"，要增加传谣者的造谣成本，对于少数造成恶劣影响的传谣者，将其作为反面典型从严处罚，形成震慑。

　　三要打好基层的"组合之拳"。一是发挥基层队伍骨干作用。基层是抗"疫"前线，是疫情防控工作中的骨干力量，要尽量减少基层队伍负担，让基层队伍在疫情防控工作中"甩开膀子干"。上级部门要更多"亲身督战"，减少"发文督办"，要加强地方联防联控机制统筹协调下的统筹管理，减少重复报表、重复报数，释放基层工作人员的活力，让他们以解决疫情防控问题为导向而不是以"留痕"为导向，避免产生"填表抗疫"等形式主义乱象。同时，要综合运用信息技术手段，提高基层队伍办事的效率。在部署防控工作时，要结合运用贴告示、发传单、摸上门等老方法和大数据平台下的网络信息化统计新方法，早期用传统人力排查方式建立网络数据基础，后期实现信息采集、政策宣传等防控工作"网络办公"，既减少基层工作人员的流动性，也节约人力成本。二是发挥人民群众主体作用。习近平总书记指出：坚持人民主体地位，充分调动人民积极性，始终是我们党立于不败之地的强大根基。

人民群众是社会活动的主体，是历史的创造者，是推动社会发展的动力。① 我们要坚持人民群众的主体地位，在疫情防控阻击战中，要提高群众参与的主动性、积极性，凝聚群众智慧，筑牢"人人参与、携手尽责"的疫情防控阵线。通过讲好疫情防控工作中涌现的先进典型和暖心事迹，积极弘扬社会正能量，加强对人民群众的内在引导，增强人民群众对社区基层工作人员的认同感，让义不容辞支持配合疫情防控工作的理念深入人心。要密切关注广大人民群众尤其是重点疫区流通人员、境外回国人员等群体的身体健康状况，既要依靠社区基层工作人员的健康测量"第一线"，也要营造互相关心主动作为的社会氛围，让每个人都自觉监督他人并且自觉接受他人约束，对知情不报、撒谎瞒报等故意扰乱正常疫情防控工作损害群众利益的行为，可以进行适当的处罚。对疫情防控工作中担当有为的突出贡献者，要通过报纸等媒体进行报道或者表扬嘉奖，增强群众的社会认同感和归属感，引导群众积极配合、主动作为。三是发挥党员先锋模范作用。共产党员的根本属性就在于其先进性，其可贵品质就在于别人还在犹豫观望时，能够从维护社会整体利益出发，挺身而出。② 关键时刻党员能不能挺身而出，发挥先锋模范作用，既是对党员履职尽责能力的一次大考，也是检验"不忘初心、牢记使命"系列主题教育学习成果的"试金石"。战"疫"之际，广大共产党员要第一个站出来，勇挑重任，发扬不畏艰险、无私奉献的精神，要坚定站在疫情防控第一线当先锋、做表率，吹响"跟我上"的冲锋号，以身作则，紧紧依靠、团结广大人民群众，汇聚起携手抗"疫"、万众一心的磅礴力量。

四 结语

新冠肺炎疫情是一次重大考验，也是一块难得的"试金石"。在以习近平同志为核心的党中央坚强领导下，党员领导靠前指挥，深入防控疫情第一线；基层工作人员坚守岗位，联合群众筑牢联防联控防护网，与人民群众建立了更加深厚的情谊。推动基层治理能力现代化建设，要从客观事实出发，认真研究基层治理中暴露出来的矛盾和难点，对基层治理问题深入剖析，把感性上的认识转化为理性上的认识，进而总结上升到理论知识的层面。基层治理

---

① 宁宇涵：《浅析习近平的群众主体观》，《商业经济》2015 年第 10 期。
② 杨振闻：《共产党人要做社会主义核心价值观的模范践行者》，《社会主义核心价值观研究》2016 年第 4 期。

能力是社会治理成效的重要因素，重点在基层，难点也在基层。在基层治理的实践中，我们要把加强基层党的建设、巩固党的执政基础作为贯穿社会治理和基层建设的一条红线，增强基层服务和管理能力，夯实基层社会治理的基础，积极探索党建引领基层治理的有效途径，以小见大、即知即改，把基层治理做精、做细。

基层治理能力现代化的实现并非朝夕之事，是我们必须长期为之努力付出的事业。不能闭门造车、急功近利，要脚踏实地、久久为功，坚持贯彻马克思主义和习近平新时代中国特色社会主义思想，坚持理论联系实际，注重实践对理论的促进作用，不断提升基层治理能力，推动基层治理能力和基层治理体系现代化建设，为实现中华民族伟大复兴和"第二个百年"奋斗目标提供有力支撑。

Enlightenment of Epidemic Prevention and Control on the Modernization of Governance Capacity at Grass-roots Level

Zhang Zhongnan

Abstract：During the epidemic period, China responded quickly and prevented the spread of coronavirus effectively by taking a series of targeted measures, which China keeps the epidemic under control. Taking the grassroots cases during the period of prevention and control for COVID-19 as the research object, this paper analyzes the shortcomings of grass-roots governance in social governance, and then puts forward some suggestions from the perspective of legal system construction, the response mechanism to public opinion and grassroots vitality, so as to provide valuable reference for improving the ability and level of grassroots governance.

Keywords：COVID-19；Grass-roots Governance；Modernization

高校疫时线上应急教学功能
分析与体系优化[*]

谢俊贵　　陆珍旭　　郑佳茹[**]

摘　要　基于新冠肺炎疫情防控的特定背景，中国高校实行了线上应急教学措施。教育管理部门针对线上教学出台了政策，在线教育平台、网络媒体平台、教材出版单位、大学线上教学资源中心为高校实行线上应急教学提供了大力支持，促使推进措施顺利实施。高校线上教学的实行，不仅快速培养了一支初步掌握现代教育技术的高校教师队伍，较好地解决了学生不能返校情况下的学业问题，而且预防了学生返校大规模人口流动和校园人群聚集的风险，确保了师生安全健康，使高校成为中国打好疫情防控人民战争的重要力量。当然，线上教学也给高校教学、管理和技术支持人员带来了很大压力。疫情结束后，应认真总结线上教学的经验教训，建立和完善中国高校线上教学应急体系。

关键词　疫情防控　线上教学　应急教学　高等学校

引　言

2020 年初，面对突袭而至的新冠肺炎疫情，国内各省（区、市）均实行公共卫生事件一级响应。春节前，针对学校年后开学的问题，教育部提出"停课不停学"的意见。然而，根据对疫情发展的预测，各高校在教育部的具体指导下都充分认识到，消极地去"停课不停学"，不足以解决学校校历教程

---

*　基金来源：广州大学第十七届挑战杯一般项目"公共危机治理中的社会组织发展研究"。

**　谢俊贵，广州大学公共管理学院社会学系教授，博士，主要研究方向为网络社会学、信息社会学和发展社会学；陆珍旭，广州大学公共管理学院社会学系 2019 级社会学硕士研究生，主要研究方向为网络社会学和发展社会学；郑佳茹，广州大学公共管理学院社会学系 2019 级社会工作专业硕士研究生，主要研究方向为儿童社会工作。

等的顺利执行和学生在家能够学习什么的问题。于是，一种对"停课不停学"的深化理解和积极响应——"不返校不停学"在高校中酝酿出来，一时成为疫情防控中高校教学与管理的主调，疫情防控期间普遍的线上教学应运而生。据了解，在教育部和各省（区、市）教育部门指导下，几乎所有高校（包括高职高专院校）均借助互联网通过线上教学来具体落实"停课不停学"精神，线上教学成为高校的普遍现象。

　　疫情防控期间的在线教学是一项系统工程，既需要教育部门的设计指导，也需要高校及其师生的积极响应，更需要各种在线教学平台的大力支持。第一，从教育部到各省（区、市）教育厅等教育行政部门都以不同方式给予在线教学极大的支持，支持范围包括开放免费课程、对接在线教学平台、组织教师培训和监测教学情况等。《教育部应对新型冠状病毒感染肺炎疫情工作领导小组办公室关于在疫情防控期间做好普通高等学校在线教学组织与管理工作的指导意见》的发布表明，教育部面向全国高校免费开放全部优质在线课程和虚拟仿真实验教学资源。截至 2020 年 2 月 2 日，教育部组织 22 个在线课程平台制定了多样化在线教学解决方案，免费开放包括 1291 门国家精品在线开放课程和 401 门国家虚拟仿真实验课程在内的在线课程 2.4 万余门，覆盖本科 12 个学科门类、专科高职 18 个专业门类，供高校选用。① 第二，各省（区、市）教育厅紧随其后做了大量工作。据悉，广西教育厅主动与中国大学MOOC、学堂在线、智慧树网等多平台对接，协调课程平台为广西高校提供在线教学服务。② 截至 3 月 2 日，四川省教育厅通过智慧职教、超星学习同等课程平台检测全省高职院校线上教学情况，线上组织培训教师 21582 人，切实提高教师信息化教学能力，推动信息技术与教育教学深度融合。③ 第三，中国大学 MOOC 为高校师生提供多项服务：课程资源服务，提供 8000 余门优质在线课程资源；在线教育服务，提供学校专属在线学习空间、学生在线学习数据服务、在线直播讲座服务、教师在线培训服务、疫情防控服务等。学堂在

---

① 《关于在疫情防控期间做好普通高等学校在线教学组织与管理工作的指导意见》，教育部网站，http://www.moe.gov.cn/srcsite/A08/s7056/202002/t20200205_418138.html，最后访问日期：2020 年 4 月 2 日。
② 广西教育厅：《广西高校开设 3 万多门在线课程，学子在线学习近千万人次》，中国新闻网，http://jyt.gxzf.gov.cn/gxjyt/jyxw/jyt/23818.html，最后访问日期：2020 年 4 月 2 日。
③ 《我省发挥"互联网＋教育"优势确保高职院校线上教学"标准不降、实质等效"》，四川省教育厅网站，http://edu.sc.gov.cn/scedu/c100768/2020/3/9/e78df4d9a1274004b7390defe1722b04.shtml，最后访问日期：2020 年 4 月 2 日。

线平台提供 2350 门免费开放课程、1600 门慕课，从 2020 年 1 月 30 日起每天进行一场免费直播培训，并免费开放雨课堂会员服务。学银在线免费提供 3464 门慕课及国家级、省级精品在线开放课程，在配合院校线上开课，协助导入教师、学生、课程等数据方面提供支持，免费为院校开通"一平三端"智慧教学系统所有教学功能的使用权限，并针对已在使用和计划使用学银在线开课的院校，免费提供全方位服务支持，包括平台应用指导、视频直播培训和开设"新型冠状病毒防疫安全公益课"。此外，为高校提供在线教学平台支持的还有智慧树网、超星尔雅网络通识课平台、人卫慕课、优课联盟、好大学在线、融优学堂、QQ 群课堂、企业微信、腾讯会议、华文慕课、高校邦、人民网公开课等。① 在线教学平台对疫情防控期间线上教学的支持，不仅为高校线上教学打好了技术资源基础，使高校教学成为可能，而且推动了教育模式变革，密切了家庭、学校关系。用教育专家的话说，这次新冠肺炎疫情防控期间的特殊教育需求加速了大规模社会化协同的教育服务新业态的形成。②

线上教学即网络教学，国内专家学者对其功能不乏某些深刻认识。韩筠认为，"互联网 +""智能 +"催生了新的教学方式，推动着高等教育教与学的新变革，如教学理念的转变、混合式教学的演变、线上线下教学设计的一体化、课堂教学的革命、智慧教学环境的创建、教学模式的创新和教学评价与教学管理的精准化；新的变革也对教师提出从知识传授者向学生自学引导者转变、从教材执行者向课程开发者转变、从关注教学效果到更关注教学过程转变、从教育者向教育研究者和终生学习者转变的要求。③ 钟秉林指出，在线教学的优势在于拓展优质资源。教育资源获取方式的多元与便捷可以有效促进教育公平，在线课程联盟的构建可以提升教育国际化水平；但也存在很多劣势，如冲击了传统的教育教学观点、教师队伍建设以及传统的人才培养模式和管理体制。④ 但不管怎样，在新冠病毒肆虐的情况下，既要做好疫情防控，又要做到"停课不停学"，线上教学成为高校的不二选择。有鉴于此，笔

① 《关于在疫情防控期间做好普通高等学校在线教学组织与管理工作的指导意见》，教育部网站，http://www.moe.gov.cn/srcsite/A08/s7056/202002/t20200205_418138.html，最后访问日期：2020 年 4 月 2 日。
② 余胜泉等：《大规模社会化协同的教育服务变革》，《电化教育研究》2020 年第 4 期。
③ 韩筠：《"互联网 +"时代教与学的新发展》，《中国大学教学》2019 年第 12 期。
④ 钟秉林：《互联网教学与高校人才培养》，《中国大学教学》2015 年第 9 期。

者认为，针对线上应急教学的实际情况，有必要对疫情防控期间的线上教学开展一项综合性的考察。本文便是基于新冠肺炎疫情防控的背景，以身在其中的高校师生的视角，通过线上教学参与观察法、线上教学网络纪实法等收集当前线上教学的相关信息，从社会学功能论的角度对高校线上教学进行功能分析，目的是为建立和优化面向未来的高校线上教学体系尤其是应急教学体系提供一定参考。

一　疫情防控期间高校线上教学的正向功能

由美国社会学家塔尔科特·帕森斯建立的社会学功能理论提示我们，对于社会系统中的各种社会现象、社会事物或社会行动，都可以从社会功能的角度进行功能分析，以有效地认识它们在特定社会系统中的地位与作用。根据这一理论，我们将线上教学这一社会现象、社会事物或社会行动置于重大疫情防控期间这一特定社会系统中进行考察，以较好地认识高校线上教学在重大疫情防控期间所发挥的社会功能，从而为高校在疫情防控期间实行线上教学找到理论和现实的科学依据，并为日后开展线上教学奠定认识基础。

（一）减少人口规模化流动，以确保疫情防控有效

随着疫情的蔓延，各地开始调整公共卫生响应级别，不少地方开始采取措施，以减少人员流动，防止疫情大范围传播。根据疫情防控的需要，教育部做出 2020 年春季学期高校延迟开学的决定。在高校开学延迟以及"停课不停学"的双重导向下，线上教学应运而生。线上教学基于"教师在线教学 + 学生居家学习"的模式，极大地减少了人口的规模化流动，使新冠病毒的传播机会减少，传播范围减小，从而有利于确保重大疫情防控整体上的有效性。

（二）避免高校校园内人群聚集，以保证师生身体健康

高校校园是一个生源范围广、聚集程度高和社会影响大的场所，也是各地疫情防控予以高度重视的特定场所之一。新冠病毒肺炎更是具有潜伏期长、传染性强等特征。高校师生在教室、食堂、宿舍、操场、图书馆、实验室等场域的频繁流动和群体聚集，无疑将使病毒的快速传播有可乘之机。高校若按期开学学生返校，将严重威胁高校师生的身体健康。为了阻断疫情向校园传播和蔓延，有效防控新冠肺炎疫情，中国高校采取了延期开学但实行线上

教学的重大举措。在教育行政部门的指导和高校的具体组织下，教师利用各种在线教学平台进行线上教学，发布课程信息和教学内容，开展线上直播讲课，指导学生完成课程学习任务或毕业论文写作；学生无须返校，居家不停课、不停学，按照校历、课表、教程的规定在线听课和参与讨论，线下完成其他学业任务，以此将新冠病毒的传播阻断于校园之外。这种线上教学方式，不仅避免了高校校园人群聚集，保证了高校师生的身体健康，而且为全国疫情防控做出了贡献。

（三）促推学生在家中学习以，避免疫时学业荒废

相对来讲，家庭是一个轻松自由、没有压力的环境。为了保证在居家防疫的情况下学生有课程可学、有教师指导，线上教学成为一种可取的教学方式。线上教学一方面能够有效减轻学生对手机的依赖，避免学生出现学业荒废的现象；另一方面能将学生手机依赖的负功能转换为促进他们学习的正功能。对于现在的"00后"学生来说，线上教学的信息化、虚拟性和远程性有利于调动他们的学习积极性，激发他们自主学习的潜能。对于教师来说，基于互联网技术优势的线上教学能为他们提供更丰富的教学资源和超越时空的教学模式，提高课堂教学的效率。线上教学还能帮助学生获得名校名师课程，指导学生多元化地获取优质课程资源；适时检查学生学习进展，帮助学生解决具体问题。学生则可以在教师的远程督导下实现常规学习与自主学习的有机结合，从而不至于荒废了学业。

（四）利用教育现代化技术，保证教学秩序井然

高校的教学秩序是由校历、课表、教程等来规范的。此次疫情防控期间，各高校无法进行线下教学，线上教学成为高校教学活动的可取方式，因而受到政府和高校管理者的高度重视。线上教学利用现代化技术优势，使高校从管理者到教师再到学生都能秩序井然地参与教学活动。高校管理者可以校历、课表为依据，随时检查课程教学的进度；利用线上教学平台相关技术，检查教学内容的传输以及学生的学习状况。同时，师生在进行线上教学时，教务部门会指定督导参与线上课堂，教师或学生干部也会采用视频截图的方式证明教学活动的顺利实施。教师进行直播授课时，可以通过线上统计和随机点名检查学生线上到课的情况。通过建立微信群、QQ群等，教师可以及时发布课程教学安排与教学要求，并及时收集和回应学生的诉求及问题。总之，线

上教学通过利用现代教育技术，有效保证了高校教学的良好秩序。

（五）透过师生网络化交往，体现教书育人情怀

由于疫情扩散和开学推迟，学生久居家中容易出现茫然、焦虑、恐慌等不良心理或行为。通过线上教学，可以形成师生之间高效良性互动的制度化交往，传递更多的人文关怀，体现教书育人情怀。首先是师生关系得以转变。教师在线教学时，更能为学生利益着想，热情指导学生利用网络技术搜集相关课程的学习视频、最新信息，以提高学生在教学活动中的参与性、能动性、有效性。其次是教育理念得以更新。疫情防控下，几乎所有学校及其教师都能利用网络优势加强课程思政教育，引导学生观看抗疫中的感人事迹，使学生厚植科学精神和人文情怀，增强学生的责任感和使命感，让"居家隔离是对抗疫做贡献"的观念深入内心。最后是心理辅导得以实施。线上教学增强了师生的交互性，教师可以及时获知学生的心理状态，积极引导学生认知病毒并获得疫病防控知识，帮助学生提高抗压能力和疫情辨识能力，同时利用微信、QQ等提升师生之间互动的高效性，从知识传授、信息反馈到心理辅导等，让学生体会到教师和学校的关怀。

（六）借由线上实战化教学，提高教师业务能力

线上教学是一种基于现代信息技术的教育模式，教师的主要教学方式由课堂转到线上。他们是线上教学的最终实施者，其网络教学能力决定了他们的教学水平和教学效果。尽管目前绝大多数一线教师没有线上教学经验，但是，此次线上实战化的应急教学，客观上可以极大地提高教师的综合业务能力。首先是教学设计能力。在此次线上教学的过程中，对教学内容、教学目标、教学方法等的设计，提升了教师开展课程教学设计的能力。其次是信息技术应用能力。在当今信息社会，较强的信息技术应用能力是一个现代人的基本素质。在线上教学中，借助信息获取、信息辨识、信息交流等手段，教师既可以高效地完成教学任务，也可以充分锻炼信息操作技能。最后是教学管理能力。线上实战化应急教学对于提高教师的教学管理能力有很大帮助，集中体现在线上教学组织、教学内容安排、教学时间控制、学生学习监督等方面，其他教师业务能力如信息沟通、语言表达、情绪管理、培养学生自主学习等能力也能够得到极大的提高。

二 疫情防控期间高校线上教学的缺陷

帕森斯的功能理论对功能的认识有所局限，默顿在建立中层理论时分析了其局限并发展了功能理论。他认为，功能是我们所观察的后果，一件事可能兼有正功能和反功能的后果，正功能有助于一个体系的适应与顺应，反功能则会减弱一个体系的适应与顺应。[①] 默顿确立的功能分析事项启发我们，对于疫情防控期间高校线上教学这一社会行动，不仅要对其正功能进行分析，而且要看到它的反功能、负功能或社会风险。从高校线上教学的实际情况来看，线上教学虽然具有正向功能，但也存在某些负面影响，值得我们关注。

（一）线上教学带来教学工具上的压力

众所周知，居家线上教学的环境与学校课堂的环境大相径庭。线上教学的教学工具要求多样化和专业化，需要比较齐全的设备。但出于疫情的原因，教师线上教学的工具不够充足而且一时不好购买，缺东工具的情况比较普遍，学生也存在如此情况。教师平常上课所使用的电子设备和软件，本来是辅助工具，在线上教学中却变成了主要工具甚至唯一工具，承担着音像传输、板书图示、课堂管理等众多功能。在现实中，师生都习惯于平常面对面的课堂方式，况且作为教学辅助工具的现代教学技术设备都是学校置备，因而大家对居家线上教学的教学工具都没有充足的准备，一时间师生都比较着急，尤其是理工科教师，面对实验、实操课程教学实验设施的缺乏更是一筹莫展。这些情况在客观上影响了线上教学工作的顺利进行，给师生带来较大的心理压力。

（二）线上教学带来教学技术上的困惑

线上教学是疫情防控期间的一种应急教学方式，突发疫情迫使教师必须运用线上教学技术。教师在运用线上教学技术时，往往会遇到技术问题和设备故障，而这两个难题一般教师很难自行解决，从而影响教师的教学过程和教学效果。在技术问题方面，不少高校教师对现代教学技术运用得不熟练。在平时的课堂教学中，技术问题往往有专人解决，而突如其来的单兵作战式

---

① 〔美〕罗伯特·金·默顿：《论理论社会学》，何凡兴等译，华夏出版社，1990，第115页。

的线上教学，给他们在技术运用方面带来困惑，致使其不容易适应线上教学。在设备障碍方面，不少高校教师在平时课堂教学中如遇教学平台或教学工具发生故障，习惯于随时请求教管技术人员到场维修，而居家线上教学只能自己设法摸索解决，在寻求解决办法的过程中往往浪费大量的教学时间。出现这些状况，既会影响教师和学生的心情，也会影响教学目标的实现和教学计划的按时完成。

（三）线上教学带来教师劳作上的强化

教师劳作上的强化指教师线上教学劳动强度的提高。这主要体现在课程准备、教学过程、课余辅导三个方面。虽说课程准备在平时也是一项高强度的工作，但线上教学进一步地加大了教师的工作量。他们除准备教学内容外，还必须做好比课堂教学详细得多的 PPT 或视频，进行线上教学的准备和测试。在教学过程方面，线上教学不同于课堂教学，课堂教学教师有较大的灵活性，可以进行板书教学，可以组织课堂讨论，还可以安排学生参与讲课，而线上教学使这些不太方便实现，这加重了教师的讲授任务。在课余辅导方面，学生通常会以最简便的方式向老师提出问题，用得最多的是微信。微信辅导虽然对学生提问来说比较简便，但对教师解答来说却等于写作，需要花费不少精力输入文字以解答学生的提问。教师们感觉到线上教学加重了教师负担。

（四）线上教学带来师生心理上的不适

线上教学还给教师带来心理或行为上的不适。线上教学使教师坐上了"主播"的位置。由于网络空间虚拟性的增强和线上课堂临场感的缺乏，生性内敛的教师或缺乏"主播"经验的教师较难适应这种教学场景的突然转变，心理压力较大。另外，由于线上教学无法实现教师与学生的直接联系，师生之间亲近感相对缺失。有的教师在线上教学时，自言自语讲了一段时间，教学设备却处在静音模式，学生则认为教师可能还没开始讲课未能及时反馈，从而引发了教师的无助感和羞愧感。线上教学反馈的不直接，造成师生之间互动程度低，无法让教师观察每个学生的学习状态，学生是否都在线上听课也不易把握，也使教师对教学效果心中无底。

（五）线上教学带来教学质量上的担忧

疫情防控下的线上教学使居家隔离的师生进入隔空虚拟教学的环境。由于是应急教学且准备不足，线上教学质量受到某些方面的质疑与担忧。一是教师传授的有效度。典型的是理工科教师，他们需要进行实验操作，但由于居家线上教学，实验操作无法开展，教学质量受到影响。二是学生听课的接受度。线上教学的空间区隔使教师无法把握学生的学习状况。虽然大多数学生认真学习，但长时间孤单听课并缺乏参照群体可能形成惰性，甚至有学生关掉设备声像，偷偷刷屏或玩游戏，浏览与课程无关的网页或睡觉。三是教学环境的支持度。课堂教学是规制化教学，环境干扰因素较少，而线上教学干扰因素多，如音响录入杂音、网络信号卡顿、家庭事务分心等，从而影响教学质量。总体而言，应急式的线上教学使教师、学生以及高校教学管理部门都可能担忧教学质量。

（六）线上教学带来教学管理上的麻烦

疫情防控期间的线上教学使"教、学、管"之间空间分隔，此时的教学管理对工具性和技术性的要求很高。很多高校师生不具备全套的技术设备，高校教学管理部门也未达到利用人工智能、大数据、云计算等进行线上教学管理的程度，很难从先进技术上对线上教学活动实行有效管理。况且有的教学平台无法对学生出勤情况进行明确记录，有的教学平台不适合督导到堂听课，几乎所有的教学平台都无法对教学情况进行自动跟踪等。这些给高校的教学管理带来一定的麻烦。现在，有的学校实行教学日报制，也就是要求教师和教学班的班干部上课时截图，下课后教师和学生分别将教学情况直接报告给教学管理部门。这种办法虽然对规范管理线上教学有较好作用，但仍以一种原始办法来管理现代教学，增加了教师、学生和教管部门的负担。

三 优化高校线上应急教学体系的几点思考

普遍的线上教学是在防控新冠肺炎疫情特殊背景下应运而生的一种应急教学方式，属于重大疫情社会防控的范畴。以此方式，高校实现了"疫情传播的社会阻隔"，[①] 走出了疫情防控期间无法正常开学、上课的困境，保证了校历、课表、教程较好地执行，解决了学生"停课不停学"期间学什么、怎么学的一些基本问题。总体来讲，尽管负面影响不可否认，但正面功能是主

① 谢俊贵：《重大疫情社会防控：机理、功能与适用情境》，《社会科学研究》2020年第4期。

要的。应当在总结疫情防控期间高校线上教学经验、吸取疫情防控期间高校线上教学教训的基础上，不断优化高校线上应急教学体系，有效推进高校线上教学顺利发展，继而更好地在未来进行常态化的混合教学。

（一）深入认识高校线上教学的正向功能

北京师范大学未来教育高精尖创新中心执行主任、教育学部教授余胜泉指出，未来学校的办学空间将是物理空间、社会空间、信息空间三元空间融合的世界，人机结合的智能空间将是未来学校的基础。[①] 随着教育现代信息技术的不断发展，线上教学应该不仅是课堂教学的补充方式，它还具有整合共享教学资源、突破教学时空限制、降低教学成本的特殊优势。信息技术与教育活动的深度融合将可能成为高校教学改革的一个重要方向。因此，政府的教育管理部门、高等学校以及高校教师有必要深入认识高校线上教学的正向功能，尤其是线上教学在特定社会情境下（如在重大疫情和某些灾情下）所能发挥的应急作用，积极推进"互联网＋教育"顺利发展。教育管理部门和高校应加强系统研究，制定相关政策，为线上教学指明方向；高校教师应深刻理解线上教学功能并充分发挥这种功能。

（二）有效克服高校线上教学的负面影响

社会学家默顿强调，应避免将功能分析集中于正面功能，必须同时注意其他后果。[②] 线上应急教学在发挥巨大优势的同时，也会导致教师在技术、劳作、心理上的压力增大，学生在线上学习中的自由散漫和心情不快，教务部门教学管理的鞭长莫及等负面影响，甚至可能引发某些次生的社会风险。[③] 教育部门和高校管理者应充分认识线上教学的负面影响，设法克服线上教学劣势，防范线上教学风险。在疫情防控应急教学期间，要通过运用思想政治的、组织引导的、技术支持的、社会工作的、心理疏导的各种方式，切实做好师生的工作，为师生提供多方面的物质技术和精神心理支持，而不是只提要求、只管培训，不管教师学生是否有物质技术和精神心理上的准备。疫情过后，高校应对线上教学进行总结评估，发现线上教学负面影响，并为克服这些负

① 靳晓燕：《专家探讨构建学校教育与线上教育深度融合的新生态》，光明网，http://news.gmw.cn/2020-03/17/content_33657937.htm，最后访问日期：2020年4月2日。
② 〔美〕罗伯特·金·默顿：《论理论社会学》，何凡兴等译，华夏出版社，1990，第115页。
③ 谢俊贵：《高新技术社会风险的生发逻辑与控制理路》，《社会科学研究》2019年第3期。

面影响做好准备。

（三）切实改善高校线上教学的设施条件

正如德国社会学家贝克所说的那样，当代社会是一个风险社会，我们正"生活在文明的火山上"。[①] 我们当然不希望再次出现重大疫情或其他事故灾难，但有些事情是不以人的意志为转移的。正因为这样，就高校线上教学来讲，有了这次的应急教学经历，我们应当随时做好应对不良局面的准备。例如，一些基本的线上教学条件（含硬件和软件）应适当配备。高校要通过对有关经费使用政策的调整，多途径解决教师应急教学的基本设施条件问题。经费充足的高校可以配备全套与学校线上教学相适应的设施，经费不足的高校可以通过开源节流，采取相应经费支出政策让教师配齐线上教学的工具。如此，不仅能因应疫情等重大公共事件情况下的教学，同时对通常情境下的线上教学也是一种有力的保障。

（四）认真组织高校线上教学的平时训练

线上教学不同于课堂教学，它受到技术和心理等的制约。尤其在技术方面，如果教师对平台操作、课件制作、资源运用等生疏，不仅影响教学创新，而且影响教学效果。因此，高校有必要认真组织线上教学平时训练。一是要扎实开展线上教学技能培训，提高教师运用信息手段的熟练程度，增强教师使用线上多种教学平台的能力。二是要有针对性地开展"教、学、管"空间区隔情境下的线上教学训练，不断提升教师、学生、教学管理人员、技术保障人员的协同应对能力。三是要根据专业特点开展线上教学资源开发利用的训练，提升教师应急教学状态下教学资源的灵活运用能力。四是要加强线上教学方法创新训练，提升教师线上教学的创新能力。多方面的线上教学训练，尤其线上应急教学训练，不仅可以提升整体的技术应对能力，而且能够提升师生的心理适应能力。

（五）不断革新高校线上教学的管理体系

不可否认，当前疫情防控下的线上教学基本上是在传统教学管理体系下的线上教学。随着线上教学的进一步发展，时空限制将进一步打破，并呈现

---

① 〔德〕乌尔里希·贝克：《风险社会》，何博文译，学林出版社，2003，第 13 页。

"无时间之时间"和"流动的空间"① 的线上教学特征。与此相适应，教学组织模式将从刻板渐变为灵活，教学管理体制将从层级化转向扁平化。因此，要确保线上应急教学更好地开展，并在通常情境中得以有效推广，需要高校不断革新线上教学的管理体系，并做好三个革新。一是管理理念革新。要深入认识线上教学理念的创新性，真正形成与之相适应的管理理念。二是管理模式革新。要充分认识到现有管理模式很难适应线上教学发展，必须有所改革。三是管理技术革新。要真正懂得技术运用，若不依托大数据、人工智能、云计算、万联网等先进技术，线上教学管理会十分被动。

（六）努力填平高校线上教学的数字鸿沟

数字鸿沟也称为信息鸿沟，是指在当代社会信息化、数字化、网络化的过程中，拥有不同基础条件的信息主体之间所形成的一种巨大的信息技术落差和信息拥有落差，尤其是指拥有不同基础条件的信息主体之间在现代信息技术拥有与利用方面的巨大落差。② 中国正处于"三合一社会"（即农业、工业、信息社会叠加），城乡信息分化剧烈，数字鸿沟表现明显。③ 线上教学需要网络信息数字技术的支撑。在线上教学中，教师之间、学生之间都存在数字鸿沟，散落于各地的学生甚至存在一定程度的信息落差。针对数字鸿沟的情况，高校要设法筹集资金，一方面要改善学校整体的线上教学条件，另一方面要做好网络扶贫、信息扶贫工作，让每一位师生都不在线上教学中落伍。

结　语

线上教学作为一种疫情防控期间高校应急教学措施，是根据"疫疾发生发展的社会特征、社会影响以及疫情预防控制的社会方式、社会过程"④ 所做的安排。这一安排较好发挥了其正面功能，彰显了中国高校在现代化发展过程中应对特定危机的能力，昭示着高等教育改革与现代信息技术有机结合的

---

① 〔西〕曼纽尔·卡斯特：《网络社会的崛起》，夏铸九等译，社会科学文献出版社，2002，第466~525页。
② 谢俊贵：《信息的富有与贫乏：当代中国信息分化问题研究》，上海三联书店，2004，第83页。
③ 谢俊贵：《城乡信息分化的新态势及其因应策略》，《学海》2018年第1期。
④ 谢俊贵：《疫控社会学：学科构建的现实基础与发展前瞻》，《社会科学辑刊》2021年第1期。

未来趋势，表明了广泛的教育资源整合和共享、课堂教学和信息技术的深度融合，以及政府主导、高校负责、社会协同机制对推进高校线上应急教学的关键作用。不过也应充分认识到，线上应急教学虽然有其优势，但也存在一定的劣势。认真总结重大疫情防控下线上教学的经验与教训，不断优化高校线上应急教学体系，并将线上教学引向常规应用，是高等教育领域的一项重大课题。

优化高校线上教学应急体系不可能一蹴而就，它是一项系统工程，既需要疫控医学和疫控社会学的理论指导，也需要政府层面尤其教育主管部门的顶层设计，为线上教学新生态的形成提供政策依据、资金支持、人才培训；还要求高等学校、网营单位、教学平台等不断完善线上教学基础设施，为线上教学提供先进的技术支持；更需要高校师生甚至学生家长的积极参与、有效适应和大力支持，真正转变对教学方式创新的态度。总之，通过理论与实践的紧密结合，借由自上而下、自下而上、协同合作的多元主体参与，基于这次线上应急教学的经验总结和教训吸取，再加上在即将进入的万联时代先进网络技术支撑下的切实改进和创新，[①] 中国高校线上应急教学和常态教学均可望进入一个崭新的发展阶段。

On the Function Analysis and System Optimization of Online Emergency Teaching during the Epidemic in College and University

Xie Jungui, Lu Zhenxu, Zheng Jiaru

Abstract：Based on the specific background of the prevention and control of the COVID – 19 pandemic, Chinese universities have implemented Online Emergency Teaching measures. Education management departments have issued policies for online teaching, online education platforms, network media platforms, textbook publishing units, and university online teaching resource centers have provided strong support for the implementation of Online Emergency Teaching in universities, and

---

① 谢俊贵、谭敏茜：《万联时代的社会福祉与社会风险》，《新视野》2019 年第 6 期。

the progress went well. The implementation of online teaching in universities has not only quickly trained a team of college teachers who have mastered modern educational technology, but also solved the educational progress problems of students who cannot return to school, prevented a mass population movement of students from returning to school, and the risks of crowd gathering on campus that have ensured the safety and health of teachers and students, making universities an important power of the People's War in our country's epidemic prevention and control. Of course, online teaching also brings a lot of pressure to teaching, management and technical support personnel. After the epidemic, the experience and lessons of this online teaching should be carefully summarized, and the online emergency teaching system in our country's universities should be established and improved.

Keywords: Epidemic Prevention and Control; Online Teaching; Emergency Teaching; College and University

互联网使用行为与社会信任

——基于 CFPS2018 的分析

刘　念　张昊翔　王嘉豪*

摘　要　中国网民群体数量庞大，互联网已经融入现代生活的各个方面，人们对互联网使用行为与社会信任之间的关系一直存在诸多争议。本研究运用 CF-PS2018 个人库数据，通过主成分分析，构建社会信任和互联网使用行为综合因子。以社会信任为因变量，本文通过层次回归分析发现，在控制网民人口社会学因素的情况下，互联网使用行为对社会信任有正向激励作用：互联网认知越正向、互联网使用频率越高、上网时长越适中，网民社会信任越强。另外，本文从控制上网时长、构建良好互联网生态、关注低学历网民等方面提出相应对策。

关键词　互联网使用行为　社会信任　互联网使用频率　网民

引　言

CNNIC（中国互联网络信息中心）发布的《第 47 次中国互联网络发展状况统计报告》显示，截至 2020 年 12 月，中国网民规模达 9.89 亿人，较 2020 年 3 月增长 8549 万人；互联网普及率达 70.4%，较 2020 年 3 月提升 5.9 个百分点；中国网民人均周上网时长已接近 20 小时。[①] 互联网已经融入现代生活的方方面面，成为人们生活中不可或缺的一部分。虚拟和现实世界实质上有着紧密的联系，互联网在给人们的生活带来便利的同时，也深刻改变着人们

＊　刘念，广州大学公共管理学院社会学系讲师，哲学博士；张昊翔、王嘉豪，广州大学公共管理学院社会学专业 2019 级本科生。
①　《第 47 次中国互联网络发展状况统计报告》，中国互联网络信息中心，http://www.cac.gov.cn/2021－02/03/c_1613923423079314.htm。

的日常生活方式，改变着社会各群体对生活现状的评价。[1] 社会成员使用互联网的主要用途包括娱乐消费、在线学习、商业活动、信息获取等。[2] 通过对互联网使用行为差异化（互联网使用时长、频率和认知）的探究，可以窥见现实社会生活中社会成员学习、工作、社交的显著特征和变迁趋势。

德国社会学家齐美尔认为，信任是社会中最重要的综合力量之一，离开人们之间的一般性信任，社会自身将变成一盘散沙。[3] 社会信任是社会资本内在的核心概念，也是公共产品得以有效共享的重要传导机制。[4] 在大数据和人工智能时代，虽然使用互联网成为社会成员所普遍掌握的一项技能，对社会生活方方面面产生巨大影响，但社会信任的重要地位并没有变。互联网使用行为会对整体社会信任产生怎样的影响、两者之间存在何种关联，是值得关注的问题。

一　文献综述

随着互联网的普及，大量研究开始关注互联网使用对社会信任的影响。总体来看，社会成员的差异化使互联网使用行为对其社会信任水平产生显著影响。但不同学者从不同研究视角分析，认为此种影响既可以是正向的，也可能是负向的。王伟同和周佳音通过 Ordered Probit 回归模型研究"互联网使用频率"对"对社会陌生人信任水平"的影响；在同时考虑个体特征和家庭特征后，其研究发现个体更多地使用互联网会显著提高其社会信任水平，同时这种效应在高收入和高学历人群中表现得更加显著。[5] 栾绍娇运用CGSS2013 的数据，统计分析发现，互联网使用与社会信任之间存在显著正相关关系，同时部分人口社会学因素会对社会信任产生显著影响，如年龄、受教育程度、收入、幸福感等控制变量与社会信任存在显著正相关关系。而收

[1]　谢俊贵、谭敏茜：《万联时代的社会福祉与社会风险》，《新视野》2019 年第 6 期。

[2]　袁浩、陶田田：《互联网使用行为、家庭经济状况与获得感——一项基于上海的实证研究》，《社会发展研究》2019 年第 3 期。

[3]　〔德〕齐美尔：《货币哲学》，陈戎女等译，华夏出版社，2018，第 178～179 页。

[4]　张文宏：《社会资本：理论争辩与经验研究》，《社会学研究》2003 年第 4 期。

[5]　王伟同、周佳音：《互联网与社会信任：微观证据与影响机制》，《财贸经济》2019 年第 10 期。

入、非农业户口会抑制互联网使用行为和社会信任水平之间的正向关系。①

与之相反，亦有不少研究认为互联网使用对社会信任会产生负向影响。赵建国、王嘉箐同样运用 Ordered Probit 回归模型，在控制个体、家庭、社会保障和社区四类因素后，发现互联网使用对社会信任存在显著的负向影响，但劳动收入、受教育年限、社会阶层预期的提高能够显著抑制互联网使用对社会信任的负向影响。② 赵晓航、李建新运用 CGSS2013 的数据建立多元回归模型，通过分析青年的主要信息来源，对比发现以互联网为主要信息来源的青年社会信任水平显著低于以传统媒介为主要信息来源的青年。③ 冯首伟将性别、家庭经济条件、生活幸福度和社交频率作为控制变量，指出网民的社会信任程度往往低于不使用互联网的人，同时在网民群体内部社会信任程度往往随着互联网使用频率的提升而逐渐降低，频繁使用互联网将对现实的社会信任产生相应的反向作用。④

以上学者从不同视角探讨了互联网使用对社会信任的不同作用。从正向作用来看，人们对互联网的使用提高了其社会的便利程度和扩大了交往范围，互联网社交在一定程度上增加了线下社交的机会；⑤ 同时，互联网使用提高了互联网使用者的学习效率和工作效率，使其投入线下社交的时间相对增加，⑥进而提高了互联网使用者的社会信任水平。从负向作用来看，一方面，互联网中信息的多样化可能导致不同的互联网使用者对同一事件的认知态度产生分歧，降低社会群体的社会共识，⑦ 引起信任危机，从而降低互联网使用者的社会信任水平。另一方面，互联网简化了信息获取方式，提高了信息获取效率，各社交媒体也热衷于呈现社会不公平事件，这势必会提高互联网使用者

① 栾绍娇：《互联网使用对社会信任的影响——基于 CGSS2013 数据的实证分析》，《中国市场》2017 年第 28 期。

② 赵建国、王嘉箐：《互联网使用会影响居民社会信任水平吗？——基于中国综合社会调查数据的分析》，《财经问题研究》2021 年第 5 期。

③ 赵晓航、李建新：《当代青年的互联网使用与社会信任——基于 CGSS2013 数据的实证研究》，《青年研究》2017 年第 1 期。

④ 冯首伟：《互联网的使用对社会信任的影响》，硕士学位论文，浙江师范大学，2018。

⑤ J. V. Laer, P. V. Aelst, "Internet and Social Movement Action Repertoires," *Information Communication & Society* 8 (2010): 1146 – 1171.

⑥ D. A. Cook, T. J. Beckman, K. G. Thomas, W. G. Thompson, "Adapting Web-based Instruction to Residents' Knowledge Improves Learning Efficiency," *Journal of General Internal Medicine* 23 (2008): 985 – 990.

⑦ A. Mulligan, M. Mabe, "The Effect of the Internet on Researcher Motivations, Behaviour and Attitudes," *Journal of Documentation* 2 (2011): 290 – 311.

对社会公平认知的关注度，处于社会不公平事件的劣势方将产生更多对社会公平认知的不信任感，[①] 进而降低其社会信任水平。

随着互联网使用方式的深刻变化，已有研究在互联网使用行为上存在单一归类的情况，与当下互联网使用方式多元化趋势不符，并不能很好地呈现互联网使用行为的完整特质。另外，既有关于社会信任的测量多使用"喜欢信任还是怀疑别人"一道测题来进行，将社会信任作为二分变量，导致个人回答时选择空间小，只能在信任度"极端"中做出选择，容易使研究结果偏差放大，研究结论的准确性大打折扣。在参考和借鉴以往研究的基础上，本文运用CFPS2018最新数据，力图在互联网使用时长、使用频率和重要性认知三个方面构建完整的互联网使用行为指标；同时，针对既有研究对社会信任测量的"极端化"处理，本文构建对多种信任对象客体的综合性社会信任指标，以提升研究结论的准确性。为更好地探明互联网使用行为与社会信任之间的关联，本文亦将以往研究所指出的对社会信任有显著影响的变量，进行统计控制，运用全国大样本为这一具有学术和实践争议的研究主题提供更多有益的思考和知识积累。

二　研究设计

（一）数据来源

本次研究的样本取自 CFPS2018 个人数据库。CFPS 为北京大学社会科学调查中心（ISSS）主持的针对中国家庭的追踪性调查，是采用计算机辅助调查技术进行访问所获取的全国调查样本。目前 CFPS 已产出不同主体、不同地区、不同年份的多种数据，可以较为客观全面地反映中国的经济、社会、人文状况。CFPS 数据库中的指标十分全面，从个体基本人口社会学信息（如性别、年龄、教育、收入等）到社会心理指标（如生活幸福感、社会信任程度等）都有涉及。此外，CFPS2018 的个人数据板块还涉及与互联网使用行为有关的多个指标，包括互联网使用频率、使用时长、重要性认知等，为本研究提供了完整的数据支撑。

本研究对象集中于目前使用互联网的社会成员（以下简称"网民"），极

---

① R. Gargarella, "Penal Coercion in Contexts of Social Injustice," *Criminal Law & Philosophy* 5 (2011): 21 - 38.

少或完全不使用互联网的社会成员被排除在本研究样本之外。将测题"是否移动上网"（qu201）和"是否电脑上网"（qu202）作为样本甄别题，剔除既不用移动设备也不用电脑上网者，同时删除缺失值的样本，筛选出总计 17505 个网民样本。

（二）研究变量

1. 社会信任程度（因变量）

社会信任（Social Trust）程度涉及"对父母的信任"（qn10021）、"对邻居的信任"（qn10023）、"对陌生人的信任"（qn10023）、"对干部的信任"（qn10024）和"对医生的信任"（qn10025）5 道具体测题，采用"0～10 分"量表进行评分，分数越高表示信任感越强。对 5 道测题采用主成分因子分析法，经最大正交旋转，可提取两个特征根大于 1 的公因子。两个公因子方差累积贡献率为 57.03%，其中公因子 $f1\_st$ 方差占 30.05%，公因子 $f2\_st$ 方差占 26.98%。由因子系数矩阵分别计算 $f1$ 和 $f2$ 的因子得分，依据 $f1$ 和 $f2$ 方差贡献率的比例，由公式 1 最终计算得到社会信任的综合因子得分。综合因子得分为标准化得分，分数越高表示整体社会信任感越强。

公式 1：$Social\ Trust = f1\_st \times (0.3005/0.5703) + f2\_st \times (0.2698/0.5703)$

2. 互联网使用行为（自变量）

互联网使用频率（Internet Usage Frequency）。变量一共涉及 5 道测题，包括"使用互联网学习的频率"（qu701）、"使用互联网工作的频率"（qu702）、"使用互联网社交的频率"（qu703）、"使用互联网娱乐的频率"（qu704）和"使用互联网进行商业活动的频率"（qu705）。测题选项采用"1～7 分"取值：1 = "几乎每天"、2 = "一周 3～4 次"、3 = "一周 1～2 次"、4 = "一月 2～3 次"、5 = "一月一次"、6 = "几个月一次"、7 = "从不"。对选项取值首先进行反向转换，分数越大代表互联网使用频率越高。然后对 5 道测题运用主成分因子分析法，经最大正交旋转，可提取两个特征根大于 1 的公因子，方差累积贡献率为 66.35%。采用与社会信任程度变量同样的方法，由公式 2 计算得到互联网使用频率的综合因子得分；分数越高，互联网使用越频繁。

公式 2：$Internet\ Usage\ Frequency = f1\_if \times (0.3659/0.6635) + f2\_if \times (0.2976/0.6635)$

每周上网时长（小时）。即受访者每周业余时间里的上网时长（qu250m），该变量为连续变量，上网时长数据分布呈严重的左偏态，并集中于某些数值上，故本研究对上网时长进行分组处理。依据数据分布的 27% 和 73% 数值，将上网时长转换为定序变量，处于"0～27%"分位数样本为"少上网时长"，取值为 1；处于"28%～73%"分位数样本为"中等上网时长"，取值为 2；处于"73%以上"分位数样本为"多上网时长"，取值为 3。

了解受访者将互联网作为信息获取渠道的重要性认知（qu802），测题采用李克特 1～5 分量表，分数越高表示互联网重要性程度越高。本研究将其转换为二分类变量，其中"1 分""2 分""3 分"选项为"不重要"（赋值为 0），"4 分""5 分"选项为"重要"（赋值为 1）。

3. 人口社会学因素（控制变量）

本文还选取了主要人口社会学特征作为控制变量纳入具体分析，变量数据进行了相应转换，以便于统计分析。性别（qa002）：0 = "女"，1 = "男"。年龄（age）：受访时周岁，定距变量。户口状况（qa301）：0 = "农业户口"，1 = "非农业户口"。婚姻状态（qea0）：0 = "单身状态——未婚、离婚、丧偶"，1 = "亲密关系中——在婚、同居"。受教育年限（cfps2018eduy_im）：进行数据插补后得到的接受正规教育年限数。2018 年工作收入（qg12）：以 10 为底数进行对数转换，得到新的工作收入变量。主观社会地位（qn8012）：原为 1～5 分取值，分数越高，受访者认为自身所处的社会地位越高。本研究将其转换为定序变量：原取值 1～2 分转换为"低社会地位"，赋值为 1；原取值 3 分转换为"中社会地位"，赋值为 2；原取值 4～5 分转换为"高社会地位"，赋值为 3。生活满意度（qn12012）：原为 1～5 分取值，分数越高，受访者对目前生活的满意程度越高。本研究将其转换为二分类变量：原取值 1～3 分转换为"不满意"，赋值为 0；原取值 4～5 分转换为"满意"，赋值为 1。

本文所使用各变量详细说明见表 1。

表 1　变量的选择及赋值说明

变量类型	变量名称	变量说明	赋值说明
因变量	社会信任程度	运用主成分因子分析法，将变量 qn10021～qn10025 合并为变量"Social Trust"，表示社会信任程度	距离变量，数值越大，社会信任程度越高

续表

变量类型	变量名称	变量说明	赋值说明
自变量	互联网使用频率	运用主成分因子分析法，将变量 qu701～qu705 合并为变量"Internet Usage Frequency"，表示互联网使用频率	距离变量，数值越大，互联网使用频率越高
	每周上网时长（小时）	变量"qu250m"，转换为定序变量	对原数值进行分组处理，以"27%""73%"分位数划分为"少、中等、多"上网时长三个类别
	互联网作为信息获取渠道的重要性认知	变量"qu802"，转换为二分类变量	对原始数值进行分组处理，不重要=0（原始数值为1，2，3），重要=1（原始数值为4，5）
控制变量	性别	变量"qa002"	女=0，男=1
	年龄	变量"age"	受访者年龄
	婚姻状态	变量"qea0"	单身状态——未婚、离婚、丧偶=0 亲密关系中——在婚、同居=1
	户口状况	变量"qa301"	农业户口=0，非农业户口=1
	受教育年限	变量"cfps2018eduy_im"，进行数据插补后得到的接受正规教育年限数	数值越大，受正规教育年限越长
	年工作收入	变量"qg12"，此处经过以10为底数的对数转换	数值越大，工作收入越高
	主观社会地位	变量"qn8012"，转换为定序变量	低社会地位=1，中社会地位=2，高社会地位=3
	生活满意度	变量"qn12012"，转换为二分类变量	不满意=0，满意=1

（三）统计方法

本文使用 STATA 15.1 统计软件进行相应统计分析，首先对各变量进行描述性统计分析，通过频数、百分比等方式，对中国网民的群体特征进行呈现。其次通过均值检定和相关分析，单独检验各变量与社会信任的关联。最后通过最小二乘法层次回归，检验互联网使用行为与社会信任之间的关联。

三　研究发现

（一）网民群体特征

对中国网民的群体特征进行描述统计，由表2可知，中国网民中男性（52.08%）略高于女性（47.92%），网民在性别分布上差异显著（$\chi 2 = 30.193^{***}$，$p < 0.001$）。同样，网民中农业户口数量（67.31%）显著多于非农业户口数量（32.69%），处于亲密关系状态中的网民数量（73.20%）远多于单身状态的数量（26.80%）。网民最小者为10岁，最大者为96岁，平均年龄接近35岁（$SD = 14.405$）。网民平均受教育年限为10.228年（$SD = 3.838$），大体处于高中阶段。网民年工作收入平均值为43000元左右，但最低者一年内收入为0，最高者达到500000元。26.73%的网民认为自己社会地位较低，51.80%认为社会地位中等，21.47%认为社会地位较高；对主观社会地位原始赋值取均值可见，$M = 2.916$，$SD = 0.962$，整体上网民群体认为自身社会地位中等偏下。网民群体整体上对生活较为满意，变量原始赋值均值 $M = 3.903$，$SD = 0.910$，经数据转换后，2/3的网民对日常生活感到满意。

在互联网使用行为上（见表2），网民每周平均上网时长为13.620小时（$SD = 12.827$），需要注意的是网民每周上网时长差距非常大，最少为0.1小时，最多为168小时。实际上，每周上网超过70小时，意味着每天平均有10小时在上网，这明显超过普通人上网时长，故需对每周上网时长超过70小时的样本（占样本总数的0.46%）特别留意。对每周上网时长进行数据转换，27%分位数对应5小时/周，73%分位数对应20小时/周。每周上网时长小于等于5小时为"上网时间少"，大于5小时小于20小时为"上网时间适中"，大于等于20小时则为"上网时间多"。对互联网作为信息获取渠道的重要性认知，均值为3.908（$SD = 1.166$），经过数据转换后，32.69%的网民认为互联网不重要，67.31%的网民认为重要，整体来看网民对互联网的认知较为正向。互联网使用频率，运用原始数据对网民通过不同方式使用互联网的频率进行考察，可见网民用互联网进行社交（$M = 5.927$）和娱乐（$M = 5.635$）的频率最高，进行商业活动（$M = 3.344$）的频率最低。互联网使用频率综合变量使用的是经主成分分析后提取的公因子分数，为标准化后分数（$M = 0$，$SD = 1$），在此不做汇报。

社会信任，运用原始数据对主体信任程度进行考察，由表2可知，网民对父母（M＝9.513）的信任程度最高，其次是对医生（M＝6.690）或邻居（M＝6.645）的信任，网民对陌生人（M＝2.497）的信任程度最低。社会信任综合变量得分为标准化因子分数，在此不做汇报。

表2　网民群体特征

变量	频数/均值	百分比/标准差	χ^2 / Min-Max
人口社会学			
性别			
女性	8.389	47.92%	$\chi^2 = 30.193$***
男性	9.116	52.08%	
户口状况			
农业户口	10.767	67.31%	$\chi^2 = 1917.320$***
非农业户口	5.229	32.69%	
婚姻状态			
单身状态	4.291	26.80%	$\chi^2 = 3449.146$***
亲密关系中	11.723	73.20%	
主观社会地位[a]	2.916	0.962	1 – 5
低	4.264	26.73%	$\chi^2 = 2514.959$***
中	8.265	51.80%	
高	3.426	21.47%	
生活满意度	3.903	0.910	1 – 5
不满意	5.056	31.64%	$\chi^2 = 2154.183$***
满意	10.923	68.36%	
年龄	34.806（岁）	14.405	10 – 96
受教育年限	10.228（年）	3.838	0 – 23
年工作收入	42972.614（元）	37120.827	0 – 500000
互联网使用行为			
每周上网时长	13.620（小时）	12.827	0.1 – 70
少	4.974	28.58%	$\chi^2 = 856.944$***
中等	7.619	43.78%	
多	4.810	27.64%	

续表

变量	频数/均值	百分比/标准差	χ^2 / Min-Max
互联网作为信息获取渠道的重要性认知	3.908	1.166	1 – 5
不重要	5.717	32.69%	$\chi^2 = 2096.920^{***}$
重要	11.773	67.31%	
互联网使用频率			
学习	3.548	2.436	1 – 7
工作	3.783	2.779	1 – 7
社交	5.927	1.828	1 – 7
娱乐	5.635	1.866	1 – 7
商业活动	3.344	2.084	1 – 7
社会信任程度			
对父母	9.513	1.125	0 – 10
对邻居	6.645	2.008	0 – 10
对陌生人	2.497	2.163	0 – 10
对干部	4.924	2.522	0 – 10
对医生	6.690	2.267	0 – 10

注：①$^* = p < 0.05$，$^{**} = p < 0.01$，$^{***} = p < 0.001$。②主观社会地位原始数值为均值，生活满意度、每周上网时长、互联网作为信息获取渠道的重要性认知、互联网使用频率、社会信任程度皆依此规则，不再赘述。

（二）社会信任单因素方差分析结果

对各变量与社会信任之间的关系进行单独检定分析，由表3可见，在人口社会学变量中，以性别划分，女性网民（M = -0.035）的社会信任程度较低，而男性网民（M = 0.032）的社会信任程度较高，两者差异显著（t = -4.125，p < 0.001）；非农业户口网民（M = 0.010）的社会信任程度高于农业户口网民（M = -0.038）。就婚姻状态而言，处于单身状态（未婚、离婚、丧偶）的网民（M = 0.175）的社会信任程度较高，并且显著高于处在亲密关系中（在婚、同居）的网民（M = -0.095）。当网民对自身社会地位的认知处于中等偏上时，其社会信任程度（中 M = 0.052、高 M = 0.211）更高，而认为自身处于较低社会地位的网民社会信任程度（M = -0.357）较低，两者差异明显。生活满意度更高的网民（M = 0.114）比对自身生活不满意的网民

（M = -0.319）社会信任程度更高。社会信任程度与年龄呈负相关（r = -0.140***），年龄越大，社会信任程度越低。社会信任程度与受教育年限（r = 0.138***）、年工作收入（r = 0.0697***）呈正向相关性，网民受教育年限越长或者年工作收入越高，其社会信任程度越高。

在具体互联网使用行为上，网民具体上网时长与社会信任程度有着显著的关系（f = 6.83，p < 0.01），其中，上网时长较少（M = -0.048）的网民社会信任程度低于上网时长处于中（M = 0.022）或高（M = 0.011）区间的网民，而上网时长适中的网民社会信任程度是三者里最高的。在互联网认知上，把互联网当作重要的信息获取途径的网民（M = 0.103）社会信任程度高于认为互联网不太重要的网民（M = -0.213）。互联网使用频率越高，网民群体的社会信任程度（r = 0.165**）越高。

表3　社会信任单因素方差相关分析

变量	均值	t / f 值
人口社会学		
性别		
女性	-0.035	t = -4.125***
男性	0.032	
户口状况		
农业户口	-0.038	t = -2.674**
非农业户口	0.010	
婚姻状态		
单身状态	0.175	t = 14.337***
亲密关系中	-0.095	
主观社会地位		
低	-0.357	f = 325.82***
中	0.052	
高	0.211	
生活满意度		
不满意	-0.319	t = -24.327***
满意	0.114	

续表

变量	均值	t / f 值
年龄		$r = -0.140^{***}$
受教育年限		$r = 0.138^{***}$
年工作收入		$r = 0.0697^{***}$
互联网使用行为		
每周上网时长		
少	-0.048	$f = 6.83^{**}$
中等	0.022	
多	0.011	
互联网作为信息获取渠道的重要性认知		
不重要	-0.213	$t = -18.503^{***}$
重要	0.103	
互联网使用频率		$r = 0.165^{***}$

注：$^{**} = p < 0.01$，$^{***} = p < 0.001$。

（三）社会信任层次回归分析结果

以社会信任为因变量，表4模型1涵盖人口社会学变量，在变量相互控制情况下得到线性回归分析结果。模型2则在模型1的基础上加入表示互联网使用行为的三个自变量：每周上网时长、互联网作为信息获取渠道的重要性认知和互联网使用频率，分析在控制人口社会学因素时，这三个变量对社会信任的影响。

由模型1可见，所有人口社会学变量与社会信任程度都有着显著的关系，模型解释力度 $R\text{-}square$ 为0.114。在变量相互控制的情况下，男性（$B = 0.047^{*}$）、受教育年限（$B = 0.052^{***}$）、年工作收入（$B = 0.054^{**}$）、主观社会地位（中 $B = 0.343^{***}$、高 $B = 0.519^{***}$）、生活满意度（$B = 0.336^{***}$）与社会信任有正向关联。非农业户口（$B = -0.065^{*}$）、处于亲密关系中（$B = -0.131^{**}$）、年龄（$B = -0.004^{**}$）与社会信任程度有负向关联。

模型2加入互联网使用行为的三个自变量后，其解释力度 $R\text{-}square$ 为0.135，较模型1有进一步提升。除了年龄不显著外，其他人口社会学因素与社会信任依然有显著关联。每周上网时长以"上网时长少"为参照，上网时长为中等（$B = 0.063^*$）、多（$B = 0.002$）的网民社会信任程度高，且上网时长为中等的网民社会信任程度高于其他上网时长的网民。把互联网作为重要信息获取渠道的网民（$B = 0.228^{***}$）社会信任程度更高；互联网使用频率越高（$B = 0.066^{***}$），社会信任程度越高。

表4 社会信任层次回归分析

变量	模型1			模型2		
	B	$S.E.$	$Beta$	B	$S.E.$	$Beta$
性别（男）	0.047^*	(0.025)	0.022	0.070^{**}	(0.026)	0.033
户口（非农业户口）	-0.065^*	(0.028)	-0.030	-0.077^{**}	(0.029)	-0.036
婚姻状态（亲密关系中）	-0.131^{**}	(0.032)	-0.055	-0.150^{***}	(0.033)	-0.063
主观社会地位（以"低"为参照）						
中	0.343^{***}	(0.029)	0.162	0.337^{***}	(0.03)	0.159
高	0.519^{***}	(0.038)	0.192	0.517^{***}	(0.039)	0.193
生活满意度（满意）	0.336^{***}	(0.027)	0.150	0.325^{***}	(0.028)	0.144
年龄	-0.004^{**}	(0.001)	-0.040	0.000	(0.002)	-0.002
受教育年限	0.052^{***}	(0.004)	0.179	0.040^{***}	(0.004)	0.137
年工作收入	0.054^{**}	(0.019)	0.034	0.039^*	(0.02)	0.024
每周上网时长（以"少"为参照）						
中等				0.063^*	(0.032)	0.030
多				0.002	(0.036)	0.001
互联网作为信息获取渠道的重要性认知（重要）				0.228^{***}	(0.032)	0.093
互联网使用频率				0.066^{***}	(0.016)	0.062
R-square	0.114			0.135		
Adj R - square	0.113			0.128		
N	6808			6343		
F	97.117			72.499		

注：$^* = p < 0.05$，$^{**} = p < 0.01$，$^{***} = p < 0.001$。

四　总结与讨论

本文基于中国家庭追踪调查微观数据，使用实证分析方法探索互联网使用行为对人们社会信任程度的影响状况。结果表明：互联网使用行为对社会信任程度有正向影响。同时，通过提高社会教育水平、人民生活幸福感，可以有效提高社会信任水平。基于此，本文提出以下研究对策，以求充分发挥互联网使用对提升社会信任水平的正向激励作用。

（一）互联网使用对社会信任有正向激励作用

部分学者的研究认为，互联网的使用会对社会信任水平产生负面影响。[①]本研究发现，互联网使用对社会信任水平有显著正向激励。事实上，互联网在社会生活中的角色越来越重要，成为居民获取信息、学习、工作、娱乐和社交的重要途径。互联网的使用提高了居民的生活效率，也在客观上增加了居民线下社交的时间，扩大了居民交往范围。看似互联网占用了生活时间，实际上是将生活中碎片化的时间高效率利用，在知识获取、社会认知上都起到积极作用。

（二）控制上网时长，适度上网

在较为适中的时间内，上网时间越长，网民的互联网使用对社会信任水平的正向激励越大，但若上网时间过长，互联网使用对社会信任水平的正向激励会呈下降趋势。随着数字化时代到来，个人成长和机制创新以及社会的全面发展已经离不开互联网的使用，[②]较少使用互联网可能无法及时获取资讯和信息，但如果沉迷于网络则可能与现实世界脱节。互联网使用时间与社会信任水平之间呈现非线性增长关系。需要有效控制互联网使用时间，特别是针对不同年龄段网民，引导其合理使用互联网，制定互联网使用时间规则，使其理性使用互联网，充分发挥互联网使用对社会信任水平的正向激励作用。

（三）改善社交环境、构建良好互联网生态

研究发现，年龄越小，互联网使用对其社会信任水平的正向影响越大，而网民又以青少年为主体。我们无须将"线上"和"线下"割裂来看，维系传统社会信任的诸多因素在互联网时代依旧发挥着显著作用。应构建诚实守

---

① 宋朝阳、么慧君：《社会信任视野下的大学生网络购物研究》，《太原城市职业技术学院学报》2010年第1期。

② C. Jones, *Networked Learning: An Educational Paradigm for the Age of Digital Networks* (New York: Springer International Publishing, 2015), pp. 19 – 41.

信、善解人意、允许多种观点并存的良好社交环境，只有将"线上"和"线下"社交情境有机整合，才能有助于整体社会信任水平的提升。只有积极构建良好的互联网生态环境，各级部门协调配合，维护互联网的"绿色"生态，才能真正有效提升社会信任水平。

（四）关注低学历群体互联网使用行为

研究发现，增加受教育年限有助于提高社会信任水平，更长的受教育年限通常意味着更强的学习能力，意味着识别互联网风险的能力更强。因此，政府和社会应当特别关注低学历网民的互联网使用情况，引导其抵御网络环境中的各种风险；同时应深化教育教学改革，全面提高义务教育质量，提高居民互联网使用水平，强化互联网使用对社会信任水平的积极影响。

Internet Use Behavior and Social Trust
—An Analysis Based on CFPS 2018

Liu Nian, Zhang Haoxiang, Wang Jiahao

Abstract：The number of Internet users in China is huge, and the Internet has penetrated into all aspects of modern life. It is always a controversial issue on the relationship between internet use behavior and social trust. According to the personal data of CFPS 2018, factors of social trust and internet use behavior were constructed by principal analysis. Hierarchical regression analysis found that there was positive association between social trust and internet use behavior with controlling socio-demographic variables：the more positive internet recognition, the higher frequency of Internet use and the medium time-length of Internet access, the stronger social trust was. The corresponding suggestions were referred from the aspects of controlling the time-length of internet access, building a good internet ecology and guiding low-educated Internet users.

Keywords：Internet Use Behavior; Social Trust; Frequency of Internet Usage; Internet User

聚合与分异：城市流浪乞讨人员的
社会空间*

胡　蓉　谭妙萍**

摘　要　本文借助社会学理论空间转向的这一研究趋势，以广州为例，从实证角度探究城市流浪乞讨人员的社会空间特征。研究发现：第一，城市流浪乞讨人员空间呈现规律性聚合与类型性分异的特征；第二，城市流浪乞讨人员的空间流动是基于理性权衡的选择，因而兼具单向性流动与反复性迁徙的特征；第三，城市流浪乞讨人员在社会空间上呈现明显的边缘化特征，其通过生活空间与乞讨空间的分异、空间表征与表征空间的分异来获得更多的生存空间；第四，城市流浪乞讨人员的内部交往空间多与亲缘和地缘关系有关，而外部交往空间多与社会救助行为有关。城市流浪乞讨人员的社会空间是聚合和分异的，在为其形塑更多生存空间的同时，也带来不少救助困难。对救助困难的破除，有助于实施更加精准的救助管理。

关键词　流浪乞讨人员　社会空间　救助困难

城市流浪乞讨人员的问题由来已久。2003 年 6 月，国务院颁布了《城市生活无着的流浪乞讨人员救助管理办法》，使强制性的收容遣送变成自愿性的社会救助。这在一定程度上体现了对城市流浪乞讨人员救助管理的人文关怀，彰显了以人为本的救助管理理念。但有学者发现，实施新救助管理办法后，虽然进救助站接受救助的人数有所增加，但也出现了流浪乞讨人员数量剧增、

＊　本文为国家社会科学基金项目"大都市底层群体的社会空间与治理路径研究"（17BSH018）的成果。

＊＊　胡蓉，广州大学公共管理学院社会学系副教授；谭妙萍，广州大学公共管理学院社会学系社会工作专业硕士研究生。

城市流浪乞讨人员不愿意接受社会救助、乞讨行为职业化等现象。① 本文以广州市为例，研究的核心议题是：当下大城市中流浪乞讨人员的社会空间呈现何种特征？其空间流动存在怎样的规律？是否已经或者正在形成该群体独特的社会空间？

国内学者对于社会空间的研究始于改革开放之后，随着城市社会学、人文地理学的复兴与重建，西方相关的理论和方法，如芝加哥学派、因子生态分析、空间分析技术等不断被引入国内，主要集中在地理学、城市规划等领域，在研究视角上更注重地理空间的研究而忽视其社会性。② 在社会学领域，尽管在涂尔干、齐美尔等社会学家的经典理论中可以找到社会空间的理论启蒙，但直到 20 世纪 60 年代，"空间转向"的变革才出现在社会学理论领域，③社会空间成为解释社会经验事实的一种有力的转向和路径。列斐伏尔（Lefebvre）是社会空间理论的集大成者，④ 他反对纯粹自然空间的概念，认为空间是被生产出来的，并强调空间的社会性。⑤ 布迪厄也持类似的观点，他认为社会空间是一种"关系的系统"，是被建构出来的。⑥ 与列斐伏尔、布迪厄等社会学家在现代性结构下研究空间与社会的相互作用对于社会结构以及其过程的重要性不同，以福柯⑦、哈维⑧为代表的后现代社会学家则采用了大量地理学隐喻和概念来探索这个日益复杂化和分异化的社会。

城市流浪乞讨人员处于极其弱势的社会底层，其社会空间具有较强的边缘性、流动性和隐蔽性。对其社会空间研究的难点之一是研究对象的接近和研究资料的获得。本文中的实证资料来源于广州市 D 社会工作机构 2018 年关于街友关怀项目的档案。该项目联合各义工组织，全年全天对流浪乞讨人员开展街面关怀服务，服务覆盖区域包括越秀、荔湾、天河、白云、海珠和番

① 汤秀娟、王霞：《城市流浪乞讨人员救助现状分析与对策研究》，《广州大学学报》2007 年第 8 期。

② 张品：《人文地理学与社会学空间研究的比较分析：共识、差异与共同问题》，《理论与现代化》2013 年第 4 期。

③ 高云红、尹海洁：《城市底层空间：想象与实践——西方底层空间研究述评及对国内相关研究的启示》，《甘肃行政学院学报》2014 年第 5 期。

④ 蔡禾：《城市社会学：理论与视野》，中山大学出版社，2003，第 168～181 页。

⑤ H. Lefebvre, *The Production of the Space* (Oxford: Blackwell, 1991), p. 58.

⑥ 邹阳：《布迪厄的空间理论》，《华北理工大学学报》（社会科学版）2011 年第 2 期。

⑦ 包亚明主编《权力的眼睛——福柯访谈录》，严锋译，上海人民出版社，1997，第 205 页。

⑧ 章仁彪、李春敏：《大卫·哈维的新马克思主义空间理论探析》，《福建论坛》（人文社会科学版）2010 年第 1 期。

禺 6 区总计 18 个驻点，建立流浪乞讨人员档案 533 份。为了更为深入地了解流浪乞讨人员的流动规律、日常生计及社会交往，笔者在参与街友关怀服务的同时对 20 位城市流浪乞讨人员进行了追踪观察和深入访谈，试图更为深入和客观地描述和分析城市流浪乞讨人员的社会空间特征。

由于理论视角和研究问题不同，学术界对于"社会空间"的概念界定存在一定差异。本文中，我们将社会空间划分为实体空间和社会文化空间两个维度，其中实体空间是指可视化的地理区域分布，社会文化空间是指叠加在一定的地理区域之上由特定的社会文化构成并对该地理区域产生有效影响的空间，包括日常生活空间与社会交往空间。

一　流浪乞讨人员的实体空间特征分析

民政部在 2014 年发布的《生活无着的流浪乞讨人员救助管理机构工作规程》规定："生活无着的流浪、乞讨人员是指离家在外、自身无力解决食宿、正在或即将处于流浪或乞讨状态的人员，包括生活无着的流浪人员和生活无着的乞讨人员。"从界定上看，流浪乞讨人员实质上包含流浪人员和乞讨人员两个不同的概念，背后所涉及的行为动机与后果有明显区别。在实地调查中，笔者发现，现今的城市流浪乞讨人员中有不少人租房乞讨。这割裂了传统意义上的对其自身无力解决食宿、无亲友投靠的理解，更进一步反映了城市流浪乞讨人员越发复杂化。因此，居住空间成为我们理解城市流浪乞讨人员实际生存情况的重要维度。基于此，本文以是否有固定居住空间和是否向社会乞讨钱财或者物质为分类标准，把广州城市流浪乞讨人员分为三种类型（见表 1）。

表 1　广州城市流浪乞讨人员的类型

类型	露宿不乞讨型	租房乞讨型	露宿乞讨型
构成	露宿拾荒型 露宿打散工型 露宿偷盗抢劫型	租房卖艺型 租房示弱乞讨型 租房示残乞讨型	露宿示弱乞讨型 露宿示残乞讨型 露宿卖艺乞讨型
划分依据 （生存方式）	没有固定的居住空间，不以乞讨为生，而是以拾荒、打散工甚至是偷盗抢劫等方式谋生	有固定的居住空间，以乞讨为主要谋生方式，乞讨是其生活资料的主要来源	没有固定的居住空间，并以乞讨为主要的谋生方式

续表

类型	露宿不乞讨型	租房乞讨型	露宿乞讨型
特点	群体流动性较大，包含临时陷入困境、患有精神疾病、智障等特殊群体，一般会选择在车站、桥底等隐秘角落露宿，有小群体聚集的现象	群体稳定性较强，职业性明显，会把乞讨当作生财之道，也会像正常人一样过着朝九晚五的规律性生活	兼具前面两个群体的部分特点，群体稳定性也介于前两者之间，季节变化明显，在露宿时的生活用品往往较为齐全，其中也不乏好逸恶劳者

城市流浪乞讨人员在现代化都市空间的夹缝中寻找生存空间，虽然具有高流动性和隐蔽性，但其空间分布呈现一定的规律性特征，主要表现在以下两个方面。

（一）空间分布呈现规律性聚合与类型性分异

根据各区驻点每月平均劝导人次的统计数据，我们发现广州流浪乞讨人员在城市中心区域的分布具有规律性的聚合特征。在本研究调查的广州市6个中心城区中，流浪乞讨人员在越秀区、荔湾区和海珠区这三个行政区的交界处分布尤为集中，其聚集空间具有以下特点。

第一，交通便利、人流密集。流浪乞讨人员集中聚合的区域既分布在人民桥、海珠桥等重要跨区大桥以及火车站广场、广州东站等交通枢纽，也分布在中山五路、中山八路、万通国际、上下九步行街等繁华商贸区，同时分布在光孝寺、陈家祠、仁威庙、林则徐公园等古城文化旅游景点。这些空间普遍人口密集，日常人流量大，反映出城市中流浪乞讨空间具有明显的人流偏好倾向。

第二，老旧城区，环境复杂。与天河区新兴的现代化CBD相比，越秀区、荔湾区等老城区内部建筑结构较为复杂，现代化商业大楼中夹杂着陈旧的老建筑和城中村。在繁华而复杂的城市结构中，公共基础设施相对更完备，为流浪乞讨人员提供了生活的便利。同时，浓厚的人文气息使这些地区的包容度更高些，从而为城市流浪乞讨人员创造了更多可赖以生存的缝隙空间。

第三，城区交界，管理难点。由于涉及多个行政管理区域和多个管理部门，城区交界处容易形成城市管理的盲区和难点，不少城市流浪乞讨人员会利用行政边界来躲避各区管理者的管理，甚至在某种程度上与城市管理者之间形成了非正式的约定和默契。城管默许他们在监控或者日常人们看不到的角落进行流浪乞讨，而他们会根据城管的要求对乞讨线路进行调整。

尽管城市流浪乞讨人员在城市中的某些地区会呈现一定的聚集性特征，但不同类型流浪乞讨人员的聚集空间仍存在一定的分异（见图1）。

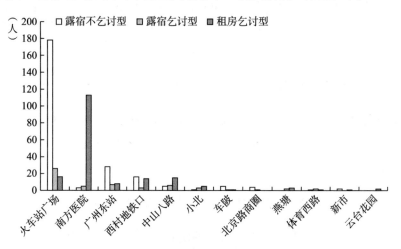

图1　各驻点不同类型流浪乞讨人员数量

"露宿不乞讨型"群体的聚集点一般在跨区桥底、长途汽车站、火车站等地方。这一类型群体没有固定的居住空间，且不以乞讨为生，而是以拾荒、打散工甚至偷盗等方式谋生，他们的流动性较大，包含临时陷入困境、患有精神疾病、智障等特殊群体。由于他们聚集的地方在白天的时候人流量较大，且一般都会有工作人员值守，因而在白天流浪乞讨人员往往会四处散开，而等到晚上，工作人员下班，人群散去后，他们就陆续回到这些地方休息。在白天的时候，他们会出没在大型批发市场、步行街等商贸繁荣的地方，以便进行拾荒或短期零工等生计活动。大型批发市场、步行街等繁华商圈地人流量大、交易频繁，每日都会产生大量的纸皮、塑料瓶等可回收垃圾，拾荒成为露宿不乞讨型人员稳定的生计来源。此外，大型批发市场的货物运输量大，往往需要较多的搬运工，且通常日结工钱或按货物工作量支付工钱，因此吸引了不少露宿打散工者。

"租房乞讨型"群体一般有固定的居住空间，其活动地点经常是在宗教寺庙、人行道、地铁口等人流量大的地方。他们以乞讨为主要的谋生方式，甚至会把乞讨当作生财之道，也会像正常上班族一样过着朝九晚五的规律性生活，因而此群体稳定性较强，且职业性明显。不同的空间对于他们来说似乎是类似于舞台的自我呈现区域,[①] 其中,在宗教寺庙、人行道、地铁口等人流量大的"前台",他们衣衫褴褛或露出身体残疾部位席地而坐,面前放一个小碗,旁边是微信或支付宝收款的二维码,偶尔会放一些感人至深的伴奏或是磕头说些吉祥的话语,也有面前摆一张白纸,白纸黑字说明需要钱治病或买票回家等,试图建构一个使人怜悯的弱者角色以获取援助。而在出租屋这个"后台",他们会表现出正常的状态,甚至会想要通过喝酒、下棋等方式来证明自己是强者。在对广州一处租房乞讨者相对集中的城中村的调查中,我们发现其租住的地方普遍在一楼,房租 50 元到 300 元不等,虽较为阴暗潮湿,但这对于一些腿脚不便或年迈者来说尤为方便,而且这些地方靠近市中心的繁华地段,出行较为方便。

"露宿乞讨型"群体没有固定的居住空间,并以乞讨为主要的谋生方式,他们经常在火车站、公园、人行道、地铁口等地方活动。这一类型的群体兼具前面两个群体的部分特点,群体的稳定性也介于两者之间,群体数量季节变化明显,在露宿时生活用品较为齐全,其中不乏好逸恶劳者。由于没有固定的居住空间,且谋生方式较为单一,这一类型群体的生活现状似乎更差一些。此外,其偶发性明显,在调查中发现他们大部分是临时陷入困境,迫不得已才上街乞讨的,因而他们的乞讨方式往往没有租房乞讨者那样专业和多样化,这也导致他们乞讨的收入不如租房乞讨者。这一类群体往往出现在春秋季,而这两个时间节点恰好是各大企业春招和秋招的时候,大量的工作机会吸引了不少人进城务工,在人生地不熟的陌生城市里,他们极易遭遇诈骗或财物丢失等意外情况,没有挣到钱又不甘心就这样返回家乡,迫不得已开始流浪乞讨。

(二) 空间流动兼具单向性流动和反复性迁徙

城市流浪乞讨人员一度被称为"盲流",说明了其流动是没有目的和随意的。但其实与改革开放后大批涌入广州的流动人口一样,城市流浪乞讨人员的流动也是一种利弊权衡后的理性选择。

在城市流浪乞讨人员选择谋生地的时候,经济因素占据主导地位。经济越发达的地区,其可寄食的空间越大,获得生存的机会也就越多。另外,气候条件在城市流浪乞讨人员的流动中也起着调节的作用,尤其是对于来自北

---

① 〔美〕欧文·戈夫曼:《日常生活中的自我呈现》,北京大学出版社,2008,第 93 页。

方地区的流浪乞讨人员来说，温暖宜人的天气为他们长期在外露宿乞讨提供了良好的气候条件。我们的调查发现，广州市流浪乞讨人员主要是从经济相对落后的地区流入的。广州流浪乞讨人员流出地的集中性是广州的拉力与各流出地的推力相互作用的结果。[①] 广州作为一个开放度和包容度极高的大都市，无论是工作机会还是基础设施抑或社会福利都较好，这是吸引人口流入的拉力。而丧失工作机会、丧失劳动能力、经济收入低和社会福利不完善等是人口流出的推力。

城市流浪乞讨人员的空间流动有单向性流动与反复性迁徙两种。单向性流动的目的性较弱，对此类城市流浪乞讨人员来说，他们只是城市中的过客，下次返回的可能性不大。相反，反复性迁徙带有明显的目的性，此类城市流浪乞讨人员返回原籍地后还会多次重回城市进行乞讨。在实地调查中笔者发现，"租房乞讨型"和"露宿乞讨型"人员的反复性迁徙较为明显，而"露宿不乞讨型"人员的单向性迁徙较为明显。

研究发现，城市流浪乞讨人员的空间流动具有一定的季节性。总体来说，城市流浪乞讨人员在春节、春耕和秋收时期的数量会减少，在其他农闲时期的数量会增多，且不同类型流浪乞讨人员的季节性流动模式存在一定差异（见图2）。

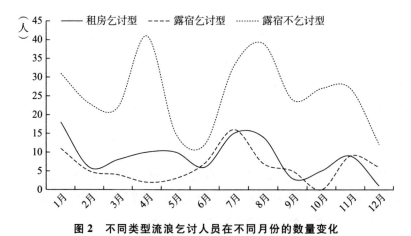

图2　不同类型流浪乞讨人员在不同月份的数量变化

如图2所示，"租房乞讨型"群体数量相对稳定，该类型群体具有固定居

---

① 尹振宇、何晶彦：《"推—拉"理论视域下中国特大城市人口调控分析》，《城市观察》2019年第2期。

住空间、相对稳定的收入来源，乞讨成为其在城市中相对可靠的生计方式和谋生手段。"露宿不乞讨型"群体的空间流动模式在一定程度上与城市务工周期相关，此类人群更多地在春秋季流入城市，这两个时间节点恰好是各大企业、工厂春招和秋招的时候，大量的工作机会吸引了不少人进城务工。在人生地不熟的陌生城市里，外来务工人员极易遭遇诈骗或财物丢失等意外情况，若没有挣到钱又不甘心返乡，容易陷入生存困境，迫不得已流浪乞讨。"露宿乞讨型"群体的空间流动模式在一定程度上与农业生产周期相关。此类人群大部分来自农村地区，在农闲时期进入城市，把乞讨当作一种谋生兼职，到四五月春耕和八九月秋收的时候，又返回家中进行劳作，季节性变化明显。

二　流浪乞讨人员的社会文化空间特征

空间与人类的生产实践密不可分，它不仅为人类实践提供了具体的现实场域，也成为人类生产实践的结果。流浪乞讨人员在特定的实体空间内聚集、生活，在日常实践中也建构出独特的社会文化空间。

（一）空间实践的分异

流浪乞讨人员处于城市阶层结构的最底层，既被城市包容，也被城市排斥，与主流就业体系、社会价值规范相断裂，其群体亚文化具有典型的边缘性、隐蔽性特征，在其日常生活中，表现为空间实践的分异。

首先，生活空间与乞讨空间分异。城市流浪乞讨人员的乞讨空间与生活空间就像是他们日常生活自我呈现的"前台"与"后台"，而他们一般会将这两种空间进行分离，从而更好地塑造乞讨者角色。一般来说，乞讨空间往往选择人流量大、便于吸引人们注意力的公共空间，通过"卖惨""讨好""道具"等表演策略，获取人们的同情心。而其生活的露宿空间，是其精心营造乞讨角色的"后台"。为了避免日常生活被暴露在大众之下，遭到外来人员的闯入，露宿乞讨人员善于利用时间与空间的策略来"隐蔽"其居住空间。笔者观察发现，人们视线无法到达的城市角落往往是他们睡觉的空间。特别是晚上，当街上人群逐渐散去的时候，流浪乞讨人员会陆续回到露宿点，利用纸皮、报纸、塑料膜、座椅、围栏等营造自己的居住空间。为了把一个地方变为居住空间，他们不仅要熟悉地形，掌握当地公共厕所、餐馆、公园、道路桥梁等特殊设施的地点，还要掌握派餐、城市管理、捡拾垃圾等关键的时间节点，利用各种有利条件避免在流浪乞讨生活中挨饿受冻。

其次，空间表征与表征空间的分异。列斐伏尔认为，空间具有物质、精神、社会属性，分别对应空间表征（representations of space）、空间实践（spatial practice）、表征空间（representational space）。其中，空间表征指对空间的构想，通常由政府、规划师主导；空间实践主要指具体的空间建设活动及结果；表征空间则与居民等使用者的实际空间利用密切相关。[①] 在现实生活中，空间规划、空间建设与日常生活空间之间，往往在不同群体各自利益和需求的作用下产生差异。这一点在流浪乞讨人员的日常生活空间实践中表现得非常明显：城市规划者、管理者概念中的城市空间表征往往与流浪乞讨人员日常表征空间存在冲突或不匹配，呈现明显的异化状态。在城市生活中，人们习以为常的购物、出行和休闲空间，对流浪乞讨人员来说却有着明显的不同空间功能。例如作为城市消费空间核心地带的商业步行街，成为乞讨人员的重要生计空间；又如长途汽车站，本应是居民出行的交通枢纽，却常常在夜晚成为城市流浪乞讨人员典型的聚集点。他们善于利用公共空间各类服务设施的便利以及城市管理的间隙，在原有城市功能空间中创造性地建构出自己的生活空间。

（二）交往空间的分异

城市流浪乞讨人员离开自己的家乡来到城市，或是流浪，或是乞讨，或者两者兼有。他们虽力图通过流浪乞讨来割裂与社会的正常联系，但在现实中却很难做到真正地与社会隔绝。

1. 以地缘和亲缘为主的内部交往空间

城市流浪乞讨人员的内部交往空间可分为与其家人的交往和与其他流浪乞讨人员的交往。在街头流浪乞讨的过程中，人们往往会主动切断原有社会关系，虽然时时会遭遇来往人群的注视，但远离了家乡的熟人社会，城市陌生人的目光非但不会让他们感到紧张或丢脸，反而会让他们感到安全。在"租房乞讨型"人员中，有一部分是举家外出乞讨的，在这种首属性质的强关系中，成员之间相互照顾、相互依存，他们对于其群体的认同感和归属感都较为强烈，因而其结构相对稳定。大多数独自外出的城市流浪乞讨人员，或由于离家乡较远且缺乏必要的通信工具，或顾及面子不愿提及自己在城市中

[①] 李春敏：《列斐伏尔的空间生产理论探析》，《人文杂志》2011 年第 1 期。

的谋生方式，与家人的沟通较少，情感联系则更少。

在与其他流浪乞讨人员的交往中，存在两种交往关系，一种是竞争式的，另一种是互助式的。一般而言，在公交站、地铁站等较分散地方的流浪乞讨人员多为单独乞讨者，他们之间存在竞争关系，有一定的地盘意识。而在商业繁华地段的流浪乞讨人员多为结伴或者结群乞讨，其交往关系多是互助式的。其中，结伴乞讨的以残疾人居多，结群乞讨的则以老乡共同乞讨为多。尤其在"租房乞讨"人员中，常见老乡带老乡的形式，因地缘关系结伴、结群进入城市繁华地带共同乞讨。

2. 以救助和施舍为主的外部交往空间

城市流浪乞讨人员的外部交往人员主要由以社工、民政人员、公安与城管等为主组成的流动救助服务队以及临时接济和施舍的城市居民组成。值得注意的是，城市流浪乞讨人员对外部交往中的不同群体往往持有不同的态度。

广州市的流动救助服务队于 2005 年 1 月成立，现更名为流动救助小分队，其主要工作是上街开展流动救助服务，包括对广大市民进行宣传倡议和对城市流浪乞讨人员进行劝导、指引并提供临时救助。流动救助小分队的出现让城市流浪乞讨人员受到社会更多的关注，在一定程度上化解了以前被动等待救助对象求助和有求助需求的人不知向何处求助的尴尬。我们观察发现，那些突然陷入困境的"露宿不乞讨型"人员对流动救助小分队是较为信任的，因为他们觉得流动救助小分队代表的是政府，是可靠的。相反，"租房乞讨型"和"露宿乞讨型"人员对流动救助小分队表现出较大的不信任，对救助站的流浪救助也明显表现出抵触情绪。

专项社会工作对城市流浪乞讨人员实施的是发展性的救助服务。针对不同类型的城市流浪乞讨人员，社会工作者秉承专业价值理念，综融各种专业手法，使其回归社会，回归家庭，回归自我。由于专项社会工作对城市流浪乞讨人员实施的是柔性的关怀，以平等和尊重的态度与其对话，因而三种类型的城市流浪乞讨人员对专项社会工作者的态度都比较友好，他们乐于敞开心扉与社工聊天。

众多有爱心的城市居民在参与城市流浪乞讨人员的社会救助中，提供了物资援助、心理情感服务、就业渠道等宝贵的资源，在提高这一群体的社会保障水平方面发挥着重要的作用，但城市居民的救助多属于临时的接济型救助。"露宿不乞讨型"人员较少与居民接触，他们对居民的态度是较为冷漠的，而"租房乞讨型"和"露宿乞讨型"人员为了讨到更多的钱，常常会刻意迎合城市居民。

三　由社会空间形塑的救助困难

流浪乞讨人员的救助管理一直是城市流动人口社会治理领域的重点和难点问题之一。新救助管理办法的实施使自愿救助代替了收容遣送，使流浪乞讨人员有了更多的自主性；而城市公共空间的进一步拓展与开放共享，使城市流浪乞讨人员有了更多生存空间，但也给城市秩序带来了挑战。可见，流浪乞讨人员的行为受经济、文化等不同社会空间的牵引和塑造，[①] 是环境的塑造与自我形成并行发展的结果。城市流浪乞讨人员在社会空间中的聚合与分异，为其形塑了更多的生存空间，但也带来不少的救助困难。

第一，乞讨文化弥散，源头治理无制约措施。广州流浪乞讨人员的源头空间往往与贫穷相关，在家乡原本是劳动能力较低的老弱病残者，转身来到城市后，这些老弱病残的身体特征转化为其乞讨有利的资本，通过人们的同情心获取钱财。在乞讨成本极低的情况下，第一批来到城市流浪乞讨的人员不但能维持基本的生活，甚至还有盈余，更有甚者能靠乞讨挣的钱回乡风光盖房子。在金钱利益的诱惑下，同处贫困落后地区的人们不再认为乞讨是一种没有尊严的行为，反而觉得没钱才真的没有脸面，而且在城市乞讨门槛低、成本低、收效快，有时甚至比在城里的打工人赚钱还多。这使村里的人开启了对城市流浪乞讨的向往，他们希望跟随老乡到城市行乞谋生，由此乞讨文化在这些地方弥散开来。而乞讨文化弥散的地方，往往是城市流浪乞讨人员较为集中的来源地，但目前的救助管理对于其源头治理并没有制约措施，这就导致源头地政府部门缺乏对这类群体的管控与有效帮扶，导致重新流出，甚至出现源头地乐见辖区人员外流现象。

第二，对救助政策不了解，政策文件落实不到位。一方面，城市流浪乞讨人员与主流社会偏离，其社会交往空间较小，获取信息的渠道较为单一，因而有很大一部分流浪乞讨人员对现行的社会救助举措并不知晓。另一方面，由于救助管理政策具有特殊性，官方的救助政策宣传与社会倡导举措较少，民众对流浪乞讨人员缺少全面的认识和难以有效辨别真正需要帮助的人员，从而出现爱心泛滥的现象。由于流浪乞讨人员、民众对救助政策的不了解，

---

① 景天魁等：《时空社会学：理论和方法》，北京师范大学出版社，2012，第 158～160 页。

救助政策难以落实到底。此外，虽然相关救助管理的政策文件对于民政、公安、城管、卫健、属地等政府部门的责任分工均有明确指引，但在实际救助管理工作中，常常出现"九龙治水"局面，谁都能管、谁都不想管的现象时常发生。

第三，救助措施与需求不符，社会力量参与需规范。城市流浪乞讨人员往往将其日常生活空间进行压缩，异化其生活空间与乞讨空间、空间表征与表征空间，这不但会使其空间功能单一化，丧失生活的弹性，还会使他们的表征空间与城市管理者规划的空间表征产生冲突。此外，无论是以地缘和亲缘为主的内部交往空间，还是以救助和施舍为主的外部交往空间，都普遍缺乏应有的社会资本，这就使他们自我抵御风险的能力大大下降，因而他们面临的不仅仅是生存的问题，还有就业、心理、情绪等方面的问题。但是，现行的城市救助管理仍以救助站的救助为主，进站的城市流浪乞讨人员能够享受临时住宿、急病救助、协助返乡等救助服务。不可否认，这样的救助确实起到一定的作用，特别是对于那些缺乏衣物、食品、自身健康、安全等生存型需求的城市流浪乞讨人员。但在某种程度上，这样的救助措施忽视了城市流浪乞讨人员在就业、自身能力发展、情绪心理辅导等方面的需求。为丰富救助管理的内容，提供高质量的救助管理服务，广州市引入了社会力量参与救助管理工作，这大大促进了城市流浪乞讨人员救助管理的专业化，更大程度满足了流浪乞讨人员的不同需求，但目前社会力量的服务理念、服务方法、服务质量参差不齐，需要进一步培训、引导与规范。

四　结语

本文借助社会学理论的空间转向，以社会空间为基本理论依据，在对城市流浪乞讨人员进行类型分析的基础上，分析了城市流浪乞讨人员的社会空间特征，并在此基础上探讨了城市流浪乞讨人员社会空间的特征对流浪救助的影响，总体得到以下几点结论。

首先，城市流浪乞讨人员在实体空间分布中具有规律性聚合与类型性分异的特征。交通便利的人流密集点、环境复杂的老旧城区、城区交界的管理难点一般是城市流浪乞讨人员规律性聚合的地点。虽然城市流浪乞讨人员在城市中的某些地区会呈现一定的聚集性特征，但不同类型流浪乞讨人员的聚集空间存在一定的分异。其中，"露宿不乞讨型"群体偏向于在跨区桥底、长途汽车站、火车站等地方休息，"租房乞讨型"群体喜欢在宗教寺庙、人行道、地铁口等人流量大的地方行乞，而"露宿乞讨型"群体经常在火车站、公园、人行道、地铁口等地方活动。

其次，城市流浪乞讨人员在空间流动中兼具单向性流动和反复性迁徙的特征。不同于"盲流"，城市流浪乞讨人员的流动是一种利弊权衡后的理性选择。其中，经济因素占据主导地位，经济越发达的地区，其可寄食的空间越大，获得生存的机会也就越多。气候条件则起着调节的作用，尤其是对于来自北方地区的流浪乞讨人员来说，温暖宜人的天气为他们长期在外露宿乞讨提供了良好的气候条件。出于对这些因素的综合考量，他们会选择单向性流动或反复性迁徙。

再次，城市流浪乞讨人员在其空间实践中往往会将生活空间与乞讨空间、空间表征与表征空间进行分异。一方面，将生活空间与乞讨空间分隔开，在"前台"的乞讨空间中通过"卖惨""讨好""道具"等表演策略，获取人们的同情心，在"后台"的露宿空间中则会精心营造乞讨角色。另一方面，在城市生活中，人们习以为常的购物、出行和休闲空间，对流浪乞讨人员有着明显不同的空间功能。流浪乞讨人员通过对城市空间不同功能的分异，创造出更多适合其生存的空间。

最后，在其社会交往的过程中，形成了两种不同的交往空间，一种是以地缘和亲缘为主的内部交往空间，另一种是以救助和实施为主的外部交往空间。这两种交往空间与流浪乞讨行为息息相关，能使他们在流浪乞讨的过程中获得群体性的心理支持与安慰，但我们要警觉的是与正常的社会交往空间相比，这样的社会交往空间往往缺乏应有的社会资本，因而城市流浪乞讨人员抵御风险的能力较弱。

本文虽然分析了关于城市流浪乞讨人员社会空间的聚合与异化，但由于有关流浪乞讨人员的社会空间研究仍处于起步阶段，相关数据记录得尚不完善，因而本文的纵贯性对比研究仍有所欠缺。此外，本文所提出的关于城市流浪乞讨人员的社会空间特征仅限于广州，其他城市流浪乞讨人员的社会空间特征是否与广州相一致还有待进一步研究。

Aggregation and Differentiation: Research on Social Space of Urban Vagrants and Beggars

Hu Rong, Tan Miaoping

Abstract: With the help of the research trend of sociological spatial turn, this paper will take Guangzhou as an example to explore the social spatial characteristics of urban vagrants and beggars from an empirical perspective. The findings are as follows: first, the space of urban vagrants and beggars presents the characteristics of regular aggregation and type differentiation; second, the spatial mobility of urban vagrants and beggars is based on the choice of rational trade-off, so it has the characteristics of unidirectional mobility and repeated migration; third, they show obvious marginalization characteristics in social space, and they obtain more living space through the differentiation of living space and begging space, representation space and spatial representation; fourth, the internal communication space of urban vagrants and beggars is mostly related to kinship and geographical relationship, while the external communication space is mostly related to social assistance behavior. The social space of urban vagrants and beggars is aggregation and differentiation, which not only shapes more living space for them, but also brings a lot of rescue dilemmas. Only by breaking this rescue dilemmas, can the rescue be carried out more accurately.

Keywords: Vagrants and Beggars; Social Space; Rescue Difficulties

非政府组织在外商在华跨文化
适应中的角色和影响

——以义乌外商为例

崔　璨[*]

摘　要　中国经济的快速发展大大增加了中外交流的深度，提高了中外交流的频率。中国改革开放后的几十年里，越来越多的外国人来到中国，文化差异给他们在中国的跨文化适应带来一定的困难。义乌作为全世界最大的小商品市场，有大量的外商来此经商，他们建有自己的协会。笔者从非政府组织对外商在华跨文化适应中的影响角度出发，通过在义乌的实地调研，发现外国协会对于外商在义乌的工作生活具有非常重要的作用，且对其跨文化适应产生较大影响。

关键词　非政府组织　外国协会　跨文化适应　义乌外商

一　文献综述

一般认为，现代意义上的非政府组织出现于第二次世界大战前后。[①] 非政府组织，即 NGO（Non-governmental Organization），这一概念最早是在 1945 年6 月签订的《联合国宪章》第 71 款中正式加以使用的，当时用来特指一种非官方的且不以营利为目的的社会组织。[②]

随着非政府组织的快速发展，不同国家的相关称谓（如英国的"慈善组织"，欧洲国家的"免税组织"，美国的"私人志愿者组织"）越来越多，相

---

*　崔璨，国际关系学院讲师，主要研究方向为中非文化交流。

① G. Clarke, "Non-governmental Organizations (NGOs) and Politics in the Developing World," *Political Studies* 1（1998）: 36.

② 车峰：《我国公共服务领域政府与 NGO 合作机制研究》，博士学位论文，中央民族大学，2012。

关界定也见仁见智，仅定义就有 100 多种。① 但是不管定义如何，有几个基本
要素得到学术界一致的认可。首先，这个群体的性质必须是组织；其次，该
组织必须独立于官方部门；再次，组织内部并不追求利益且并不对其进行划
分；最后，该组织已经运行且必须完全采取自愿原则。② 目前对于非政府组织
的分类，国外主要有三种：联合国第 1296 号决议产生的国际标准产业分类系
统，简称 ISIC 体系，世界银行的两大分类（运作型非政府组织和倡议型非政
府组织）以及美国约翰斯·霍普金斯大学非政府组织设计的 ICNPO 体系。③

在中国，直到 1995 年第四届世界妇女大会召开，中国人民才第一次接触
到非政府组织这一概念。同一年，世界妇女大会 NGO 论坛的召开意味着非政
府组织第一次出现在中国。④ 之后，中国社会组织的发展取得巨大的进展。根
据民政部发布的资料，截至 2015 年底，中国社会组织的数量已经高达 66.2
万个。⑤ 有专家估计，国内现有的社会组织约有 300 万个。⑥

目前，中国涉及非政府组织管理的相关法律规定有《外国商会管理暂行
规定》、《社会团体登记管理条例》和新《基金会管理条例》三部，⑦ 相关立
法尚存在不足之处。例如，基金会制度和中国法人制度存在一定的冲突，民
办非企业单位立法混乱，也缺少对事业单位和 NGO 的相关立法。⑧ 与此同时，
"准入门槛高，登记注册难"是目前中国非政府组织管理中的一大问题。⑨ 非
政府组织的登记采用双重管理体制，民政部门是非政府组织的法定登记管理
机关，而非政府组织在向登记管理机关申请注册登记之前，必须获得主管单

---

① 郭欣蕾：《我国政府对在华境外非政府组织的监管研究》，硕士学位论文，湖南大学，2015。
② L. M. Salamon, H. K. Anheier, *Defining the Nonprofit Sector: A Cross-national Analysis* (New York: Manchester University Press, 1997), p. 526.
③ 夏丹娜：《我国政府对在华境外非政府组织的分类管理研究》，硕士学位论文，湖南大学，2015。
④ 车峰：《我国公共服务领域政府与 NGO 合作机制研究》，博士学位论文，中央民族大学，2012。
⑤ 王恩博：《社科院报告：中国社会组织进入整体性变革期》，《中国社会组织》2017 年第 5 期。
⑥ 王存奎、彭爱丽：《境外非政府组织在华运行现状及管理对策——以维护国家政治安全为视角》，《中国人民公安大学学报》（社会科学版）2014 年第 1 期。
⑦ 夏丹娜：《我国政府对在华境外非政府组织的分类管理研究》，硕士学位论文，湖南大学，2015。
⑧ 杨正喜、唐鸣：《论我国 NGO（非政府组织）发展面临的法律障碍及解决途径》，《北京交通大学学报》（社会科学版）2007 年第 3 期；陈晓春、姚尧平：《中国非政府组织走出去的 SWOT 分析》，《经营管理者》2016 年第 21 期。
⑨ 陈晓春、颜屹仡：《国家安全视角下在华境外非政府组织管理研究》，《桂海论丛》2015 年第 2 期。

位的批准，只有党政机关和得到党政机关委托的单位才有资格担任其业务主管单位。根据调研得知，目前在义乌的外国协会多达上百个。

跨文化适应这一概念最早出现于 20 世纪初期的美国。① 雷德菲尔德（Redfiled）等学者认为，跨文化适应是一个由载有不同文化来源的群体在连续接触的过程中对各自原生文化产生变化的过程。中国学者任裕海则将其定义为：在异文化里的居留者对新环境的适应。② 对于跨文化适应的种类研究，学界的观点莫衷一是。如沃德（Ward）等认为跨文化适应有两个维度：心理适应（psychological adaptation）和社会适应（social adaptation）。③ 而布莱克（Black）等认为应该有三个维度：一般性适应（general adaptation）、工作性适应（work adaptation）和交往性适应（interact adaptation）。④ 在研究这些维度的过程中，学界也达成了一些共识，如奥伯（Oberg）的 U 形模式⑤和金（Kim）等的压力—适应—成长动态跨文化适应模式⑥这两种适应模式得到学界的广泛认可。⑦

为了更好地观察外国居民在义乌的跨文化适应能力，本文主要采用贝利（Berry）的文化适应双维度模型。⑧ 他提出的两个维度分别是保持传统文化和身份的倾向性，以及和其他文化群体交流的倾向性，并由此区分出四种不同的适应策略：整合、同化、分离、边缘。在这个模型里，适应模式主要取决于两个因素：跨文化者是否希望保持自己原来的文化特征及其是否希望主动积极地与客居社会成员建立良好的社会关系。当两个回答都为正面回答时，意味着跨文化个体采取的是整合策略；当两者均为负面回答时，则表示其被

---

① 王丽娟：《跨文化适应研究现状综述》，《山东社会科学》2011 年第 4 期。

② 任裕海：《论跨文化适应的可能性及其内在机制》，《安徽大学学报》2003 年第 1 期。

③ C. Ward, A. Rana-Deuba, "Acculturation and Adaptation Revisited," *Journal of Cross-cultural Psychology* 4 (1999): 422.

④ J. S. Black, M. Mendenhall, G. Oddou, "Toward a Comprehensive Model of International Adjustment: An Integration of Multiple Theoretical Perspectives," *Academy of Management Review* 16 (1991): 291.

⑤ K. Oberg, "Cultural Shock: Adjustment to New Cultural Environments," *Practical Anthropology* (1960): 177.

⑥ Y. Y. Kim, W. B. Gudykunst, "Cross-cultural Adaptation: Current Approaches," *International and Intercultural Communication Annual* 11 (1988): 320.

⑦ 杨军红：《来华留学生跨文化适应问题研究》，博士学位论文，华东师范大学，2005；崔璨：《试析外国居民在义乌的跨文化适应策略——基于对义乌外国居民的问卷调研》，《文化软实力研究》2016 年第 3 期。

⑧ J. W. Berry, "Immigration, Acculturation, and Adaptation," *Applied Psychology* 1 (1997): 5.

边缘化了；如果个体对自身文化表示高度认同且排斥异质文化，其采取的则是分离策略；当跨文化者认为异质文化比自身文化更具有吸引力或对异质文化认同感更强时，个体就会自然使用同化策略。①

影响跨文化适应的因素有很多。内部因素有人口统计学因素（年龄、性别、教育水平、收入等）、性格、刻板印象、应对方式等；外部因素有生活变化、价值观念、文化距离、社会支持等，② 其中跨文化者能够接收到的社会支持对他们的适应程度有很大的影响。③ 社会支持这一概念最早是由科布（Cobb）提出的，④ 他认为，社会支持指的是，当个体有所需求时，可以从这个社会网络中得到爱、赞赏以及可能的依靠。⑤ 卡普兰（Caplan）则认为，社会支持指帮助个体利用相关资源处理情绪问题，并提供物质和认知上的帮助。⑥ 卡普兰的观点得到多数学者的认同，并被沿用至今。国内目前关于社会支持的研究主要针对农民工群体、弱势群体、留学生群体等，在此不再一一赘述。然而关于社会支持对外商的影响的研究，仅局限在广州的非洲社团。⑦ 义乌作为全国乃至全世界排名第一的小商品城，每天接待大量来自世界各地的商人，他们的社会适应问题同样不可忽视。

社会支持包括施者（provider）与受者（recipient）两个有意识的个体之间的资源交换。⑧ 在本文中，施者指存在于义乌当地的大大小小、正式或非正式的外国协会，受者指所有在义乌工作与生活的外籍居民。全面地了解中国社会中存在的社会组织如何影响外国居民在中国的社会适应是一个浩大的工程。因此，本文希望可以管中窥豹，通过对在义乌生活的外商与外国协会之

---

① 崔璨：《试析外国居民在义乌的跨文化适应策略——基于对义乌外国居民的问卷调研》，《文化软实力研究》2016 年第 3 期；夏天成、马晓梅、克力比努尔：《文化适应及其影响因素探析》，《山西高等学校社会科学学报》2014 年第 7 期。

② 王丽娟：《跨文化适应研究现状综述》，《山东社会科学》2011 年第 4 期；陈慧、车宏生、朱敏：《跨文化适应影响因素研究述评》，《心理科学进展》2003 年第 6 期。

③ 许涛：《广州地区非洲人的社会交往关系及其行动逻辑》，《青年研究》2009 年第 5 期。

④ 冯超：《来华非洲留学生的社会支持网与跨文化适应研究》，硕士学位论文，浙江师范大学，2014。

⑤ S. Cobb, "Social Support as a Moderator of Life Stress," *Psychosomatic Medicine* 5 (1976): 300.

⑥ R. D. Caplan, S. Cobb, J. R. French, "Relationships of Cessation of Smoking with Job Stress, Personality, and Social Support," *Journal of Applied Psychology* 2 (1975): 211.

⑦ 许涛：《广州地区非洲人的社会交往关系及其行动逻辑》，《青年研究》2009 年第 5 期；牛冬：《"过客社团"：广州非洲人的社会组织》，《社会学研究》2015 年第 2 期。

⑧ 丘海雄、陈健民、任焰：《社会支持结构的转变：从一元到多元》，《社会学研究》1998 年第 4 期。

间关系的研究，厘清 NGO 的存在对于外商在中国跨文化适应的过程中采取的策略是否有影响，如果有，有何影响？需要强调的是，本文仅关注义乌外国协会对外商跨文化适应的影响，不涉及其日常生活和职业生活。

二 义乌外国协会的运行模式

义乌的非政府组织有多种形式，其中外籍居民参与的主要有三个：义乌人民调解委员会、义乌世界商人之家和外国协会。其中，前两个非政府组织都挂靠于义乌市政府，具有很强的政府规划性。[①] 义乌人民调解委员会是由工商局下属管理的，其主要负责人也是义乌市政府的工作人员。义乌世界商人之家的主要负责人也为义乌市工商局的工作人员，且此组织的咨询委员会成员全部为地方政府各个部门的工作人员。因此，为了客观把握非政府组织对外籍居民跨文化适应的影响，本文主要讨论外国协会。

中国 1989 年颁布的《外国商会管理暂行规定》规定："外国商会是指外国在中国境内的商业机构及人员依照本规定在中国境内成立，不从事任何商业活动的非营利性团体。"[②] 此规定要求外国商会在民政部门注册，其业务主管部门为商务部。[③] 需要注意的是，虽然中国政府承认外国商会的法律地位，但标准较高、申请程序较为烦琐。义乌的外国商会于 2016 年取得合法身份。尚未得到认可的外国商会，其性质更类似于"外商同胞互助组织"。两者的组织架构和运行模式并无太大区别。这些外商组织实际发挥的作用与已取得合法身份的外国商会相差无几，且它们正积极努力取得合法身份。本文主要的研究对象为该类组织（包括更大规模的"商会"），且以外国协会统称。

目前，义乌大大小小的协会数不胜数，甚至达到"每一个国家都有一个协会"的程度。[④] 最早在义乌出现的合法协会是 2000 年成立的韩商会，其为 1993 年在北京成立的中国韩国商会的分支。[⑤] 根据其国家人口在义乌的数量

---

① 詹花秀：《论 NGO 在中国的发展》，《财经理论与实践》2003 年第 5 期。

② 张虎：《中国外国商会管理制度的问题及对策》，《大连海事大学学报》（社会科学版）2017年第 2 期。

③ 施卓宏、陈晓春：《在华境外非政府组织的注册制度探析》，《湖南大学学报》（社会科学版）2015 年第 6 期。

④ 资料来源：笔者于 2015～2018 年的实地调研。

⑤ 王惠莲：《外商会在推进义乌综合改革试点中的作用机制研究——以义乌的韩商会为例》，《商业经济》2015 年第 2 期。

不同，外国协会有大有小。就笔者实地调研了解到的情况而言，小的只有几十人，大的多达数千人。除去以国籍分类的协会，部分实力较大的协会还希望建立更大规模的组织，如有的非洲协会希望聚集所有的非洲籍商人共同成立一个"泛非协会"（Pan African Association）。虽然这一构想已提出多年，但由于各国群体利益不统一等，目前该计划尚未实施。这些外国协会虽然在国籍、大小等方面存在种种差异，但在组织架构、运行模式、组织目的等方面有着高度一致性。

在义乌生活的外商数量并无具体官方数据，但是大致可以分为三类：凭借旅游签证短暂停留义乌（通常一个月内）的外国人，主要目的为初步认识、了解义乌市场；凭借旅游签证入境并停留义乌（三个月到一年）进行商业贸易的外商，通常是刚刚开始接触义乌外贸业务，尚未扎稳脚跟，靠每三个月出境一次续签旅游签证在义乌持续工作；稳定居住在义乌超过六个月，拥有自己的外贸公司和合法工作签证的外商。前面两个群体虽然经历同样的跨文化适应过程，但其在义乌时间太短，且目的性较强，并不契合本文的研究主题。因此，本文中的外商主要是指长期定居在义乌，并拥有自己的外贸公司的人群。

加入协会通常不需要复杂的手续，仅需要出席会议、交会费，并保持适当的交流。此外，每一个协会都拥有一个选举出来的主席。部分规模较大的协会还会再由主席指定一个或数个副主席帮助他进行日常的组织管理。外国协会定期举行组织会议，一般为一个月一次，地点通常在协会主席的家里。会议采取较为随意的方式，通常是主席向协会成员通报这一个月有无新的政策推出、已有的政策有无变化等。而成员会向协会主席及同胞进行相关的询问。询问的内容并无限制，可以涉及行政手续、工作方式、日常生活、医疗教育等所有问题。成员之间的联系往往非常紧密，所涉及的事宜也不限于商业方面。一旦遇到特殊情况，比如说某个成员或其家属遇到重大事故（重病、死亡等），主席会号召举行临时会议，尽量组织协会内的同胞为其提供帮助。这些帮助可以是心理上的，也可以是物质上的。

除了定期和不定期的交流与金钱资助外，协会还通过平时定期、不定期的碰面形式，为外商提供交流的平台。同时，每一个协会都会在微信平台上建立一个或数个（当协会成员较多时）微信群。这些微信群实际上起到公告栏的作用：政策可以得到及时的宣传、消息可以直接传播到个体、活动的举行可以方便地通知到每一个成员并给予成员进一步交流的机会。这种直接的联系大大提高了交流的效率与扩大了范围，对他们更好地适应义乌的工作生活起到非常大的帮助作用。

义乌外国协会成立的初衷是成立一个互助组织，更好地团结和帮助组织内的成员。随着组织规模的扩大，外国协会为当地政府对外商的管理提供了一定的便利。

首先，协会所代表的同胞群体可以在精神上为有需要的成员提供支持。远离祖国、客居异国他乡的非洲商人在来到义乌之后，有着同样的经历、同样的外国人身份、同样的社会工作体验，面临同样的跨文化适应问题。外国协会为他们提供了一个直接的交流平台。作为一个群体组织，外国协会经常会在晚上和周末组织不同类型的休闲活动，如足球赛。这些运动比赛可以帮助他们通过人际交往找寻新的情感支持。

其次，协会为成员提供的帮助也体现在物质上。受非洲文化的影响，非洲人普遍具有分享观念。牛冬认为，这种观念构成了广州非洲人社会组织发育和运作的观念基础。① 上文提到的协会所收纳的会费，主要用于帮助急需经济支持的成员。马里协会的一个主要成员在访谈中透露："我们一般一个人一次性交一百元，然后我们会有一个专门的成员管理这笔钱。等到需要的时候，我们就会拿出来用。用完了我们会接着往里面充钱。这笔钱相当于我们的救助经费。"②

义乌外国协会除了为其成员提供精神上和物质上的支持之外，还在生活上为其提供很大的便利。外国协会和当地政府的交流对于协会成员来说具有非常重要的意义。比如，外国协会为其成员建立的微信群，不仅可以协助举办各种活动，也可以帮助成员高效率地面对工作生活中遇到的各种问题。有了这个交流通道，大部分问题可以快速地得到解决，这极大地增强了外商在义乌生活工作的安全感。

对于外国协会的组织者来说，也就是协会主席以及主席指定的副主席，他们通常是已经在义乌工作生活十年以上的"老义乌人"，其共同特征有以下几方面。（1）较高的语言水平。多年的中国生活使他们非常熟练地掌握了中文（通常是口语，能够熟练书写中文的占极少数），能够毫无障碍地与当地居民进行沟通。有些甚至可以较为熟练地使用当地方言。（2）雄厚的经济基础。

---

① 牛冬：《"过客社团"：广州非洲人的社会组织》，《社会学研究》2015 年第 2 期。
② 资料来源：笔者于 2015～2018 年的实地调研。

在贸易活动之外仍有时间建立协会、组织活动的外商，通常已经在某种程度上达到"经济自由"。他们已经不需要花大量的时间和金钱去跑工厂、见客户。相反，很多协会主席成立的外贸公司已经形成非常成熟的运行模式。（3）乐于分享的性格特征。担任协会主席需要投入非常多的时间和精力，而这些投入往往无法在短时间内给他们带来直接的经济回报。因此，只有那些乐于奉献、甘于牺牲的成功商人才会愿意承担这个责任。（4）与当地政府的关系密切。他们经常参加当地政府举行的封闭会议、座谈会、招商引资会等，与当地政府形成了良好的互动关系。除这些之外，很多协会主席还具有非常强烈的个性特征和人格魅力。

对于协会的组织者来说，他们在为协会工作付出时间和精力的同时，也会收获诸多方面的回报。

其一，协会主席等职位可以加强他们与当地政府之间的联系。这让他们获取相关政策和信息更为便捷，遇到困难也更容易解决。

其二，协会组织者的身份可以让他们更容易获得在义乌经商同胞的尊重和认可。对于初到义乌、生意刚刚起步的年轻商人来说，这些较为年长、经验丰富的前辈就是他们的楷模。这些成功商人作为已经非常了解当地语言、社会、文化的"领先者"，在成员遇到困难、纠纷时，通常会扮演"协助者"的角色。

三 外国协会对外商跨文化适应的影响

可以说，外国协会的成立与发展对外商和当地政府都具有正面意义，并影响着他们在跨文化过程中采取的适应策略。根据上文所述，笔者主要采取的是贝利的"整合、同化、分离、边缘"适应策略理论：对自身文化和异文化都不认同的是"边缘"策略；对两种文化都高度认同的是"整合"策略；逐渐被当地文化影响而疏远自身文化的是"同化"策略；仍然坚守对原文化的认可并拒绝异文化影响的是"分离"策略。

对于新来的外商来说，巨大的文化差异可能会导致他们采取"分离"或者"边缘"策略。采取"分离"策略是因为，一旦他们采取这一策略，他们就不需要继续经历文化冲击，可以继续留在他们的舒适圈。但是因为有了外国协会这个组织，他们与群体及当地社会的交流变得容易了许多。协会首先会帮助他们度过跨文化适应最困难的阶段，进而让他们更愿意接受新鲜的人或事。一旦他们有了这个意愿，协会会提供各种与当地社会打交道的机会。这个过程就将这批外商的跨文化适应策略从"分离"转向了"整合"甚至"同化"。

而"边缘"策略是更为强烈的跨文化冲击的结果。当新来的外商感到无所适从时，他们可能会选择"边缘化"自己，不接触原有文化也不接触当地文化，这样他们也就不用做出选择，不用经历对他们来说相对痛苦的跨文化适应过程。外国协会的存在则会给予他们非常多的机会去接触自己的传统文化。对于已经决定采用"边缘"策略的人，协会并无多大作用，因为是否加入协会完全取决于个体的意愿。然而一旦个体有了回归原有文化的动机与欲望，协会就会给他们打开一扇永远敞开的大门。因此，外国协会可以大大减少采用"边缘"策略的人，并将他们带往"整合"或"同化"策略。

对于已经较好地适应当地社会的成功外商来说，他们选择的跨文化适应策略往往是"整合"或者"同化"。这时，他们已经完全适应当地的日常生活，在工作上也得心应手，且已积累一定财富。外国协会的存在使他们有机会通过"整合"策略，为同胞群体和当地社会做出贡献，获得更高层次的精神满足和价值实现。外国协会在外商群体中扮演的是"中间人"的角色，一方面帮助同胞弱势群体维护自身利益，帮助他们极大地提高自己的"整合程度"；另一方面帮助当地政府与社会更好地与外商交流和合作。

当然，义乌的外国协会也存在一些需要改进之处。其中许多协会并没有成熟坚固的组织架构。同时，协会之间的沟通与交流有待加强。

不可否认的是，外国协会在义乌的成立是建立在义乌快速的经济发展以及外商在义乌已取得一定的经济成功基础之上的。这些协会的发展也体现了外商希望进一步融入义乌的意愿以及当地政府对外商群体的重视。外国协会的运行帮助的不仅仅是其组织者，更为重要的是，他们为每一个外商都提供了直接、快速和高效的全方位支持，对他们的跨文化适应起到非常积极的作用。

The Role and Influence of Non-governmental Organizations on the Cross-cultural Adaptation of Foreign Businessmen in China
—A Case Study of Foreign Traders in Yiwu

Cui Can

Abstract: The rapid development of China's economy has greatly increased the frequency and depth of the exchanges between China and the rest of the world. In the decades since China's reform and opening up, more and more foreigners have come to China. Cultural differences have made it difficult for them to adapt to the new environment in China. Yiwu, as the largest small commodity market in the world, has a large number of businessmen coming from other countries to do business, who set up their own Chambers of Commerce. From the perspective of the influence of non-governmental organizations on the intercultural adaptation of foreign businessmen in China, through the field survey carried out in Yiwu, it has been found out that the Foreign Chambers of Commerce have had a great impact on the depth and strategies of the intercultural adaptation of foreign businessmen in Yiwu.

Keywords: Non-governmental Organization; Foreign Chamber of Commerce; Intercultural Adaptation; Yiwu Foreign Businessmen

中国社会工作者职业水平
考试：成就与挑战

曾守锤　陈　魏　李　筱　王晔安*

摘　要　2008 年至今，中国的社会工作者职业水平考试已经走过 14 年历程。为了评价其总体成就并分析其面临的挑战，本文主要利用 2009～2018 年《中国统计年鉴》和《中国民政统计年鉴》的数据开展研究。结果发现，2008～2017 年，助理社工师考试的累计参考人数和累计合格人数分别为 95.8 万人和 24.4 万人，年均增长率分别为 14.66% 和 2.26%，平均通过率为 25.53%。总体而言，这 10 年，参加社工职业水平考试的累计人数近 142 万人（年均增长 9.54%），累计合格人数约为 32.8 万人（年均增长 5.13%），其人数增长均符合曲线增长函数的趋势，平均通过率为 23.09%。中国社工职业水平考试面临的挑战主要有四个：定位模糊与功能异化；效度有待提升，历年通过率差别较大；弃考率较高；地区差异/差距较大。

关键词　中国社工职业水平考试　助理社工师　社工师

引　言

中国社会工作职业化的发展，是在上海拉开其历史序幕的。[①] 2003 年 3 月，上海在全国率先出台了《上海市社会工作者职业资格论证暂行办法》；同

---

*　曾守锤，华东理工大学社会工作系教授，博士生导师；陈魏，华东理工大学社会工作系博士研究生；李筱，华东理工大学社会工作系讲师，博士；王晔安，北京师范大学社会发展与公共政策学院讲师，博士，副教授。

①　百度百科：社会工作，https://baike.baidu.com/item，最后访问日期：2017 年 7 月 25 日。

年 11 月，上海开始社会工作者资格考试。同年，上海在中国率先成立了社区青少年服务、禁毒和社区矫正三支成规模的社工队伍。自此之后，中国社会工作职业化的发展驶上了快车道，这主要体现为全国各地争相建立社工队伍，孵化非政府社会服务组织，加大政府购买社工服务的力度。在这些力量的共同推动下，中国一线社工的数量增长迅速并形成了巨大的规模。

但真正将中国社会工作职业化，并约束为一个共同体式行动的，应是 2008 年开始推行的"中国社会工作者职业水平考试"制度。这考试既是中国共产党第十六届中央委员会第六次全体会议通过的纲领性文件所提出的"造就一支结构合理、素质优良的（宏大的）社会工作人才队伍"的具体落实举措之一，也是《国家中长期人才发展规划纲要（2010—2020）》所提出的"到 2020 年，社会工作人才总量达到 300 万人"目标的实现策略之一。从此之后，中国社会工作职业化的推进和社工队伍的建设有了一个全国性的、可依赖的途径和可靠的载体。

回望过去，2008 年至今，中国社会工作者职业水平考试（证照制度的推行）已经走过 14 年的历程。根据民政部的报告，截至 2018 年，近 44 万人通过了该考试。[①] 这是一个巨大的历史成就。本文将根据 2009～2018 年《中国统计年鉴》和《中国民政统计年鉴》的数据，描述这一成就的发展历程，同时分析其面临的挑战，尝试为中国社会工作职业化走向新的高度和取得更大的成就建言献策。

一 中国社会工作者职业水平考试的成就

（一）助理社工师考试的成就：一个历时性描述

在 2008 年首次实施的中国社会工作者职业水平考试中，一线社工的参考热情极高，超过 5.2 万人参加了助理社工师考试。但在接下来的两年（2009 年和 2010 年），一线社工的参考热情下降明显：2009 年参考人数比 2008 年少 2 万多人，比 2010 年少近 1.5 万人。直到 2012 年，一线社工的参考热情才再次达到 2008 年的水平。此后，一线社工的参考热情持续高涨。2015 年，助理社工师的参考人数首次突破 15 万人。此后的两年，参考人数均在前一年基础

---

① 《2019 "数" 说社会工作发展》，民政专题，2019 年 3 月 29 日，http://mzzt.mca.gov.cn/article/zt_sgzxd/ssshgz/201903/20190300015550.shtml。

上以约7.5%的幅度增长，并在2017年达到历史最高点，即近18万人参加考试（见表1）。

表1　中国助理社工师职业水平考试相关情况（2008～2017年）

单位：人，%

年份	参考人数	累计参考人数*	合格人数	累计合格人数*	通过率	累计平均通过率**
2008	52419	52419	20648	20648	39.39	39.39
2009	31694	84113	6611	27259	20.86	32.41
2010	37753	121866	5428	32687	14.38	26.82
2011	44100	165966	8068	40755	18.29	24.56
2012	75509	241475	23846	64601	31.58	26.75
2013	97527	339002	27300	91901	27.99	27.11
2014	117067	456069	28431	120332	24.29	26.38
2015	155337	611406	34274	154606	22.06	25.29
2016	166915	778321	64638	219244	38.73	28.17
2017	179533	957854	25251	244495	14.06	25.53

注：* 累计参考人数/累计合格人数指从2008年至某一年参加/通过考试人数的总和。根据这一指标，我们可以清晰地知道截至一年时，某一指标的具体数字。比如，2008～2009年助理社工师的累计参考人数为84113人，也就是说，截至2009年，中国有84113人参加了助理社工师考试。** 累计平均通过率指从2008年至某一年通过率的平均数。比如，2008～2010年助理社工师的累计平均通过率为：（2008～2010年累计通过人数）÷（2008～2010年累计参考人数）×100% =26.82%。

资料来源：本研究中社工师考试的数据除特别说明外，均取自《中国统计年鉴》（2009～2018）。每年（2011年除外）的《中国统计年鉴》均给出助理社工师和社工师考试的4个指标：报考人数、参考人数、合格人数、累计合格人数。其余指标为计算所得。从2010年开始，《中国统计年鉴》不仅报告全国数据，也报告各省份数据；而2008年、2009年仅报告了全国数据。由于《中国统计年鉴》（2012）未报告2011年社工师和助理社工师的合格人数和累计合格人数，因此采用的是《中国民政统计年鉴》（2012）中的数据。总体而言，《中国统计年鉴》的数据比《中国民政统计年鉴》更翔实，因此，本文采用的是前者的数据。同时，利用后者的数据对前者的数据进行了比照和补充。

经计算，2008～2017年，助理社工师参考人数年均增长率为14.66%，[①] 累计参考人数约为95.8万人，其累计参考人数的增长符合曲线增长函数（见图1）。

从通过率来看，我们期望中国社工职业水平考试的通过率保持相对的稳定。但实际情况并非如此：2008年的通过率最高（39.39%），但在接下来的

---

① 考虑到2008年的数据比较高，我们对2009～2017年的年均增长率也进行了计算。结果发现，其年均增长率为24.21%。这一数字显著大于所计算的2008～2017年的年均增长率。

两年内，通过率显著下降，呈腰斩之势——2009 年的通过率为 20.86%，2010 年更是低至 14.38%，即每 7 名参考人员中仅有 1 人通过考试。此后，截至 2015 年，助理社工师考试的通过率基本稳定在 20% 左右（2012 年除外，为 31.58%），但 2016 年的通过率再次急剧回升，达到仅次于历史最高点的 38.73%，而 2017 年通过率又断崖式下降，降到历史最低点的 14.06%。

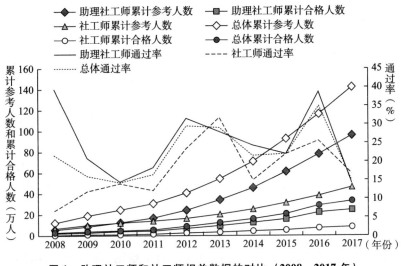

图 1　助理社工师和社工师相关数据的对比（2008 ~ 2017 年）

从历时的视角来看，助理社工师考试通过率在 2008 ~ 2017 年仿佛坐上了"过山车"——高起低落，再高起低落，峰值出现在 2008 年、2012 年和 2016 年，谷值出现在 2010 年、2015 年和 2017 年。具体形态参见图 1。

截至 2017 年，助理社工师考试的累计平均通过率为 25.53%，具体数字详见表 1。

最后，来看助理社工师的合格人数。很显然，作为参考人数和通过率的函数，助理社工师的合格人数（通过考试的人数）随参考人数和通过率的改变而发生变化。具体而言，2008 年，由于参考人数甚多且通过率极高，所以中国实施社工职业水平考试的第一年就"生产"了 2 万多名助理社工师（具体数字详见表 1）。但此后 3 年（2009 ~ 2011 年），由于参考人数和通过率"双降"，每年助理社工师的合格人数较少，大致为 0.5 万 ~ 0.8 万人。2012 ~ 2015 年，一方面得益于参考人数的迅速增长，另一方面受益于合格率的提升，助理社工师的合格人数稳定增加。2016 年，由于合格率的强力带动，助理社工合格人数急剧增加，近 6.5 万人通过考试，成为历史最高值。而 2017

年，由于合格率的再次剧烈下降，助理社工师合格人数回归到2.5万人。截至2017年，累计已有约24.4万人通过助理社工师的考试，年均增长率为2.26%。① 具体数字详见表1。

经计算，2008~2017年助理社工师累计合格人数的增长也符合曲线增长函数（见图1）。

（二）社工师考试的成就：一个历时性描述

从参考人数来看，2008年创造了社工师职业水平考试的历史之最，达到近6.3万人，其人数甚至超过当年助理社工师参考人数约1万人，2009年的参考人数比2008年少约43%（少约2.7万人）。此后，参考人数从2010年最低谷的约1.9万人一直稳步增长，至2017年达到最高点，约为8.2万人。此外，除了2008年和2009年，每年社工师的参考人数均少于助理社工师的参考人数。总体而言，2008~2017年社工师参考人数年均增长率约为3.03%，② 累计参考人数约为46.2万人，累计参考人数的增长符合曲线增长函数（见图1）。

从通过率来看，根据《社会工作者职业水平评价暂行规定》，③ 社工师的职业水平等级高于助理社工师。因此，从逻辑上推论，社工师考试的通过率应低于助理社工师考试的通过率。那么，实际的情况如何呢？对数据分析发现，除2013年和2017年，历年社工师考试的通过率确实均低于当年助理社工师的通过率。再来看具体的通过率数字，除了2008年为6.66%，其他年份社工师考试的通过率均高于10%，甚至有些年份高于20%（2012年、2015年和2016年）和30%（2013年）。从图1的直观图形来看，2008~2017年社工师考试的通过率略接近于"M"字形。或许，我们也可以认为，与助理社工师考试一样，社工师考试的通过率在各年间变化较大，很难预测。截至2017年，社工师考试的累计平均通过率为18.04%，显著低于助理社工师考试的通过率25.53%（见表2）。

---

① 经计算，2009~2017年助理社工师合格人数的年均增长率为18.24%。
② 经计算，2009~2017年社工师参考人数的年均增长率为10.92%。
③ 《社会工作者职业水平评价暂行规定》（国人部发〔2006〕71号），学易网校，2013年9月27日，http://www.studyez.com/shegong/kscs/all/201309/424860.htm。

表2 中国社工师职业水平考试相关情况（2008～2017年）

单位：人，%

年份	参考人数	累计参考人数	合格人数	累计合格人数	通过率	累计平均通过率
2008	62953	62953	4192	4192	6.66	6.66
2009	35943	98896	4227	8419	11.76	8.51
2010	19175	118071	2664	11083	13.89	9.39
2011	19426	137497	2338	13421	12.04	9.76
2012	26125	163622	6104	19525	23.36	11.93
2013	36695	200317	11658	31183	31.77	15.57
2014	49490	249807	7427	38610	15.01	15.46
2015	59851	309658	13155	51765	21.98	16.72
2016	69640	379298	17772	69537	25.52	18.33
2017	82342	461640	13722	83259	16.66	18.04

从合格人数来看，每年社工师考试的合格人数均大大低于当年助理社工师考试的合格人数。这一方面是由于社工师考试的参考人数更少（2008年和2009年除外），另一方面在于社工师考试的通过率更低。此外，历年社工师考试合格的人数差别甚大，从最低的2338人（2011年）至最高的17772人（2016年），二者相差达1.5万余人。截至2017年，累计已有8.3万余人获得社工师证书，具体数字详见表2。经计算，2008～2017年，社工师考试合格人数的年均增长率为14.08%，[①] 累计合格人数的增长符合曲线增长函数，详见图1。

从图1可以清晰地看到助理社工师考试与社工师考试某些指标差异的重要时间节点。（1）累计参考人数：截至2009年，社工师的累计参考人数大于助理社工师的参考人数，此后（2010年之后），任一年助理社工师的累计参考人数均大于社工师的参考人数，且随着时间的推移，二者之间的差异呈现加大的趋势。（2）累计合格人数：助理社工师的数量一直大大地多于社工师，二者的人数之比约为5:3。尽管随着时间的推移，二者的差异呈现加大的趋势，但幅度并不大。

（三）总体成就

为了评估中国社会工作者职业水平考试的总体成就，我们将助理社工师

---

① 2009～2017年，社工师合格人数的年均增长率为15.86%。

考试和社工师考试的各指标进行汇总，同时计算出历年持证社工（含助理社工师和社工师）人数占中国人口的比例，尝试从历时的视角来解读中国社会工作者职业水平考试所取得的成就（见表3）。

表3 中国社会工作者职业水平考试的总体成就（2008～2017年）

年份	参考人数（人）	累计参考人数(人)	合格人数（人）	累计合格人数(人)	通过率（%）	累计平均通过率（%）	全国常住人口（亿人）*	全国户籍人口（亿人）*	持证社工占全国人口比例（‰）**
2008	115372	115372	24840	24840	21.53	21.53	13.28	13.21	0.02
2009	67637	183009	10838	35678	16.02	19.50	13.35	13.33	0.03
2010	56928	239937	8092	43770	14.21	18.24	13.41	13.45	0.03
2011	63526	303463	10406	54176	16.38	17.85	13.47	13.56	0.04
2012	101634	405097	29950	84126	29.47	20.77	13.54	13.58	0.06
2013	134222	539319	38958	123084	29.03	22.82	13.61	13.67	0.09
2014	166557	705876	35858	158942	21.53	22.52	13.68	13.77	0.12
2015	215188	921064	47429	206371	22.04	22.41	13.75	13.81	0.15
2016	236555	1157619	82410	288781	34.84	24.95	13.83	13.92	0.21
2017	261875	1419494	38973	327754	14.88	23.09	13.90	13.95	0.23

注：* 虽然表格呈现的全国人口数是以"亿人"为单位的，但在计算"持证社工占全国人口比例"时，人口数采用的是精确到个位的数字。** 在保留小数点后两位数的情况下，持证社工占全国常住人口比例与持证社工占全国户籍人口比例完全相同。

资料来源：2008～2016年全国人口数据取自《中国人口与就业统计年鉴》（2009～2017），2017年全国常住人口数据取自《中华人民共和国2017年国民经济和社会发展统计公报》，http://www.stats.gov.cn/tjsj/zxfb/201802/t20180228_1585631.html，2018年4月9日下载。

从参考人数来看，2008～2017年参加社工职业水平考试的累计人数近142万人，年均增长率为9.54%,[①] 累计参考人数的增长符合曲线增长函数，详见图1。

从通过率来看，中国社工职业水平考试的通过率在10年间差别较大，从14.21%到34.84%不等，具体数字和变化趋势详见表3和图1。截至2017年，累计平均通过率为23.09%，大致接近每5个参考人员有1人通过该考试。

从合格人数来看，2008～2017年中国累计"生产"持证社工近32.8万人，年均增长率为5.13%,[②] 累计合格人数的增长亦符合曲线增长函数，其历年变化见表3和图1。

---

① 2009～2017年，这一数字为18.44%。
② 2009～2017年，这一数字为17.35%。

从社工占全国人口比例来分析，经历 10 年的快速发展后，中国持证社工占全国人口的比例已经从 2008 年的 0.02‰上升到 2017 年的 0.23‰，具体数字详见表 3。

二 中国社会工作者职业水平考试面临的挑战及其应对

总结、厘清、辨析和解决面临的挑战，是中国社工职业水平考试需要直面的问题，也是该考试取得更大成就的保障。

（一）定位模糊与功能异化

《社会工作者职业水平评价暂行规定》在总则（第三条）中明确规定，"国家建立社会工作者职业水平评价制度，纳入全国专业技术人员职业资格证书制度统一规划"。同时，"通过职业水平评价，取得社会工作者职业水平证书的人员，表明其已具备相应专业技术岗位工作的水平和能力"（第五条）。这表明，国家将社工职业水平考试定位为专业技术类职业资格考试。[1] 但从社工职业水平评价制度包括证书、考试、登记和继续教育的内容看，社工职业水平证书类似于执业资格，但又不是执业资格，因为执业资格需要法律或行政法规来规定，国务院部委无权设置执业资格，这就表明"国家对社会工作者的职业定位比较模糊"[2]。

这种定位上的模糊一方面忽视了中国社工职业化的现实情况，另一方面可能会对该考试正常功能的发挥产生一些负面的影响。这主要体现在以下三个方面。

第一，将"实际社会工作者"排斥在外，可能会造成社工队伍的分裂。不管我们承不承认，在目前这支宏大的社工队伍中，有数量庞大的一线"实际社会工作者"（也包含社区工作者）[3]，他/她们学历较低，专业训练较少。

---

[1] 徐道稳：《社会工作者就业准入制度研究》，《广东工业大学学报》（社会科学版）2013 年第 4 期。

[2] 徐道稳：《社会工作者就业准入制度研究》，《广东工业大学学报》（社会科学版）2013 年第 4 期。

[3] 王思斌：《体制转变中社会工作的职业化进程》，《北京科技大学学报》（社会科学版）2006 年第 1 期。

如果把社工职业水平证书理解为专业技术类职业资格，那么，该考试在进行证书等级设计时应该把所有的从业人员都考虑进去（制度设计的全纳性），让所有的从业人员都具备参加该考试的资格，而不是将某些从业人员排斥在外。

但实际的情况是，由于《社会工作者职业水平评价暂行规定》设置了参加社工职业水平考试的最低学历报考条件——非社工专业人员必须达到高中（或中专）的学历水平，才有资格参加考试（第2章第11条和第12条），这就将一些学历较低［未达到高中（或中专）学历］的"实际社会工作者"排除在外①，这可能会造成一线社工队伍的分裂。

第二，考试内容的设计存在对"实际社会工作者"的隐性排斥。在考试内容的设计上，一方面，社工职业水平考试主要考查个案和理论方面的内容，涉及大量的专业知识，参考者需要通过自学或培训才能通过考试；另一方面，考试的内容并没有体现出"实际社会工作者"所从事的社区工作的实际情况—— 一线社区工作者所需要的实务能力和经验并没有在考试中得到体现。② 这种考试内容设计上的偏向增加了"实际社会工作者"（尤其是低学历和年龄偏大者）通过该考试的难度，从而隐性地边缘化了"实际社会工作者"，并容易引发"实际社会工作者"的不公平感。③

第三，助理社工师证书功能的异化。不管是将社工职业水平证书理解为技能类从业资格证书，还是专业技术类职业资格证书，均不属于行政许可类职业资格，因此，它不是社会工作者就业准入的凭证。④ 但现实情况并非如此。安秋玲和吴世友对248个社工相关岗位就业招聘信息进行分析后发现，尽管高达82.4%的岗位对社工职业水平证书无要求，但14.5%的岗位优先考虑拥有助理社工师证书的应聘者，更有2.6%的岗位明确要求应聘者"必须"具备助理社工师证书。⑤ 这表明，在现实中，社工职业水平证书有被异化为就

① 朱健刚、童秋婷：《反思社会工作的"证照化"》，《中国农业大学学报》（社会科学版）2017年第3期。

② 朱健刚、童秋婷：《反思社会工作的"证照化"》，《中国农业大学学报》（社会科学版）2017年第3期。

③ 朱健刚、童秋婷：《反思社会工作的"证照化"》，《中国农业大学学报》（社会科学版）2017年第3期。

④ 徐道稳：《社会工作者就业准入制度研究》，《广东工业大学学报》（社会科学版）2013年第4期。

⑤ 安秋玲、吴世友：《我国社会工作专业化的发展：基于就业招聘信息的分析》，《中国社会工作研究》2014年第2期。

业准入的危险。可以预见，随着时间的推移和社工队伍质量的日益提升，助理社工师证书功能被异化的可能性将越来越大。

因此，在社工职业水平考试的定位和功能上，如何将"实际社会工作者"纳入进来，纳入进来后考试的形式和内容如何调整，如何防止证书功能的异化，等等，这些问题需要进行充分的讨论，早做打算，提前布局。

（二）效度有待提升，历年通过率差别较大

一个有质量的考试，必须具有较高的效度。如果中国社工职业水平考试的效度有保证，可以较为准确地测量或评估应试者的专业能力。但有研究发现，该考试的效度存在三个问题，无法准确地评估一线社工的专业能力。（1）该考试主要考查个案和理论方面的内容，无法体现出社区工作的实际情况，因为社区工作以处理综合性问题居多。（2）该考试所设置的答案为标准答案，这与实际情况不匹配：一是社区工作具有一定的灵活性，无法用所谓的标准答案来概括；二是社工在面对不同的居民时，处理问题的方式也可能会不同。（3）为某个社区实务问题确定标准答案，往往难以让一线社工信服，这在一定程度上降低了该考试的表面效度。

我们的量化研究也发现，该考试的效度有待提升。[1] 具体而言，我们请1272名一线社工对自己的专业能力进行主观评定。[2] 结果发现，在控制其他因素的影响后，不管是在科班社工（社会工作专业毕业的社工）中，还是在非科班社工中，该考试均无法有效地区分非持证社工、助理社工师和社工师。这表明，该考试的效度有待提升。

此外，该考试历年通过率的差别也较大，这同样是一个不容忽视的问题。从评价方式来看，该考试属于标准参照考试。因此，从理想上来说，其历年通过率应保持相对的平稳性。但实际情况并非如此：无论是助理社工师考试还是社工师考试，其各年的通过率差异较大；且通过率最高与最低年份的数字差别甚大——在助理社工师考试中，通过率最高的年份（2008年，39.39%）与最低的年份（2017年，14.06%）相差竟达25.33个百分点（见表1）；社工师考试中通过率最高的年份（2013年，31.77%）与

---

[1]　曾守锤等：《中国社工职业水平考试的效度检验：一项探索性研究》（未发表）。

[2]　对专业能力的测量采用的是 Malshch 职业倦怠量表中"成就感"分量表的3道测题："我能有效解决工作中出现的问题"、"在我看来，我擅长自己的工作"和"我自信能有效地完成各项工作"。

通过率最低的年份（2008 年，6.66%）相差高达 25.11 个百分点（见表 2）。这是较难令人满意的。

因此，我们应该思考的是，中国社工职业水平考试的效度究竟如何？如果效度不理想，该如何提升该考试的效度？该采取怎样的措施以稳定历年考试的难度，从而平稳化历年的考试通过率？我们认为，这是考试的组织部门（民政部和人社部）需要认真思考和研究的课题。

（三）弃考率较高

从全国范围来看，2008～2017 年社工职业水平考试的弃考率除了 2008 年为 16.30% 外，其他年份大致稳定在 20% 左右。弃考率最高的两个年份为 2015 年和 2013 年，分别为 22.17% 和 21.15%。2008～2017 年，全国的累计平均弃考率为 20.50%，即每 5 个报考人员中有 1 人弃考。

从各地区的横向比较来看，各省（区、市）的累计平均弃考率存在较大的差异。弃考率排在前三位的依次为西藏（31.53%）、贵州（29.75%）和新疆（27.63%），即大约每 3 个报考者中有 1 人弃考，远高于全国的平均水平。弃考率最低的三个省市依次为天津（13.26%）、河南（13.93%）和宁夏（14.34%），大约每 7 个报考者中有 1 人弃考。

根据考试类别来分，助理社工师的弃考率在 2008～2017 年依次为12.84%、17.04%、18.01%、19.10%、18.48%、20.02%、19.16%、21.13%、20.62% 和 20.54%，社工师的弃考率在 2008～2017 年依次为 18.98%、21.89%、24.94%、23.82%、23.71%、24.01%、21.30%、24.75%、21.73%和 21.92%。可以看出，在 2008～2017 年，社工师的弃考率均略高于助理社工师的弃考率。

很显然，弃考率高可能会带来两个问题。（1）造成公共资源浪费。由于有些地方的社工职业水平考试为免费考试，因此，弃考率过高将导致公共资源浪费。（2）容易使该考试失去严肃性。试想，如果参考人员对待某种考试的态度是，报名之后想参加考试就参加考试，不想参加就随意放弃，这必将损害该考试的形象，使该考试失去应有的严肃性。从这个意义上说，社工弃考率过高的现象引起新闻媒体的关注就不奇怪了。[1]

---

[1]　朱咏梅：《云南社工职业水平考试爆冷　800 余人报名 200 人弃考》，2010 年 6 月 21 日，http://www.chinanews.com/edu/edu - zgks/news/2010/06 - 21/2354032. shtml。

对此，我们应该思考的是，是什么原因导致中国社工职业水平考试的弃考率较高，为什么各省份在弃考率上存在较大的差异，是否可以借鉴和移植弃考率较低地区的经验，从而为降低某些地区的弃考率提供启示性借鉴，进而将全国社工职业水平考试的弃考率控制在一个可接受的范围内。

（四）地区差异/差距较大

统计分析发现，中国社工职业水平考试各指标在各省份之间存在非常大的差异/差距（截至 2017 年），这主要体现在以下三个方面。

一是报考/参考热情。本文将"报考/参考热情"定义为，各地区累计报考人数和累计参考人数除以其户籍人口数而得到的数值（单位:‰）。我们认为，该指标反映了社工职业水平考试在各地区所遭遇的不同待遇。统计分析发现，报考/参考热情排在前三位的地区依次为北京（9.89‰/8.27‰）、上海（6.81‰/4.94‰）和天津（3.79‰/3.29‰），排在后三位的地区依次为西藏（0.16‰/0.11‰）、贵州（0.27‰/0.19‰）和河南（0.31‰/0.26‰）。前者是后者的 12 ~ 75 倍，差距甚大。

二是累计平均通过率。前三位依次是陕西（38.16%）、浙江（27.55%）和山东（26.54%），后三位依次为西藏（9.04%）、青海（9.83%）和新疆（11.12%）。很显然，每 9 ~ 11 人才有 1 人通过考试与每 3 ~ 4 人就有 1 人通过考试，其差距是非常大的。

三是持证社工占户籍人口的比例。在全国 31 个省（区、市）（港澳台除外）中，有 10 个（32.26%）地区持证社工人数占户籍人口的比例低于 0.10‰（介于 0 ~ 0.07‰），大大低于全国的总体水平（0.23‰）；7 个（22.58%）省（区、市）持证社工人数占户籍人口的比例大于 0.30‰（介于 0.32‰ ~ 1.97‰），从高到低依次为北京（1.97‰）、上海（1.16‰）、广东（0.71‰）、天津（0.69‰）、江苏（0.55‰）、浙江（0.53‰）和陕西（0.32‰），均显著高于全国的总体水平（0.23‰）；剩下的 14 个（45.16%）省（区、市）持证社工人数占户籍人口的比例介于二者之间。

可以发现，排在前三位的北京、上海和广东，其持证社工人数占户籍人口的比例是排在最后三位的若干倍。其中，北京持证社工人数占户籍人口的比例分别是西藏（0.01‰）、贵州（0.03‰）和海南（0.05‰）的 197 倍、66 倍和 39 倍，上海持证社工人数占户籍人口的比例分别是西藏、贵州和海南的 116 倍、39 倍和 23 倍，广东持证社工人数占户籍人口的比例分别是西藏、贵州和海南的 71 倍、24 倍和 14 倍。

我们认为，中国社工职业水平考试以上三/四项指标在各地区之间所存在的巨大差异/差距，至少给我们提出 4 个研究议题。第一，社工职业水平考试各指标在各地区所存在的这种巨大差异的背后，究竟体现的是地区间的差异还是社会结构的差异？第二，是什么因素/原因导致了这种地区差异？或者说，它是如何历史地形成的？第三，这种巨大的地区差异/差距是可以消除的吗？如果"是"，该如何消除？第四，各地区在历年通过率上的差异与其报考人数、参考人数和社工占户籍人口比例的差异，在本质上是同一种差异/差距吗？这些是中国社工职业水平考试需要思考和应对的问题。

China Social Work Professional Level Examination: Achievements and Challenges

Zeng Shouchui, Chen Wei, Li Xiao, Wang Ye'an

Abstract: Since 2008 Social Work Professional Levels Examination has been implemented for fourteen years. This study assessed the achievements and evaluate the challenges of this national standard examination program by utilizing China Statistic Yearbook and China Civil Affairs Statistic Yearbook from 2009 – 2018. In terms of junior social work professional level examination, from 2008 to 2017, a total number of 957854 people took the examination while 244495 people passed the exam. The yearly increasing rate of participating in the junior social work professional level examination is 14.66%, and the increasing rage of passing the exam is 2.26%. The average passing rage is 25.53% in ten years. In sum, 1419494 people participated in Social Work Professional Levels Examination over 10 years with an annual 9.54% increase. As a result, 327754 people passed the exam, and the yearly increasing rate is 5.13%. The growth of its number is in line with the trend of the curve growth function, the average pass rate is 23.09%. Four challenges of Social Work Professional Levels Examination were identified: the vague and ambivalent function, poor validity, variance of passing rate over the years, remarkable regional differences and the high rate of giving up exam.

Keywords：Social Work Professional Levels Examination；Junior Social Worker；Social Worker

突发公共卫生事件下外聘
督导服务路径

蒋　锦*

摘　要　目前，在面临突发公共卫生事件时，外聘督导在社会工作服务中发挥着重要作用，然而仍存在制度化建设滞后、本土化适应困难、工具化明显等诸多困境。要想走出这些困境，必须转变督导观念，善用督导工具，不断完善督导服务模式，促进外聘督导的内省和自我成长。外聘督导和本土社工合作的过程，是一个融合和超越的过程。只有不断探究外聘督导的服务路径，建立长期有效的外聘督导服务队伍，加强外聘督导人才建设，才能在突发公共卫生事件中发挥意想不到的作用。

关键词　外聘督导　突发公共卫生事件　社会工作服务

外聘督导是不与受督者受雇于同一组织而进行督导实务的工作者，作为内部专职督导的衍生部分，常以补缺角色投入社会工作服务中。在突发公共卫生事件中，社会问题增多、矛盾冲突增加，社会工作者服务量增大，服务对象问题也存在复杂性和急迫性，对外聘督导的服务需求随之增多，专业要求也更高。因此，在突发公共卫生事件中，如何发挥外聘督导功能优势，实现外聘督导本土化，需要从职业观念、专业模式、服务成效评价等视角全面审视外聘督导的工作能力。

一　外聘督导的服务困境分析

（一）外聘督导方式使外聘督导本身面临困境

外聘督导，无非两种聘用模式，要么由机构自身出资聘用，要么由行业

---

* 蒋锦，广东工业大学（政法学院）社会工作专业硕士研究生。

协会替政府部门聘用，然后委派至不同机构的不同项目中开展督导服务。这种外聘督导方式给督导者带来服务的瓶颈。其一，在突发公共卫生事件中，外聘督导并非机构管理体制的一部分，只是作为危机介入的紧急措施。外聘督导可能并不了解机构具体的情况，如机构特殊的制度、文化及发展的脉络等。除此以外，外聘督导作为行政管理的延伸，也无法对机构管理层产生实质性的影响。在突发公共卫生事件中，主导服务实践运行的仍然是内部管理者。其二，在突发公共卫生事件中，面对突发公共卫生事件的急迫性和复杂性，外聘督导在发现服务中存在的困境后，有时也会抱有畏难的心理。特别是若外聘督导是机构聘用的，双方存在契约关系，外聘督导对服务中存在的问题更会审慎发言。其三，在突发公共卫生事件中，缺少对外聘督导工作能力的评估和监督。在监督外聘督导的服务、帮助外聘督导完善自身服务方面，只能依靠外聘督导自身的职业伦理。另外，外聘督导的服务成效不够显著，无法核实外聘督导的服务效用，特别是当突发公共卫生事件存在人员配置和服务项目经费不可持续等问题时，外聘督导只能提供几次有效服务，服务成效难以提升。因此，面对突发公共卫生事件，外聘督导的定位是什么？外聘督导应该遵循怎样的专业操守？

（二）外聘督导资格的产生面临质疑

一方面，部分外聘督导是在参与督导培训后自动变成督导的，没有参加过督导班的只能做被督导对象。督导培训是否真的能培训出合适的督导，这本身就存在疑问。另一方面，在突发公共卫生事件中，外聘督导本身可能扮演多种角色，他们可能既是高校老师，又是外聘督导，也是评估专家。一些专家或督导难免存在熟悉理论知识，但对社工实务不是很精通，或者对社会工作实务熟悉而理论欠缺等问题。"外行评价内行""拿着标准化的尺子怎么评价出优秀的社工"等责问开始出现，一线社工对外聘督导的资格和能力存在不满，这反映了外聘督导队伍专业化的不足。除此以外，外聘督导薪酬激励机制也不完善，督导行业标准缺失，外聘督导的选拔与门槛机制等仍然需要不断完善。

（三）突发公共卫生事件中的外聘督导服务存在滞后性

第一，外聘督导方式以团督为主，内容以培训为主，并且时间有限，造成督导往往是"事后督导"。因此，外聘督导成为机构提高知名度和专业化水平的手段。在具体社会工作服务项目的申请、运作和评价中，社会工作外聘督导已经逐渐被捆绑和工具化。第二，在突发公共卫生事件中，外聘督导被要求采取快速有效的介入方式，因此他们多采用危机介入和干预的服务方式，那么外聘督导如何在短时间内与服务对象建立关系介入服务，又如何在短时间内体现服务成效介出服务？当服务出成果时，又如何以合适的方式和时间淡出服务？这些都对外聘督导的专业能力提出较高要求。另外，外聘督导服务的过程是一个潜移默化的过程。在突发公共卫生事件中，外聘督导的服务成效并非一蹴而就。第三，在突发公共卫生事件中，外聘督导也会面临政府部门的压力。特别是当政府出于维稳形势考量暂停督导服务时，会给外聘督导服务的专业化带来更多的挑战，服务对象的服务渴望和暂停服务的现实也会给外聘督导带来情境选择难题，使外聘督导陷入专业和伦理困境，这将对外聘督导服务过程造成巨大影响。

二　外聘督导的服务困境对策

脱离中国的行政管理体系、人际关系模式谈论督导，是没有任何意义的。[①] 实现外聘督导本土化一直是学界关注的焦点，尤其是在突发公共卫生事件中，面对需要紧急干预的危机事件时，不仅要考量传统文化的特点，还要考虑体制与制度的适应性现实。

（一）转变观念，增加对外聘督导方式和资格的认同

实现从外聘"督导本地化"到"培训本土化"的观念转变。对于外聘督导而言，督导"培训本土化"比"督导本地化"更加重要。除了督导资格培训，还要注重督导"培训本土化"，培训具有本土化能力的督导比培训本地督导更重要。在督导本土化进程中，提前制定督导协议，明确外聘督导的督导内容和工作期待。提前对接达成共识，方能使外聘督导功能及效益最大化，达到社工的合理期待。因此，在突发公共卫生事件发生之前，需要建立规范、有序、专业的外聘督导制度，将预防理念和督导培训相结合，通过外聘督导培训本土化，建立起应对突发公共卫生事件的防范机制。除此以外，在危机事件之前，外聘督导应与本土社工和机构管理者建立良好的沟通协作关系，

---

① 张威：《社会工作督导的理论与实践分析：国际发展与国内现状》，《社会工作》2015年第3期。

以在应急事件发生时，使外聘督导更好地介入服务中，形成持续有效的服务。另外，这种事前预防机制，也可加强外聘督导与本地社工、机构之间的相互理解，使外聘督导的工作更有成效，使机构和社工更认可外聘督导的身份和功能。外聘督导只有与本土社工保持良好联系和对接，才能拉近与机构内部的距离、跟进项目运营、建立与同工伙伴间的关系，故外聘与本土的合作是制胜关键。

（二）擅用督导"工具"，实现外聘督导服务的时效性

在突发公共卫生事件中，外聘督导往往受到时间和地点的影响出现服务的时效性滞后。在现代科技中，诸多在线的模式可以提高督导效率，诸如定期与同工进行网络语音或视频电话以了解项目运营情况，利用 QQ 群、微信群进行在线交流及相关档案的发送和批阅，甚至利用网盘及专用 App，及时反映工作成效，从而有效突破限制、提升效率。正确使用现代化工具手段，可以帮助外聘社会工作督导建立知识共同体，依靠集体的力量促进外聘督导功能的增强。应建立具有遴选、培养、评价、使用、激励、监督等环节的独具中国特色的外聘社会工作督导体制机制。

1. 将督导"工具"运用到突发公共卫生事件全过程中

在突发公共卫生事件发生之前，外聘督导可以通过网络的手段实现对服务的实时跟进和回应，提高督导效率。同时，外聘督导需要注重对服务资料的保护，关注电子文档可能带来的多余工作压力，真正实现外聘督导和本土社工的双赢。除此以外，在突发公共卫生事件发生时，外聘督导可以通过电子技术实现及时干预，尤其是当突发公共卫生事件危害到服务对象生命安全或者造成重大影响时，外聘督导可以采取"云救援"的模式即刻干预，这往往会给服务带来意想不到的效果，专业的外聘督导服务甚至可以打破突发事件的枷锁，减少突发事件带来的危害。另外，当突发事件发生之后，外聘督导也可以通过网络手段，与服务对象保持联系，避免突然介入和淡出服务造成的尴尬处境，保证服务成效的持续和稳定。

2. 擅用"工具"可以提升督导自身的能力

现代化的科技使网络成为重要的沟通工具。作为现代化的外聘督导，应以网络为工具不断地学习，以实现自身的提升。首先，外聘督导的工作并不是一帆风顺的，特别是当突发公共卫生事件复杂、涉及面广时，外聘督导可能一时难以解决，需要获得外部的支持。这时，可以通过网络寻求各行各业

专业人士的帮助，汇聚集体的力量，以更专业的方法解决问题。其次，网络是一个知识沟通的平台，外聘督导可以通过网络不断学习新的知识，提升自身的专业能力。只有外聘督导自身能力获得增强，才能在突发公共卫生事件中发挥更多的优势。最后，网络也是督导获得服务认同的重要手段，督导服务成效也可以通过网络展现。

三　不断完善突发公共卫生事件下
外聘督导服务路径

（一）构建"两个中心，一个基本点"的外聘督导功能模式

以教育功能、支持功能为中心，明确外聘督导服务的主要内容。"两个中心"即以督导教育功能、支持功能为中心。在突发公共卫生事件中，外聘督导并非机构的管理层，以教育和支持功能为中心为外聘督导服务明确了界限。首先，对于外聘督导而言，明确了服务的范围和重心，这有利于外聘督导更好地开展服务，也可以有效地规避外聘督导在服务过程中可能存在的外部困境。因为在突发公共卫生事件中，各方面矛盾激增，外聘督导往往面临政府、社区、社会组织等各方的关系。明确外聘督导服务的内容，可以避免外聘督导陷入多方辩论的难题。其次，明确的功能划分也有利于外聘督导服务制度的建立，使外聘督导的服务更加规范化、专业化。清晰界定外聘督导的服务内容，也可以有效地监督和评估外聘督导的服务。一方面，它规定了外聘督导的服务任务，可以使服务的成效更清晰、明确，使外聘督导获得对自身的肯定，增强服务对象对外聘督导资格、能力、身份的认同；另一方面，可以促进督导工作的专业化，规范督导行业的准则，避免可能出现的督导行政化危机。最后，突发公共卫生事件具有特殊性，需要外聘督导更加注重教育和支持功能。

以行政功能为基本点，明确外聘督导服务的立足点。"一个基本点"即以行政功能为基本点，要求外聘督导明确自身的角色定位。外聘督导需要得到机构管理者的支持，以发挥自身的行政功能。首先，外聘督导需要不断加强与机构内部行政人员的沟通，作为行政管理的附加部分发挥行政功能的作用。外聘督导也可以通过自身的影响力和督导才能，影响机构决策向更正向方面发展，以提高自身附加值。其次，外聘督导必须了解组织中的关系网络及其

对督导效能的影响。这种关系网络可以有效帮助外聘督导建立自身督导权威。有研究显示，只有社会工作者遵从外聘督导权威以及与外聘督导有亲近关系时，外聘督导才能发挥较大督导功能。[①] 一方面，通过行政功能的发挥，可以有效建立督导权威，实现督导关系的建立，促进外聘督导发挥督导功能；另一方面，突发公共卫生事件虽然具有实时性，但是外聘督导功能的发挥是长期的，只有通过行政功能建立与机构间的关系，建立长期聘用制度，才能实现机构聘请外聘督导的目标，并使其功能有效发挥。最后，外聘督导的服务是在全体性的组织脉络中进行的，行政功能在其中发挥着不可替代的作用。在突发公共卫生事件中，需要注重社会工作督导功能的内在关联性。外聘督导为受督导者提供有效服务是一个动态的过程，外聘督导必须有整合应用知识与经验的能力、不断学习与思考的习惯，掌控各种学习资源，方能协助社会工作者在完成专业任务过程中增强服务能力，使其觉得有职业胜任感，认同专业价值，有专业承诺，以确保专业服务质量。

（二）促进外聘督导内省与自我成长

1. 外聘督导需要获得尊重和身份认同

一方面是职业的尊重，来自督导对象的认同，需要督导对象特别是社会工作者对外聘督导服务的认可；另一方面是社会的尊重，来自政府制度的认同，以增强对社会工作服务的理解。为了取得尊重的效果，不仅需要减少外部环境的不利因素，也需要增强外聘督导自身权能。因此外聘督导需要不断评估自我专业能力、知识、伦理。其一，外聘督导在服务社会工作者与服务对象的过程中，需要不断评估自身能力，增强自我认知，不断查缺补漏，促进自身学习和成长。外聘督导进行过程评估是规避服务风险的重要举措，也是实现精准服务和激发潜能的重要措施。其二，外聘督导需要回应购买方需求。外聘督导在开展服务过程中，要明晰购买方的服务目标，以确保服务的质量和成效。在服务过程中保持对购买方的回应，一方面可以使购买方更加认同和肯定外聘督导的服务成效，发挥监督和评估的作用；另一方面可以使外聘督导的服务不脱离原有目标，不断审视服务开展成效，做到过程评估和结果评估相结合。其三，外聘督导需要建立专业的伦理守则，保证可以守住本心，推动专业化和职业化的提升。在突发公共卫生事件中，需要外聘督导

---

① 白倩如等：《理想或幻想：外聘督导者能做什么？》，《社会工作》2019 年第 4 期。

始终保持高度的文化自觉与文化自信，理解和尊重服务对象。只有这样，外聘督导才能更好地与服务对象建立关系，才能确保服务成效。其四，外聘督导既然是社会工作服务成效的指导者，必然需要对执行成效担负责任。归根到底，在突发公共卫生事件中，外聘督导有没有用，在于能不能有效地解决服务对象的问题，能不能协助满足服务对象对美好生活的向往和追求。从某种程度上看，社会认同高或低基本可以反映外聘督导的专业化与职业化发展程度，外聘督导必须拥有良好的社会声誉。

2. 促进外聘督导人才队伍建设

首先，突发公共卫生事件是一个动态的过程，外聘督导的服务应该随着服务情境的变化实施动态的转化，促进外聘督导服务专业化进程。一方面，外聘督导行为常同时具有多面向的功能，不宜只展现一种功能。社会工作督导是指导社会工作者的教育性与行政性工作的支持过程。另一方面，在突发公共卫生事件中，外聘督导自身可能有多种角色和地位，需要做到身份和能力的平衡，这是外聘督导对督导工作的责任。其次，突发公共卫生事件具有复杂性，其中包含各种组织脉络和人际网络。这种关系贯穿督导过程，是影响督导效能的关键因素。从人际关系的本质来看，信任的产生源自彼此持续的接触、开放分享私人性信息。也就是说，督导关系的建立必须是在一段时间接触中，彼此熟悉、坦诚沟通，才有可能获得对方信任，也才有可能有效处理情绪和压力，达到预期目标。因此，应在突发公共卫生事件发生之前，建立一支强有力的外聘督导队伍，促进专业督导关系的建立，使督导服务更加有效。外聘督导要求拥有丰富的社会工作实践能力、专门领域精深的工作能力和化解被督导者疑惑的能力，因而需要不断增强外聘督导的人才队伍建设。

四　结语

社会工作专业不是只依赖知识就能做好服务，还必须具备分析如何做和该怎么做的能力。外聘督导在职业场域的胜任能力无法只靠学校课堂知识的积累，而必须结合个人职场工作经验的反思与反省、个人专业工作价值的实现和实施实务操作策略，进而形成实务智慧。突发公共卫生事件具有紧急性和不可预测性，外聘督导的服务需要不断从实践中去检验，不断地探究外聘督导的可行性路径。就目前而言，若想让外聘督导发挥预期的督导功能，就必须让外聘督导与机构有较长的互动时间，建立有效的督导关系。因此，在突发公共卫生事件中，应使外聘督导运用制度化、督导聘用长期化、督导契约规范化，外聘督导自身也要不断追求更专业化和职业化的服务。

Study on External Supervision Service Path under Public Health Emergency

Jiang Jin

Abstract：At present, in the face of public health emergencies, external supervision plays an important role in social work services, but there are still a lot of difficulties, such as institutional construction lag, localization adaptation, obvious tool. In order to improve these predicaments, we must change the concept of supervision, make good use of supervision tools, constantly improve the service mode of supervision, and promote the introspection and self-growth of external supervisors. The cooperation between external supervision and local social workers is a process of integration and transcendence. Only by constantly exploring the service path of external supervision, establishing a long-term and effective external supervision service team and strengthening the construction of external supervision talents, can external supervision play an unexpected role in public health emergencies.

Keywords：External Supervision; Public Health Emergencies; Social Work Services

社会工作专业学生进入行政机构实习探索[*]

周玉萍　杜贞仪[**]

摘　要　中西部地区的社会工作专业机构数量不多，学生实习资源不足。在此情况下，有的高校会将学生送往民政局、妇联、共青团、学校等相关行政机构实习。学生在这些机构实习，存在专业技能无法提高的风险。要防范这种风险，需要加强实习督导，包括指导教师指导学生实习进程、定期与实习单位人员沟通、及时召开专业反思会等，以提升学生专业能力。

关键词　社会工作　行政机构　专业实习　中西部地区

一　绪论

（一）研究缘起与价值

社会工作是实践取向的学科，这决定了专业实习是社会工作教育中尤为重要的一环，而"实习效果的优劣则直接受实习机构的影响。实习机构作为社会工作职位的组织管理方之一，在引导学校、教师和学生职业化和专业化方面的作用不可替代"[①]。当前，中西部地区可供社会工作专业实习生选择的实习单位较为有限。在此情况下，部分高校社会工作专业学生大量进入民政局、妇联、共青团、学校等行政单位实习。2016 年，在南开大学举办的 43 所高校的

[*]　本文为 2018 年山西省高等学校教学改革创新项目"社会工作实习实训基地建设的研究与实践"（J2018125）的成果。

[**]　周玉萍，山西太原人，太原科技大学人文社会科学院教授，主要研究方向为传统文化与现代化；杜贞仪，河北秦皇岛人，太原科技大学人文社会科学院社会工作专业硕士研究生。

[①]　曾丽萍、全祖赐：《卢曼社会系统理论视域下社会工作实习教育研究》，《社会工作》2015 年第 3 期。

社会工作专业研究生参与的讨论会上，与会学生普遍反映"实习内容与社会工作专业之间联系较少，专业性不强"①。如果不能及时对此类实习予以干预，实习单位将无法成为学生专业成长的载体，社会工作实习的专业特性也将难以体现。在此背景下，积极探索行政机构实习专业方式是规避学生进入行政机构实习风险的应有之义，也是当下社会工作实习应予快速回应的问题。

通过调研，本文探讨了学生进入行政机构实习的占比状况，并通过对调研结果的反思，探索出一套有效可行的社会工作专业行政机构实习指导模式：加强督导指导、定期与实习单位工作人员沟通交流、开展专业反思以改善实习状况。

（二）文献回顾

对于社会工作专业学生进入行政机构实习，相关的研究寥寥无几，且目前仅有的学术研究多集中于论述进入行政机构实习对学生提升专业技能的不利之处。

钟涨宝等指出："受官方、半官方组织工作理念与方法及对社会工作认知的影响，学生在这些机构中的角色不是社会工作者而是机构的一般工作人员，或者说是一般工作人员的助理。"② 刘艳霞等也在梳理社会工作专业实习机构的文献时谈到，政府的相关福利机构只安排实习生做日常事务性的工作，学生没有机会接触服务对象，专业实习计划和任务无法完成。③

除政府机构不能为实习生提供丰富的实习情境外，刘淑娟还发现现有的这些机构对社会工作缺乏足够的认识或缺乏服务意识等，并不愿意接纳社会工作专业学生进行实习。④ 以上研究虽然指出社会工作专业学生进入行政机构实习的问题，却没有找到可以替代的方式，所以未提出提升社会工作专业学生进入行政机构实习水平的针对性意见，也未辩证看待该实习方式，忽略了在加强督导的情况下，提升学生专业技能的方法。

---

① 吴帆：《从学生视角看中国社会工作专业硕士教育存在的问题——基于"世界咖啡屋"方法的研究》，《社会工作与管理》2018 年第 5 期。

② 钟涨宝、陈红莉、万江红等：《社会工作专业实习教育现状分析与思考——基于湖北武汉高校的调查》，《社会工作》（上半月）2010 年第 6 期。

③ 刘艳霞、张瑞凯：《社会工作实习教育成效的组织因素分析——基于 6 所高校的抽样调查》，《浙江学刊》2019 年第 3 期。

④ 刘淑娟：《社会工作专业实习教育面临的困境及对策研究》，《成人教育》2010 年第 3 期。

（三）研究方法

本文采取问卷法和访谈法进行调查研究。2018年8~9月，为了解中西部地区社会工作实习状况，以山西、河北、河南、内蒙古、陕西5省（区）高校社会工作专业大三学生为样本，每省选择一所高校，随机抽取15~20名学生进行了"社会工作实习状况"调研。首先，通过问卷星App组织问卷调查，共收回问卷89份，其中有效问卷84份（山西高校16份，河北高校14份，河南高校18份，内蒙古高校17份，陕西高校19份）。在有效问卷的样本中，男生26名，女生58名。根据问卷调研发现的问题，研究组又分别选取内蒙古、河北、河南、陕西高校的问卷填答者各1名和1位任职于山西某高校的教师进行实地或者电话访谈。

二 部分高校社会工作实习状况调研

问卷调查与访谈的基本情况如下。

（一）半数学生无法进入专业机构实习

由于社会工作机构数量不足，许多学生并未进入社会工作服务机构实习，而是进入政府部门、福利机构或者企业实习（见表1）。

表1 部分高校社会工作专业学生实习机构类型

单位：人，%

实习机构类型	人数	占比
专业社工机构	43	51
政府部门，如民政局等	12	14
福利机构，如福利院、养老院等	13	15
企业等	11	13
事业单位，如学校等	3	4
其他	2	2

通过表1数据，我们看到在专业社工机构实习的学生只占总样本的约一半，其余学生中有14%在政府部门实习，15%在福利机构实习，13%在企业等实习。尽管福利机构广义上属于社会工作服务机构，但并非专业机构，其

专业性无法得到保障。接近一半学生所在的政府部门、福利机构等单位，虽然也会有社会工作服务的内容，但更多的是照顾服务或者行政管理内容，而没有涉及对社会工作专业核心技巧与方法的演练。此外，有2%的学生进入与专业不相干的机构实习，更加接触不到专业内容。如来自河南某高校的被访者谈道："因为学校不做统一要求，我当时就去了保险公司实习。"这种现象较少，但专业社工机构不足导致学生不能全部进入专业机构实习是学校面临的主要问题。

（二）实习内容并非专业技能

即使进入专业社工机构实习的学生，也未必能够参与专业社会工作服务。图1反映实习内容为"进行专业社会工作服务""跟随专业社工观察并记录"的共计33人，两者相加占比为39%。由此可见，即便是在专业机构中实习，也不能保证学生实习内容的专业性。

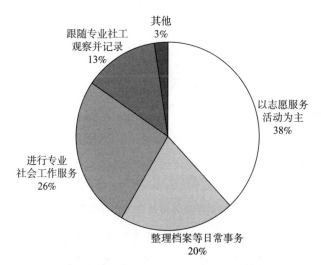

图1 部分高校社会工作专业学生实习的主要内容

研究者就此现象对学生进行访谈时，学生对实习内容专业性不强有较大感触。一位在保定某养老服务中心实习的学生说：

> 本来我和同学在实习前带着满腔热情想要把在学校学到的知识运用到实践中，但机构分配给我们的都是一些烦琐、零散的杂活，像扫地、打字什么的。那些具有社会工作性质的工作，都是由机构里的正式员工

来完成的。

该同学的描述反映了社会工作实习中存在的一个不容忽视的问题：一些机构未向学生提供充足的专业实习机会，而是安排他们做一些打杂工作。

（三）进入政府部门实习对习得社会工作行政方法的优势未充分显现

在问卷中，我们单独针对在政府部门实习的学生设置了这样一道问题："你的实习工作对你掌握社会工作行政方法帮助程度如何？"在作答此题的学生中，选择"帮助很大"的占25%，选择"帮助一般"的占67%，选择"帮助不大"的占8%（见图2）。

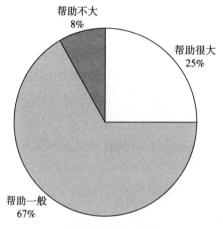

图2　政府部门实习对学生习得社会工作行政方法的帮助程度

从常理出发，政府部门等实习单位可为学生习得社会工作行政方法提供得天独厚的机遇，但只有25%的学生感到相关实习经历使自己在社会工作行政领域获益匪浅。这种情况存在的一个重要原因在于，学生的实习缺少跳出日常所做的打杂性的琐事，对自身参与的工作机制进行整体性反思的环节，而这一环节离不开督导老师的引导。行政部门不会因实习生的加入而增设督导岗位，所以此类部门的督导一般处于缺位状态，这就需要学校督导老师及时补位。

（四）部分实习督导老师跟进实习环节不完整

由表 2 可知，实习指导老师参与"审定服务方案""跟进服务实施""评估服务效果"的人数分别为 26 人、45 人、79 人。可见指导老师督导时将最多的注意力集中于服务开展后的评估与反思，其次是服务的中期执行，最容易忽视对服务前期策划的干预和指导。要使督导富有成效，应跟进学生实战操练的每一个环节，唯有全程、系统地指导，才能真正帮助学生通过实习提升能力。

表 2　实习指导老师参与督导的环节

单位：人，%

选项	人数	占比
审定服务方案	26	31
跟进服务实施	45	54
评估服务效果	79	94
以上均无	0	0

（五）督导老师与实习单位的联系频率有待提高

由图 3 可以看出，"偶尔联系实习单位"和"时常联系实习单位"的督导老师各占 42% 和 39%，实习督导老师能做到时常联系实习单位的不足四成。实习督导老师与实习单位的联系频率直接关系到学生可接受到的督导情况，进而影响专业水平的提升。

一名学生表示，对于实习中遇到的问题，他多次想找督导老师请教，却总是欲言又止：

在长达一学期的实习中，实习指导老师只到我所在的机构指导过一次。我们在日常实习中遇到很多棘手的麻烦，但老师平时不主动关注我们的实习情况，我们自然也不好意思向老师咨询工作里大大小小的困惑。——男，23 岁，社会工作专业本科生

通过进一步了解，我们发现一些高校的实习指导老师未做到时常与实习单位联系的原因如下。①实习指导老师对实习工作不够重视。他们把学生输

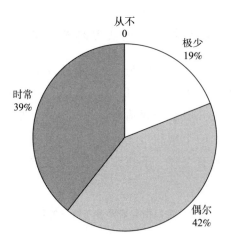

图3　实习督导老师与实习单位的联系情况

送到实习基地并确保学生人身安全得到保障、合法权益不受侵害后，认为自己的本职工作已经完成，对于其余事项不再做过多关注。②实习指导老师的时间和精力有限。很多老师承担着其他教学任务，也有部分老师承担行政职务，无暇与实习单位保持密切沟通。

（六）专业实习反思常态化尚未实现

由表3数据可知，当前除占4%的极个别高校外，大部分高校会组织进行实习反思，但其中做到经常反思的较少（占11%），86%的学校偶尔进行。经过进一步了解，我们发现各高校的实习反思多是在实习中期、后期各开展一次或只在实习结束后进行。

表3　学生所在高校组织实习反思的频率

单位：人，%

选项	人数	占比
经常	9	11
偶尔	72	86
从不	3	4

三　学生进入行政机构实习的可行方式

在实习机构和实习岗位不足的情况下，将学生安排到行政机构中实习是迫不得已的选择。在这种实习状态下，指导老师的工作量比在专业机构更大，跟进应更频繁。鉴于此，将学生安排到学校附近的行政机构，在教师直接指导之下有针对性地开展服务更为便利。无论是民政系统单位，还是学校，均可在教师督导下，进行专业实习，以社会工作的视角和理念开展工作，推动社会工作的嵌入式发展。在调研中，有几种比较成功的嵌入方式。

（一）嵌入民政局、共青团、工会实习

将学生派驻民政局、共青团、工会实习是许多高校的选择。这些机构的工作与社会工作内容相对接近，学生能够观察到相应群体的生活状况、社会政策的制定与实施过程、社会服务的推动过程。教师应给予学生更加精细化的督导，让学生在以下几个方面获得提高。第一，撰写实习日志，观察社会工作行政管理方式，提高行政管理能力。第二，反思社会工作行政管理与书本教学上的异同，指出自己的所思和所获。第三，创新工作模式，输出社会工作理念和方法，提高社会工作专业影响力。第四，在可能的情况下，深入下属机构观察服务对象情况，了解服务细节。

在民政局、共青团、工会的实习，往往使用不到个案与小组的专业技巧，实习重心在社会工作行政方面。指导教师应指导学生掌握社会工作行政技能，提高行政工作效率，提升学生实习有效性，并为相关行政机构输出社会工作理念和方法。

（二）进入高校相关部门实习

1. 进入高校团学口实习

某高校将社会工作专业高年级学生派驻到各个院系协助辅导员开展工作。这一方面减轻了高校辅导员的压力，另一方面有助于学生独立工作，积累经验。社工专业学生协助组织新生适应小组、进行个案跟踪辅导。目前，该高校的社会工作专业服务已经形成固定模式，定期派驻，固定开展服务。

2. 进入高校老干部活动室实习

某高校将学生实习融入老干部活动室工作中，由学生分小组做出实习计划，由教师带队到老干部活动室开展专业服务。在此过程中，服务计划制订、实施、评估等均可运用到。

3. 进入高校附属幼儿园、中小学实习

某高校社会工作专业学生在教师带领下，入驻学校附属中学，开展学生

学习行为偏差矫正工作、家校合作工作。其中个案辅导较有针对性，对学校与学生家长双方触动较大，形成了稳定的专业工作方式。①

（三）自创工作室实习

学校社会工作本就是社会工作的领域，利用校内的现有资源为学生提供实习平台不失为一个好的选择。基于此思路，某高校采取了自创工作室为师生提供社会工作服务的方式。例如，面向教师开展教学心理、减压辅导等方面的服务，面向学生开展心理危机救助、心理健康教育、团体辅导、心理测评等服务。校内师生均可通过企业微信、微信公众号或工作QQ预约服务。工作室开办后，预约人数较多。教师在带领学生开展服务的过程中，将自办机构建设为规范的实践基地。

以上实习方式将高校主动"导入"与社会工作积极"嵌入"相结合，促成了高校相关主体与社会工作之间"互构"机制的形成，实现了高校发展、学生成长、学工队伍能力提升等多向度的"增能"目标②，具有一定的可推广性。

四 进入行政机构实习的风险与专业保障

行政机构尽管能够提供实习岗位，但是社会工作专业性不足，其风险在于将学生陷入传统的工作方式中，从事事务性工作。如果没有专业督导的跟进，学生的实习可能会流于形式。加强专业督导、定期与实习单位工作人员沟通交流、召开专业反思会，可以避免此类问题的发生。在此强调以下三点。

（一）加强专业督导

学生在行政机构实习，需要在教师指导下完成三个环节任务。

1. 设计一套服务方案

相较于专业机构实习，行政机构实习更加需要经常化、精细化、高水平的督导。特别是跟进学生，指导学生设计一套服务方案，不管是在团学口、学校，还是老干部活动室，均可以开展减压辅导、娱乐小组、儿童教育辅导

---

① 以上数据来自山西省与河北省某高校的实习安排。
② 成洪波：《高校社会工作的本土化实践机制探析——以东莞理工学院为例》，《社会工作与管理》2015年第5期。

等服务，从中学习、锻炼专业技能。

2. 实施一套服务方案

学生设计了服务方案，还需要实施方案。督导要与行政机构接洽，以便顺利实施。行政机构工作人员若看到实际效果，也会主动提出服务需求。例如，在团学口实习的学生开展新生适应小组工作，辅导员非常认可，并要求次年继续进行。其他岗位亦如此。

3. 评估该项服务方案效果

指导学生用专业方法采集评估数据，开展评估活动，观察服务效果，并予以对比思考，反思怎样能做得更好。在这一环节，香港地区的做法对内地行政机构实习督导工作的开展具有一定的参考价值。一位来自香港的老师这样描述她的实习督导情况：

> 督导老师要求实习生完整记录开展的每一次活动，并每周与实习生面对面督导一次，每次督导两到三个小时。督导时，老师会针对学生上一阶段所开展服务的优势和不足给予回复，在提出改进意见时，督导的指导会详细到告诉我们每句话怎么说。——女，30 岁，社会工作专业教师，曾就读于香港中文大学

（二）指导教师与实习单位定期沟通

由于行政机构实习的非专业性，指导教师必须加强与实习单位的沟通，详细了解学生的实习状况，查看学生的实习日志，并与实习单位沟通明确实习内容，定期督导学生实习。正如学者黄少宽所言："要注重实践教学过程中的质量监控和教学成果评估，通过多种方式对学生社会实践情况进行督查以保障实践教学质量。"①

（三）定期开展专业反思

专业反思与专业建设必须加强。如在团学口实习的学生，每周接受一次专业督导，教师了解学生在工作中的困惑和疑问并指导学生工作，学生在聆

---

① 黄少宽：《对社会工作专业实践教学的改革与创新的思考》，《中国社会工作》2018 年第10 期。

听老师意见的情况下开展实习工作。专业反思是协助学生用专业方法和视角开展工作的有效方式，也是创新服务模式的必要途径。例如，老干部活动室本身有传统的下象棋、打扑克等活动，而社工活动增强了老干部的脑力、体力锻炼，为传统的老干部活动带来了新色彩，改变了以"老三样"为主的老干部活动，提高了老干部的参与率。

五　结语

关于如何看待中国的行政实习机构，学者张乐提出客观而中肯的意见。他认为，这些机构是现有社会福利制度规定的、占主流地位的社会工作形态，学院派在开展社会工作教育与实习时必须认清这个事实，与其奔走呼号建立全新的仿西方的福利制度和社会工作实习模式，不如主动将专业实习融入本土行政化和非专业化的体系中，将专业实习目标与从事社会福利管理与服务的官方、半官方组织的目标相结合，充分利用这些组织资源，实现双赢。[①] 诚然，中西部高校社会工作的专业实习受制于专业机构缺乏的社会现实，一些社会工作专业的学生进入行政机构实习，但加强督导，致力于提高学生的能力和素质，一样能够达到预期实习效果。社会工作的发展离不开社会工作者的开拓，将学生送入行政机构或者学校自身开展服务均是在开拓社会工作的领域。社会工作从学校走向社会，待更多社会工作机构建立起来，将最终改变现在的实习方式。

Exploration of Social Work Students' Practice in Administrative Institutions

Zhou Yuping, Du Zhenyi

Abstract：In midwest Area, a small number of social work professional institutions and insufficient resources for students' practice, schools generally send students to relevant administrative institutions for practice. There is a risk for students to prac-

---

① 张乐：《基于学生主体视角的社会工作本科教育质量评价——来自十所高校的问卷调查》，《社会工作与管理》2015年第1期。

tice in these institutions that their professional skills can not be improved. To prevent this risk, it is necessary to strengthen the practice supervision, to communicate regularly between the instruction teachers and people in charge of the internship institutions and to convene professional reflection meetings in time to make up for the lack of students' professional ability improvement.

Keywords: Social Work; Administrative Institutions; Professional Practice; Midwest Area

抗疫精神融入社会工作实践的
图景与取向

孔一鸣　　陈　颖*

摘　要　习近平总书记在 2020 年 9 月全国抗击新冠肺炎疫情表彰大会上诠释了伟大的抗疫精神，即生命至上、举国同心、舍生忘死、尊重科学和命运与共。在此次抗疫的人民战争中，抗疫精神的内涵与社会工作的价值理念、服务方式、功能作用等实现了很好的融合。社会工作者在抗疫实践中展现出生命至上的价值追求、举国同心的团结伟力、舍生忘死的顽强意志、尊重科学的实践品质和命运与共的道义担当图景。随着疫情防控常态化的到来，推动社会工作高品质发展，需继续汲取抗疫精神内涵，秉持以人为本的服务理念，坚持尊重科学的专业态度，发挥专业协同的互助功能，提升社工人员的职业素养。

关键词　抗疫精神　社会工作　疫情防控常态化　社会工作发展

新冠肺炎疫情是一次感染范围广、防控难度大的重大突发公共卫生事件。面对这场突如其来的遭遇战，科研人员、医疗工作者、志愿者、社会工作者等不畏生死，攻坚克难，彰显出生命至上、举国同心、舍生忘死、尊重科学和命运与共的伟大抗疫精神，它是中国精神的重要组成部分，丰富了民族精神和时代精神的内涵。习近平总书记在统筹推进新冠肺炎疫情防控和经济社会发展工作部署会议上指出："要发挥社会工作的专业优势，支持广大社工、义工和志愿者开展心理疏导、情绪支持、保障支持等服务。"[①] 在新冠肺炎疫情防控期间，社会工作者始终和人民群众联结在一起，用专业的知识、技能和方法协助个人、群体和社区摆脱困境，大力整合资源，

---

　*　孔一鸣，广州大学公共管理学院社会学系社会工作专业硕士研究生；陈颖，广州大学公共管理学院社会学系社会工作专业硕士研究生。
　①　《习近平出席统筹推进新冠肺炎疫情防控和经济社会发展工作部署会议并发表重要讲话》，《中国环境监察》2020 年第 Z1 期。

为打赢这场突击战、阻击战做出突出的贡献。社会工作者夜以继日地奋战在医院、学校、社区、养老院等重点场所，开展"线上线下"立体行动，为疫区医务工作者、患者及家属、集中及居家隔离人员、独居老人、精神障碍者等群体提供多层次、全方位、多样化和专业化的服务，深刻诠释了伟大抗疫精神的内涵。

一　抗疫精神内涵释义

任何一个伟大民族的文明延续与推进，都需要善于在灾难中不断地反思并汲取精神内涵。习近平总书记指出："在这场同严重疫情的殊死较量中，中国人民和中华民族以敢于斗争、敢于胜利的大无畏气概，铸就了生命至上、举国同心、舍生忘死、尊重科学、命运与共的伟大抗疫精神。"习近平总书记关于伟大抗疫精神的重要论述，是对伟大抗疫精神内涵的高度概括。深刻理解并践行伟大抗疫精神的价值和意义，是实现中华民族伟大复兴之路的不竭动力。①

生命至上的抗疫精神，是指在抗击新冠肺炎疫情斗争中，中国共产党把人民群众的生命放在第一位，把人民放在心中最高位置的精神体现。始终坚持人民至上的理念，不惜一切代价保护人民的生命安全和身体健康，彰显出中国共产党对人民高度负责的情怀与担当。从呱呱坠地的婴儿到怀胎七月的孕妇，从高龄重症的老人到基础疾病重症患者，从海外留学生到来华外国人员，一个个治愈的数字，一个个生命的奇迹，书写着人类与重大传染性疾病斗争的伟大篇章，彰显了中国共产党坚持人民至上、生命至上的价值追求。

举国同心的抗疫精神，是指党和全国人民在新冠肺炎疫情面前群策群力、凝心聚力的精神体现。钟南山院士的临危受命，白衣战士的盔甲逆行，社区工作者的日夜值守，基层党组织的冲锋陷阵，公安民警的忠诚履职，科研人员的日夜钻研和中国人民解放军的闻令而动，以及中国人民自觉宅在家、不聚集的众志成城，长城内外，大江南北，全国人民心往一处想、劲往一处使。疫情面前，各个地方相互支援，各条战线相互配合，各个群体守望相助，充

---

① 习近平：《在全国抗击新冠肺炎疫情表彰大会上的讲话》，《人民日报》2020年9月8日，第2版。

分发挥了中国人民集中力量办大事、办难事、办急事的独特优势，体现出中国各族人民"一方有难、八方支援"的家国情怀。

舍生忘死的抗疫精神，是指党和人民在抗疫斗争中面对各种困难挑战敢于较量的精神，充分体现出中国人民的生死观和义利观，是中国创造抗疫奇迹的精神动力。在大灾难面前，千千万万个普通人挺身而出、逆行出战。他们用血肉之躯筑起了阻击病毒的钢铁长城，他们用生命诠释了抗疫精神，展现出临危不惧、视死如归，困难面前豁得出、关键时刻冲得上的精神风貌。这种以生命赴使命、用大爱护众生的精神，充分展示了中华民族以身许国的无私奉献精神。[①]

尊重科学的抗疫精神，是指尊重和遵循疫情传播、疫情防控和医疗救治的科学规律。抗击疫情是一场人类与病毒的生死较量。这场搏斗在某种意义上也是与科学和时间的赛跑。在没有特效药的情况下，中国先实行中西医结合，最终筛选出有效的中西结合治疗方案，从第一时间研制核酸检测试剂盒到新冠疫苗全国大规模接种，中国一直尊重科学，把握疫情传播、医疗救治、疫情防控的科学规律，最终取得决定性的战疫成果。在这次抗疫中，不仅体现出求真务实，还体现出开拓创新。无论是封一座城、救一国人的英雄城市，还是6天时间建成方舱医院，无论是医疗队伍分批有序援鄂，还是工厂紧急投身于医疗用品制造，无论是实行分区分级差异化防控到抓好常态化疫情防控，还是健康宝、智慧云等平台的技术支撑，都展现出科学的"防、控、治、管"的重大战略策略。只有秉持科学态度、坚持尊重科学、始终相信科学和合理善用科学，才能够战胜疫情。

命运与共的抗疫精神，是指中国不仅关心国内疫情防控，还胸怀整个世界。面对疫情，中国始终秉持人类命运共同体理念，积极推动国际防疫合作。在做好国内疫情防控工作的同时，中国还向世界各国各地区捐赠防疫物资，派遣医疗专家团队前往支援，与国际社会分享防控救治有效经验，加强抗病毒药物及疫苗研发的国际合作等，中国以实际行动帮助挽救了全球成千上万人的生命，彰显了推动构建人类命运共同体的真诚愿望，展现出中国人民同舟共济、携手抗疫的中国力量、中国精神、中国效率。

---

① 魏凤娟：《伟大抗疫精神之——舍生忘死》，《濮阳日报》2020年10月16日，第6版。

二 抗疫精神融入社会工作实践的图景

习近平总书记在 2020 年 9 月全国抗击新冠肺炎疫情表彰大会上，从 5 个方面深刻概括了伟大抗疫精神：生命至上、举国同心、舍生忘死、尊重科学、命运与共。① 2020 年注定是不平凡的一年，全国人民无比团结地站在了抗击病毒的统一战线上，这是一场惊心动魄的考验与挑战。在党中央的带领下，中国人民同病毒展开了一场伟大抗争。顽强拼搏抵抗的背后是无数个家庭对于健康生活、对于活下去的渴望。

习近平总书记在看望全国政协会议中的医疗、教育代表时表示："全社会要大力弘扬伟大的抗疫精神，向社会公众大力宣传抗疫过程中的优秀事迹和时代标杆。"②可见，抗疫过程中的优秀事迹和时代标杆是伟大抗疫精神内涵的具体体现，反过来，抗疫精神对奋战在一线的工作人员具有精神导向的作用。抗疫初期，社会工作者就自发地组织起来，形成志愿服务团队，为各地区提供援助；发挥专业优势，权时制宜，帮助有生产条件的工厂尽快复工，进而大力生产口罩、防护服、呼吸机等医疗急缺设备；根据当地政府的政策和物资条件为社区和街道中的居民提供采购和送菜上门等服务，从而与政府、社会组织和民众等建立了一座互信互助、团结抗疫的桥梁。面对疫情的突袭而至、蔓延，社会工作者极大地发挥专业优势，为人民排忧解难，做政府部门的好帮手，以实际行动诠释和弘扬了伟大的抗疫精神。

（一）生命至上的价值追求

"生命至上"是中国伟大抗疫精神的内涵之一，集中体现了五千多年中华文明深厚底蕴中的仁爱传统和中国共产党以人民为中心的价值追求。人民利益至上、健康生活至上，作为我们在抗击疫情过程中始终追求的最高目标，赢得了广大人民群众的真心拥护和坚决支持。③ 生命至上的抗疫理念，体现了中国共产党把人民生命健康放在首位的责任担当，这与社会工作"以人为本"的价值观相契合。社会工作者在这次抗疫行动中以实际行动向全国人民展现出在一线、为人民、谋幸福的坚守。

---

① 《习近平总书记概括：伟大抗疫精神》，《中国卫生法制》2021 年第 2 期。
② 桑林峰：《让伟大抗疫精神绽放光芒》，《解放军报》2021 年 3 月 7 日，第 3 版。
③ 温朝霞：《生命至上：伟大抗疫精神的重要内容》，《探求》2021 年第 1 期。

"人民至上，服务为先，社工在一线"的口号，不仅体现出社会工作者奋斗在一线的勇敢无畏，更坚定了始终将人民的利益放在首位的服务理念。疫情初期，各地社会工作者牺牲春节团圆之乐，顶着危险，冒着寒风，冲锋在抗疫一线；面对未知的病毒，社会工作者联结起来、迅速行动、全力配合防控工作，从疫情排查、防疫宣传、点位消杀、值班登记等多方面为居民撑起坚实的"防护伞"，保障了人民的生命财产安全，为居家隔离的民众提供关切的服务，满足群众多样化的需求，践行了社会工作者在疫情面前不畏艰险、生命至上的价值追求。

（二）举国同心的团结伟力

新冠肺炎疫情突袭而至以后，全国各地各行各业各族人民有钱出钱、有力出力，有策献策、有技献技，在疫情防控和抗疫实践中充分显现出凝心聚力、同舟共济、举国同心的团结精神。[1] 在疫情防控过程中，社工主动请缨，奋战一线，投身疫情防控的阻击战中，通过与其他行业合作联动，帮助困境儿童、残障人士、疑似患者及其家属等受影响的群体，运用社会工作方法，利用线上线下平台帮助困难群体开展服务；通过个案工作的方法开展情绪支持、危机干预、哀伤辅导等服务；通过互助小组、支持小组和成长小组等形式开展小组服务；以社区为对象，开展知识培训、政策咨询、治理参与等活动；推动当地居民建立志愿者互助小组，积极联络各方组织，筹集资源。

群众的需求，就是社会工作者开展服务的出发点和落脚点。各省各地区的社会工作者组成增援队伍，扮演服务提供者的角色，为居家隔离的社区居民提供药品、生活物资采购等服务。在口罩难求的危急时刻，社会工作者积极协调工厂和社会爱心人士，化身资源链接者，将口罩送到口罩稀缺的科室中，保障了医护人员的生命健康。疫情初期，社会公众对新型冠状病毒的危害和传播途径所知甚少，社会工作者在第一时间通过社区宣传手册、线上科普视频进行卫生防疫工作，通过不懈努力和坚持，社会公众感知到社会工作的助人价值和专业的服务能力，弘扬了社会工作专业的共同价值，倡导了积极向上的健康行为，缓解了心理危机的冲击。[2]

防控疫情是一场不能松懈的赛跑，社会工作者以专业知识为基础，助力

---

① 《弘扬伟大抗疫精神 凝聚团结奋进力量》，《东营日报》2020年12月22日，第1版。
② 花菊香：《突发公共卫生事件的社会工作介入时序研究》，《社会科学辑刊》2005年第1期。

疫情防控，通过线上线下相结合的方式开展疫情防控工作。北京新艺动社会工作发展中心在开展疫情防控以来，持续为白血病患儿及家庭提供线上线下的切实服务，同时为京都儿童医院有需要的白血病患儿及家庭筹集到大量的爱心口罩；北京君心善社会工作机构主动链接外部资源和志愿者为武汉居家隔离人群提供疫情科普、安全卫生教育、心理支持、情绪指导等一对一服务；北京延庆区温馨之家养老院为支持湖北的疫情防控捐款 1 万元。各地的社会工作者自发形成合力，用专业化的知识向陷入困境中的人们伸出援手，展现出社会工作者团结一心、无私助人的专业初衷。

（三）舍生忘死的顽强意志

"舍生忘死"彰显了中华民族儿女以大局为重、以身许国的无私奉献精神。奋斗在一线，与病毒争分夺秒的抗疫战士是新时代的英雄，是他们用无私逆行彰显大义，用医者仁心践行使命，甚至用生命守护生命；在与病毒的殊死较量中，他们舍生忘死，把热血和生命都献给了国家和人民。

在抗疫斗争中，舍生忘死的故事不胜枚举，彰显了舍生忘死的爱国情怀。社会工作一直遵循"助人自助""用生命影响生命"的专业理念，致力于为人民服务，将关怀传至万家。北京朝阳某社区的某社工面对猝不及防的疫情，坚持打着石膏和夹板为疫情防控贡献着自己的力量，日日夜夜现身于社区的各个角落，为居民提供排查登记、防疫档案整理、疫情数据统计、防控宣传、看望社区孤寡老人等服务。他这种不畏生死，在疫情防控期间依然坚守岗位的责任心不仅是社会工作价值观的集中体现，也是抗疫精神的最好诠释。北京某医院医务社工团队保持"利人助他"的初心，在岗位上坚守使命，积极发挥专业优势，主动作为，与医院广大医务工作者一起应对挑战、战"疫"减压，不仅协调多方力量保证防护物资、医用设备、营养慰问品等资源的顺利补给，还为市民开通心理咨询热线，为儿童、妇女、家庭等提供支持性服务。中国人民和中华民族受到伟大抗疫精神的影响，坚定没有完成不了的任务的信心，坚定没有克服不了的困难的决心，坚定没有战胜不了的敌人的忠心。正是这种精神激励着广大社工在自己的岗位上默默无闻、披荆斩棘、奋勇前进。

（四）尊重科学的实践品质

作为抗疫精神的内涵之一，尊重科学是推动中国战胜疫情的"着力点"，也是中国赢得抗疫斗争胜利的"关键点"。全国人民听从党的指挥，各地建筑工人前往武汉市搭建方舱医院，医务人民组建有序的医疗队伍支援武汉，从无畏的紧急救治到科学的检测和预防，从病毒的分析到疫苗的研发，从居家隔离到复工复产，"科学精神"贯穿在中国人民团结抗疫的方方面面。①

早在 2020 年初，中国社会工作教育协会就发布了抗疫动员的通知，号召全国各单位、各组织、各团体团结起来参与抗击疫情的工作，成立了 3 个全国性质的线上教育协会联动抗疫工作群，提升社会工作专业在公共卫生实践中的服务质量。② 为防范疫情严重化，广州市社会工作机构在市民政局的部署指导下，积极开展"广州社工红棉守护行动"，通过线上服务方式向市民宣传防疫知识，为居家隔离的人员提供上门探访、物质援助、心理支持等服务，累计提供服务 600 多批次。③ 四川成都的社会服务机构动员 237 名社会工作者对居民进行走访式排查，仅仅两周时间就登记录入 8 万多户居民的家庭基本信息，为后续的支持服务工作提供翔实的数据信息。④

抗击疫情不能松懈，复工复产刻不容缓。在协助企业顺利复工复产过程中，企业社工采取科学有效的专业方法介入。企业社工针对不同的人员，制定不同的服务方案，如针对返岗员工，提供自我安全防护措施、健康咨询等方面的知识和宣传教育；针对特殊困难员工提供资金、物资帮助、心理疏导及情绪支持等服务。在疫情防控常态化背景下，为保障经济社会各组织正常运转，政府有序组织大中小学生复学工作。学校社会工作人员发挥专业优势，积极投入复学后的校园疫情防控中，通过走访留守儿童、特困家庭学生等特殊群体，及时为他们的生活、成长和教育提供全方位的服务，制定相应措施、提供专业服务，助力学校开展复学工作。在面对未知的危险时，社会工作者牢牢把握住科学这面旗帜，脚踏实地、与时俱进，在实践中检验真理，尊重科学知识，崇尚科学理论。

---

① 朱禹璇、刘一帆：《弘扬尊重科学的伟大抗疫精神》，《现代交际》2021 年第 2 期。
② 李树文、庞慧：《社会工作行业组织抗疫服务联动机制的实践探索与思考》，《学会》2020 年第 9 期。
③ 彭凯健：《多线联动　有序有力——广东省广州市社会工作力量参与抗"疫"服务印象》，《中国社会工作》2020 年第 16 期。
④ 李海雁：《抗疫征途中美丽的风景线——专业社会工作力量参与抗击新冠肺炎疫情纪实》，《中国社会工作》2020 年第 7 期。

（五）命运与共的道义担当

新冠肺炎疫情在全球蔓延后，中国政府和人民在中国共产党的科学领导下，在做好本国疫情防控的同时，向国际社会提供力所能及的援助，甚至为受疫情影响严重的国家派遣医疗工作者，运送药品、医疗设备及各项防疫物资。这充分彰显了中国化危为机，坚持生命至上、全球一体、平等尊重、合作互助的大国责任与担当精神。①

病毒不分国界。自新冠肺炎疫情发生以来，涉外社会工作者积极发挥专业优势，回应国际移民的服务需求，全力投入抗疫工作。他们与国际志愿者深入配合，主要扮演服务提供者、信息传递者、心理咨询者、资源链接者、关系协调者等角色，为外籍居民及家庭提供调配防疫物资，协助海关协调海外入境人员的隔离与调配，深入街道和社区排查走访，宣传防疫知识。社会工作者成为外防输入、内防反弹工作中不可或缺的一支中坚队伍。在这次疫情中，中国及全球各地的社会工作者都迅速行动起来，以多种方式支持抗疫，积极为受影响的群众提供服务，甚至在可能范围内为其他国家的社工群体提供支持，发扬了社会工作应有的互助合作精神。尤其值得一提的是，中国社会工作教育协会把募捐得来的 1 万多个口罩转赠给一些缺乏口罩的国家。中国社工在防疫、抗疫、战疫过程中，所展现的国际互助精神，彰显了中华民族传统美德和时代强音，充分显示了同舟共济、共克时艰、命运与共的抗疫精神，同时向全世界展示了疫情防控的中国特色、中国社工的专业实力和责任担当。②

三　面向疫情防控常态化阶段的社会工作发展

新冠肺炎疫情的大肆传播，改变了人们以往的生活方式。从居家隔离到出门戴口罩，从物资紧缺到全面复工，这一切改变对于政府部门的管理、社会组织的运转与公共卫生体系的转化而言，都意味着应对策略转变的挑战与机遇。如何运用社会工作专业理论与实践，帮助社会公众调整生活模

---

① 廖杨、杨志群、张木明：《新冠疫情防控与中华民族共同体意识的提升路径》，《民族学刊》2021 年第 1 期。

② 何雪松、孙翔：《防范境外疫情输入的国际社区行动网络——社会组织的社会工作干预》，《河北学刊》2020 年第 6 期。

式，促进人与资源的和谐共生，是疫情防控常态化时代社会工作者所要探索的。

在疫情防控常态化时代，社会工作者不仅要配合政府部门的防疫政策，帮助政府更好地管理和分配资源，更要遵循以人为本的价值理念，完善面向个人、家庭、组织和社区的情绪辅导与心理支持服务途径，切实做好预防工作，拓展常态化联防联控管理。① 社会工作专业的发展关乎人民的福祉与集体利益，深入了解群体间的差异性，保持专业敏感度，以服务对象的发展为依据，始终是疫情防控常态化时代社会工作专业的发展初心。②

（一）秉持以人为本的服务理念

美国心理学家卡尔·罗杰斯认为，人类的发展总会倾向于对自己有益的、能够实现自我价值的方向；大多数社会群体能够在专业人士的引导下找到自己理想的发展方向。③ 在疫情防控常态化期间，社会工作者应发挥专业优势，秉持"以人为本"的服务理念，引导公众保卫自身的生命安全，同时需提高个人的专业实践能力。

个体是社会的组成部分，社会的正常运转离不开个体的发展，因此，社会治理的核心观念是"以人为本"。④ 尊重、理解、支持与同感是社会工作专业人员与社会各阶层人士建立信任关系的前提和基础，也是社会工作者在疫情防控常态化时代开展工作、取得人民群众支持的必要条件。

与此同时，为保障社会弱势群体的福利，减轻新冠肺炎疫情对弱势群体生活质量的冲击，社会工作专业介入社会救助工作，发挥专业联动性，依据社会政策筹集资源并合理地分配，提升社会组织和爱心志愿人士的综合救助能力，来应对不同人群的多元化救助服务需求。疫情防控常态化期间，中国大力推动社会救助体系建设，力求建立协调与整合能力同步稳定发展的社会救助支持网络。社会工作专业的介入为社会治理体系的发展增添了一股强力，让决策者在制定与执行社会政策时更多地考虑到个体的差异与需求，进一步提升治理水平。

---

① 曾华源：《从疫情防控看社会工作专业的价值与体制化之路》，《社会建设》2020年第4期。
② 刘红旭：《后疫情时代的民族（西藏）社会工作》，《社会与公益》2020年第7期。
③ 《医务社会工作如何体现"以人为本"》，《中国社会工作》2018年第34期。
④ 李炜：《社会管理的核心是以人为本的回归》，《青岛日报》2012年6月23日，第4版。

（二） 坚持尊重科学的专业态度

社会工作专业的发展基于科学理论的衍生、与时俱进的服务方式，它是一门起源于西方的应用型社会科学。历经半个世纪的发展之后，中国的学者基于欧美发达国家的社会工作实践经验，借鉴其先进的科学理念，在深入了解东西方意识形态、经济发展水平与社会制度之间的异同之后，着手探究社会工作专业在中国的本土化发展。

社会工作专业介入疫情常态化防控，深化"三社联动"创新机制，以科学、正确的理念推动基层社区、社会各界组织与社会工作服务机构协同治理，这与中国社区治理体系现代化建设理念高度契合。协同治理、互利共生是中国现代化治理的重要目标，而社会工作的发展是提升治理能力与创新服务功能的重要任务。社会工作者通过政策解读，与社会公众进行平等协商与沟通，在政府部门、社会组织与个体之间构建互助互信的反馈机制，宣扬抗疫精神，传播科学防疫知识，成立疫情互助小组，建立个体与公众之间的新型人际支持网络，增强服务对象的抗逆力与抵御危机的能力，从深层次消除社会不安定因素，避免疫情反复对社会秩序的冲击，从而达到维持社会秩序的效果。

（三） 发挥专业协同的互助功能

众人拾柴火焰高。社会工作专业的深度发展与服务功能拓展，需要与其他部门、组织和社会人士进行互助协作。在教学理念中，协作学习是通过小组或团队的方式，帮助学习者增强学习能力的一种方法。[1] 为了实现学习目标，小组成员之间进行沟通与协作，通过小组形成集体力量，继而推进自身能力的提升。在此过程中，社会责任得到彰显，领导能力得到发展。因此，社会工作专业在疫情防控常态化时代应充分发挥其专业协同功能，积极与政府部门、企事业单位、其他福利服务部门共同合作，为公众构建强有力的社会支持网络，帮助服务对象适应社会生活。

为保障疫情防控常态化期间民众的身心健康，社会工作者同社区管理委员会积极搭建联动平台，将受到疫情困扰的居民聚合在一起，为他们提供信息沟通与情绪舒缓服务，并为社会性相似的居民创建朋辈支持小组，在促进

---

[1] 郑茜：《将协作学习进行到底——巧用学习社区平台践行新课改》，《中小学数字化教学》2017 年第 2 期。

小组成员沟通和互动的过程中，提高自我认识，实现行为的转变，实现"助人自助"的专业目标。

为确保资源高效运转，将社会工作弹性嵌入社会发展进程，社会学学者杨团提出全社会都要重新启动应对灾难的新的体系和机制。[①] 面对疫情常态化发展，社会工作专业以社区为平台，协同组建"社会工作者—街道与社会委员会—爱心志愿人士"服务团队，引导政策修正与资源分配，营造社会繁荣稳定的氛围。

（四）提升社工人员的职业素养

感染人数的持续上升，使"内防复发，外防输入"的防控态势依然严峻。随着病毒的升级，疫情影响范围扩大，中国稳定防控的压力持续增加。为加大防控力度，维护疫情防控常态化时代社会秩序，民政部与国家卫生健康委联合发布通知，要求城乡社区工作者、社会工作者、基层医疗卫生机构三类工作人员形成合力，发挥专业优势，协同工作，推动新冠肺炎疫苗接种工作有序进行，提高社区防控资源配置与应急抗疫能力，着力提升各地政府部门、卫生医疗机构与社会工作者之间的协作能力。

社会工作专业的核心理念是"以人为本"，这是一个为人民服务的专业，而社会工作者本身的职业素养，直接关系到助人活动的开展和成效。疫情常态化使服务对象的需求更为复杂，社会工作者在提供服务的过程中需要不断地提高自身职业素养，夯实理论知识，这样才能达到理想的助人效果。

每一个人都是唯一的、不同的实体，应该受到不同的对待。在疫情防控常态化时代，社会工作者面对不同的服务对象，通过传递社会工作专业价值和科学理念，在服务实践中表达人文关怀。同时，为了保障社会工作专业的健康发展，社会工作教育机构应采取理论与实践共进的人才教育培养方式，建立教育与实务并进与素质本位的人才教育模式，结合疫情防控服务模式升级理念，以保障疫情防控期间人民的幸福生活，以科学理念为指导，以维护人民群众的根本利益为目标，培养高校学生，向社会工作机构输送更多的专业人才，实现服务水平的提升与社会工作专业人才的培养。

---

① 沈黎、史越、马凤芝：《发挥社会工作专业优势 深入参与新冠疫情防控——"疫情防控中的中国实践——社会工作在重大公共卫生灾害中的角色与功能"研讨会会议综述》，《社会福利》（理论版）2020年第12期。

四 结语

社会工作是一门秉持利他主义价值观，运用科学的专业知识和方法，帮助有困难的个体、家庭和社区摆脱困境，最终实现社会的良性运行和协调发展的应用性学科。自传入中国以来，社会工作不断与中国实际相结合，并成为推动社会治理现代化的中坚力量。在疫情防控中，社会工作者在资源调配、疫情知识宣传、情绪支持、身心辅导等领域发挥着不可替代的作用，并成为伟大抗疫精神的积极践行者和参与者。正是他们的光辉事迹，生动诠释了伟大的抗疫精神。

在疫情防控的常态化阶段，社会工作者首先要总结抗疫经验，认真总结抗疫过程中出现的问题和困难，继而从经验中学习，提高专业化和职业化水平；其次要认真领悟抗疫精神的内涵，并将之作为未来社会工作实践的精神导向；最后要创新社会工作的服务方式、手段和方法，推进抗疫社会工作学科的建立。这样才能够应对未来"风险社会"带来的挑战。

Prospect and Orientation of Integrating Anti-epidemic Spirit into Social Work Practice

Kong Yiming, Chen Ying

Abstract：General secretary Xi explained the great anti-epidemic spirit at the National Commendation Conference for Fighting Against the COVID – 19 Epidemic in September 2020, which includes life-paramountcy, Unity, disregard of safety, respect for science, and shared destiny. In the war against the epidemic, the connotation of the anti-epidemic spirit has been well integrated with the values, service methods, and functions of social work. In the anti-epidemic action, social workers have demonstrated the value of life-paramountcy, the power of unity, the tenacious will of being undaunted by perils, the quality of respecting for science, and the vision of being morally responsible for shared destiny. With the arrive of the era of normalization of epidemic prevention and control, in order to promote the high-quality development of social work, it is necessary to continuously learn the anti-epidemic spirit, uphold the people-oriented service concept, adhere to the attitude of being professional and respecting science, give play to the professional collaboration and mutual assistance, and improve the professionalism of social workers.

Keywords: Anti-epidemic Spirit; Social Work; Normalization of Epidemic Prevention and Control; Social Work Development

广州大学社会学学科简介

广州大学从 2002 年开始开展社会学类专业教育，2003 年经教育部批准，设立社会工作本科专业；2016 年经教育部备案，设立社会学本科专业。社会学学科建设始于成立社会学系的 2004 年。2007 年，社会学学科被评为校级重点学科；2011 年，社会学一级学科被评为校级重点学科，主要开展社会学、人口学与社会工作研究。通过多年来的精心规划和扎实建设，广州大学社会学学科整体上取得快速发展。2012 年，广州大学社会学学科在中共广州市委宣传部和广州市社会科学规划办的大力支持下，建立广州市社会工作研究中心，并于当年经广州市社会科学规划办批准，成为广州市人文社会科学重点研究基地；2014 年，经国务院学位办批准，成为社会工作硕士专业学位授权点；2015 年，经广东省民政厅评定，成为广东省社会工作专业人才培育基地；2017 年，经国务院学位办批准，成为社会学一级学科硕士学位授权点。总体来讲，广州大学该学科建设有以下几个明显特点。

一　团队结构合理，实力较为雄厚

目前，广州大学社会学学科团队共有系内专任教师 20 人，其中教授 7 人，副教授 7 人，讲师及暂未评定职称的博士 6 人。教师中，有博士生导师 3 人，硕士生导师 15 人。所有教师均具有博士或硕士学位，其中博士 18 人，占 90%；硕士 2 人，占 10%。拥有在美国、英国、加拿大、日本、澳大利亚等国家和中国香港地区等著名大学学习或访问经历的教师共 8 人，占 40%。46 岁及以上的有 8 人，36~45 岁的有 6 人，35 岁及以下的有 6 人。学科团队成员年龄结构合理，最年长者 63 岁，最年轻者 32 岁；专业结构合理，主要专业为社会学、社会工作、心理学和管理学。职称结构合理，以高级职称教师为学科团队主体，所有教师都具有从事社会学与社会工作教学科研的充沛精力和旺盛活力，并具有丰富的社会工作督导、管理和实务经验，发展潜力巨大。社会学学科还经由学校聘请国外教授 5 人，这无疑进一步提升了本学科教师团队的国际化水平。

二 科研项目众多，项目层次较高

2006 年以来，广州大学社会学系共获得国家社会科学基金项目 21 项。其中，国家社科基金重大项目 1 项、重点项目 4 项、一般项目 10 项、青年项目 6 项（其中国家社科基金教育科学单列项目 1 项），主持国家社科基金重大招标项目子项目 2 项。值得一提的是，2012 年，全系共获得国家社科基金类项目 3 项；2014 年，全系一次性获得国家社科基金项目 4 项。在部省级项目方面，2006 年以来，获得教育部人文社会科学项目 9 项，国家部委其他科研项目 4 项；广东省社会科学规划项目近 10 项；广东省高校人文社会科学重大攻关项目 1 项；广东省高等学校创新强校国家重大培育项目 2 项；广东省教育厅人文社会科学、教育科学研究项目多项；广州市社会科学规划项目、教育科学规划项目多项。总体上，不仅科研项目较多，而且层次较高。

三 科研成果丰收，科研获奖突出

广州大学社会学学科不仅高度重视科研工作，还高度重视科研的投入产出，非常注重多出成果，出好成果，出有用成果，出有影响力的成果。2006 年以来，共出版教材、专著近 30 部，发表论文 200 多篇。随着广州市社会工作研究中心这一市人文社会科学重点研究基地建设的三轮推进，本学科精品成果显著增加，多种论著获全国和省市级科研奖励。其中，2017 年全国社会学类专业优秀教学成果二等奖 1 项，全国第六届高等学校科学研究优秀成果奖（人文社会科学）三等奖 1 项，广东省哲学社会科学优秀成果奖一等奖 1 项、二等奖 4 项、三等奖 1 项，广州市哲学社会科学优秀成果奖二、三等奖 4 项。同时，还获国家社科基金项目结项鉴定优秀等级 2 项、良好等级 3 项，广东省社会科学规划项目结项鉴定优秀等级 1 项、良好等级多项。

四 长于应用研究，富于广州特色

社会学学科深入贯彻理论联系实际原则，在搞好理论研究的同时，切实加强针对社会现实问题、服务广州社会建设的应用研究。除努力完成国家社科基金项目研究外，主持承担了 40 多项体现广州特色的社会建设、社会管理、社会工作、社会服务等方面的研究课题，受到广州市党政部门的高度重视。2010 年承担广州市社科规划重点委托项目"网上虚拟社会建设管理工作机制研究"，其成果得到时任市委书记等的批示，并被要求尽快付诸实施；2011 年承担广州市人民政府决策咨询专家研究课题"加强和创新社区服务管理研究"，其成果得到市长的批示；2013 年提出"通过社会建设促进广州经济建设，科学经营大学城"的建议，得到市长批示，并由市政府办公厅发文全市 6 区及 20 多个局委办参照执行。同时，该学科还完成了广州市社会工作与社会建设的综合咨询研究项目"民生本位视阈中的社会建设——以广州为例的战略思考"，其成果已正式出版。

五　重视人才培养，取得优良效果

广州大学社会学系长期以来高度重视人才培养。一方面重视对青年教师的培养。近几年，引进多位名牌大学毕业的优秀博士来系工作，并分别派出多位年轻教师到英国谢菲尔德大学，美国普渡大学、奥本大学，加拿大卡尔加里大学，澳大利亚西澳大利亚大学等进行高访。另一方面重视对学生的培养，2013 届本科毕业生考上研究生的比例接近 38%，全年级 90 人考上国内研究生 32 人，而且全部是"211""985"大学，另有 2 名学生去国外读研。广州大学学生考研受到北京大学、中国人民大学、南京大学、复旦大学等的高度重视。2013 年，广州大学社会学系在统计学一级学科下设社会统计与社会政策博士专业；2014 年，经国家学位办批准，广州大学社会学系成为社会工作硕士（MSW）专业学位授权点，同年在公共管理一级学科下设社会工作与管理科学硕士专业；2015 年，经广东省民政厅批准，广州大学成为"广东省社会工作专业人才培育基地"；2016 年，广州大学设置社会学本科专业；2017 年，广州大学成为社会学一级学科硕士学位授权点。

六　学术地位较高，社会影响较大

广州大学社会学学科拥有第三届教育部社会学学科教学指导委员会委员 1人；广东省人民政府决策咨询顾问委员会专家委员 1 人，广州市人民政府决策咨询专家1人；广州市重大行政决策论证专家2人，广州市社会创新咨询委员会执行主席1人；中国社会学会常务理事1人、理事2人，中国社会学会网络社会学专业委员会副会长1人；广东省社会学学会常务副会长1人，常务理事3人；广东省社会工作学会副会长2人，常务理事3人；广州市社会工作协会、社会工作学会、社会学与人类学学会副会长4人；广州市残疾人事业研究会副会长1人，常务理事3人。2011年，在中国人民大学《复印报刊资料》转载高等学校二级院所学术论文排名中，广州大学社会学学科脱颖而出，在全国高等学校中获得转载量排名第8、综合指数排名第7的佳绩。2015年以来，在广州市人文社会科学重点研究基地两轮建设的评估中，广州市社会工作研究中心均获得优秀等级，并在20多个重点研究基地中排名前五，直接进入下一轮重点研究基地建设。2018年，广州大学社会学学科在软科"中国最好社会学学科"排名中进入前50%行列，在全国92个社会学学科中排名第39。目前，广州大学社会学学科正按照党的二十大精神，在习近平新时代中国特色社会主义思想的指导下，不忘初心、牢记使命，根据广东省及广州市经济社会发展的实际情况和长远目标，切实加强社会学与社会工作研究，以期不断提高学术研究水平和社会服务能力，为中国的社会建设、社会治理、社会服务、社会工作做出应有贡献。

《社会创新研究》稿约

　　《社会创新研究》（原名《广州社会工作评论》）是广州市人文社会科学重点研究基地广州市社会工作研究中心、广州市社会工作信息中心、广州市广大社会工作服务中心、广州大学公共管理学院社会学系等联合编辑，由社会科学文献出版社出版发行的综合性学术集刊，每集约25万字。

　　《社会创新研究》秉持"倡导公益精神、创造健康社会"的理念，追求"本土化、个性化、国际化"的方针，崇尚"原创研究、科学研究、深化研究"的精神，设有"基础研究""实践创新""调查研究""人才培养""学术交流""案例分析""组织管理""教育探索""成果评述""他山之石"等栏目。热忱欢迎社会学与社会工作领域的专家学者和广大社会创新实务工作者赐稿。

　　《社会创新研究》诚望赐稿坚持正确的政治站位，符合社会学学科学术共同体的学术规范，尊重他人知识产权，凡采用他人成说，力求精要，务请详细注明文献出处。稿件文后参考文献以及脚注中的文献，均请按照社会科学文献出版社"文后参考文献著录"的格式著录。

　　本集刊只接受中文稿件和英文稿件。赐稿应包含以下信息：①文章标题；②课题来源（基金项目）和作者简介（姓名、单位、职务、主要研究方向）（以脚注形式放在文章首页）；③摘要和关键词（3~5个）；④参考文献以脚注形式按社会科学文献出版社出版物格式编列；⑤中文稿件的英文标题、英文作者名和单位、英文摘要和关键词；英文稿件的中文标题、中文作者名和单位、中文摘要和关键词。

　　赐稿请以 Word 文件形式发送到邮箱 swrgz 2016@163.com。赐稿一经正式录用出版，编辑部或出版者即向作者奉寄刊物2册，并致薄酬。

广州大学公共管理学院社会学系

图书在版编目（CIP）数据

社会创新研究. 第 2 辑 / 谢俊贵主编. —— 北京：社
会科学文献出版社，2022.11
ISBN 978 - 7 - 5228 - 0262 - 6

Ⅰ.①社…　Ⅱ.①谢…　Ⅲ.①社会管理 - 创新管理 -
研究 - 中国　Ⅳ.①D63

中国版本图书馆 CIP 数据核字（2022）第 103880 号

社会创新研究（第 2 辑）

主　　编 / 谢俊贵
副 主 编 / 谢建社　程　潮　周利敏

出 版 人 / 王利民
组稿编辑 / 宋月华
责任编辑 / 韩莹莹
文稿编辑 / 顾　萌
责任印制 / 王京美

出　　版 / 社会科学文献出版社·人文分社（010）59367215
　　　　　地址：北京市北三环中路甲 29 号院华龙大厦　邮编：100029
　　　　　网址：www.ssap.com.cn
发　　行 / 社会科学文献出版社（010）59367028
印　　装 / 唐山玺诚印务有限公司

规　　格 / 开本：787mm × 1092mm　1/16
　　　　　印张：16　字数：275 千字
版　　次 / 2022 年 11 月第 1 版　2022 年 11 月第 1 次印刷
书　　号 / ISBN 978 - 7 - 5228 - 0262 - 6
定　　价 / 128.00 元

读者服务电话：4008918866